高等学校教材

工业企业管理

主　编　郭　鹏

编　者　郭　鹏　田　英　朱煜明

　　　　方　炜　姜继娇　王娟茹

　　　　肖　平　黄柯鑫　陈俊杰

西北工业大学出版社

【内容简介】 本书主要介绍了工业企业管理的理论和方法。基本内容有管理概念和原则、企业经营管理、生产组织、新产品开发、质量控制、市场营销、财务分析、人力资源管理等。同时,对于市场经济条件下企业管理面临的一些新课题,如项目管理、知识管理、风险管理、法人财产制度和科学治理结构、竞争战略、跨国经营、生产组织新技术、现代营销观念和理财观念等,也作了初步阐述。

本书既可作为高等院校非管理类专业本科生学习"企业管理概论"课的教材,也可供管理类专业的本科生和各类管理人员学习、参考。

图书在版编目(CIP)数据

工业企业管理/郭鹏主编 . 一西安:西北工业大学出版社,2009.10
(2021.4 重印)
ISBN 978 - 7 - 5612 - 2641 - 4

Ⅰ. 工… Ⅱ. 郭… Ⅲ. 工业企业管理 Ⅳ. F406

中国版本图书馆 CIP 数据核字(2009)第 179111 号

出版发行:西北工业大学出版社
通信地址:西安市友谊西路 127 号 邮编 710072
电 话:(029)88493844 88491757
网 址:www.nwpup.com
印 刷 者:兴平市博闻印务有限公司
开 本:727 mm×960 mm 1/16
印 张:19.875
字 数:358 千字
版 次:2009 年 10 月第 1 版 2021 年 4 月第 7 次印刷
定 价:39.00 元

前　言

《工业企业管理》一书源自西北工业大学出版社 2000 年出版的《现代工业企业管理》一书,并根据目前管理科学的最新理论和工作实际需要重新编写而成。

《现代工业企业管理》一书自 2000 年出版以来,受到学生和任课教师的普遍欢迎,多次重印。但随着我国经济体制改革的不断深入,企业管理中出现了一些新课题,同时,管理科学不断发展,也出现了一些新的研究领域,因此,非常有必要对原书进行重新编写。一方面对原有部分补充,融入一些新的观点与方法,另一方面加入项目管理、知识管理、风险管理等新篇章。为做好这项工作,编写组吸收了学院一批博士加入,同时在编写中力求保持原书的特色,体现概论的特点,希望《工业企业管理》一书能得到社会更为广泛的认可。

全书共分为 11 章。第 1 章、第 2 章、第 6 章由郭鹏教授、朱煜明副教授编写,第 3 章、第 5 章由田英副教授编写,第 4 章由方炜副教授编写,第 7 章由黄柯鑫讲师编写,第 8 章由肖平讲师编写,第 9 章由陈俊杰讲师编写,第 10 章由王娟茹副教授编写,第 11 章由姜继娇副教授编写。全书由郭鹏教授统稿。

感谢原书作者张殿祜副教授对本书的贡献,感谢"参考文献"的作者们。

由于编者水平有限,错误和不妥之处在所难免,恳请读者批评指正。

编　者
2009 年 5 月 15 日

目　　录

第1章 管理概论

管理活动是人类活动领域里最基本、最重要的活动之一。随着社会经济的发展,专业化分工的精细,现代化大生产程度的提高,组织规模的扩大,管理的作用变得日益重要。结果是,管理工作与其它工作相互渗透,互为依托,密不可分。本章介绍现代管理理论的基本概念和一般原则,包括:管理的基本概念、基本特征和系统思想,当代管理理论的形成和发展,管理过程和管理职能的新观念。

1.1 管理的概念

1.1.1 管理的基本概念和基本特征

一些人集中在一个集体里,完成一定的目标和任务,就一定有管理工作。管理工作就是保证集体达到在个体时不能实现的目标。民间故事"三个和尚无水吃",一些个体经营者成为大型企业负责人时所表现出的管理上的无能和缺乏经验等例子则说明在没有管理活动协调时,集体中每个成员的行动方向并不一定相同,以至于可能互相抵触。即使目标一致,由于没有整体的有效配合,也达不到总体的管理目标。由此引发了众多学者和实践者积极探索管理这一看似简单实则深奥的问题,并形成了"管理理论丛林——多学派"的管理学科特点。从而,关于管理也就有了各种不同的解释,至今也没有统一。其中较有代表性的有:

美国管理学家、诺贝尔经济学奖获得者赫尔伯特·A. 西蒙(Herbert A. Simon)认为:"管理就是决策。"

过程学派认为:"管理就是计划、组织、控制等活动的过程。"

美国人小詹姆斯·H. 唐纳利等人在其所著的《管理学基础》一书中指

出："管理就是由一个或者更多的人来协调他人的活动,以便收到个人单独活动所不能收到的效果而进行的活动。"

强调行为科学的人认为："管理就是通过其它人来完成工作。"

我们认为,下面给出的管理定义比较全面地概括了管理的本质和特征：

"管理就是创造和保持一种良好的环境,使置身于其中的人们能在集体中一道工作,以完成预定的使命和目标。"

以下从管理的基本特征来进一步理解管理的定义。

一、管理的对象：组织及组织要素

两个或两个以上的人组成的、为实现一定目标而进行协作活动的集体就是组织。因此：

1. 不同类型的组织具有不同的活动和目标

企业组织进行的是商品生产经营活动,目标是创造利润和提供就业;教育组织进行的是人才培养活动,目标是传播科学知识,培养社会需要的各类人才;军事组织进行的是军事活动,目标是保卫国家的安全。管理就是使组织中的人们能够积极有序地参加组织的活动,实现组织的目标,因而也就形成了针对不同类型组织的管理,如企业管理(分为工业企业管理、商业企业管理、交通运输企业管理、建筑企业管理、金融企业管理等),教育管理,军事管理,国民经济管理等。

2. 组织要素就是管理要素

不同类型的组织其组织要素是不完全相同的,也应该有所区别和侧重。对工业企业而言,其基本的组织要素包括：

(1)人：指掌握了一定的工作方法和具有良好的工作精神的人。人在组织中具有双重身份,既是管理者而管理组织的其它要素,又是被管理者而接受管理。因此,人是组织的第一要素。

(2)财：是组织所拥有的货币资金,是组织赖以生存的物质基础。

(3)物：包括劳动工具——机器设备,劳动对象——原材料、半成品、成品等。物是组织开展活动必不可少的要素,是组织赖以实现其目标的重要物质基础。

(4)信息：组织中既有人流、物流,也有信息流。信息流就是对人流、物流的综合反映,它可以看做是组织的"神经系统"。正是通过信息的不断传递、交换,才能把组织的各个要素有机地结合起来,实现组织的目标。管理者,尤其是高级管理者,主要工作之一就是对各类信息的收集、分析、决策,再将决策信息传递出去。

(5) 环境:任何组织都生存在一定的空间里,处于一定的环境条件下,受到环境的影响和制约;任何组织的内部要素,即人、财、物、信息等都与环境发生着这样或那样的联系,进行着这样或那样的交换。因此,管理者必须关注组织环境。

(6) 时间:任何组织活动都是在一定的时间里开展的。时间是组织最稀有和最特殊的资源,其他组织要素都是在一定时间上的分配和安排,表现出时间是组织要素的坐标。时间具有不可逆性,所以时间是组织成功的关键要素。

管理工作就是要加强对组织要素的计划、组织与控制,使组织要素得到合理配置与使用,从而快捷、有效地实现组织目标。因此,有组织就有管理,管理就是对组织要素的管理,组织要素也就是管理要素。

二、管理的任务:创造、保持良好的组织内部环境

组织活动必然发生在一定的外部环境下,管理的基本任务就是创造、保持一个良好的组织内部环境以适应外部环境,我们常说的"搞好小气候"就是这个意思。在这样一个良好的组织内部环境中,组织成员密切协作,完成组织的任务和目标。这里需要特别强调:

(1)管理的任务就是创造一个良好的组织内部环境,并且要保持这个良好的内部环境。

我们知道,任何人类活动都是一个创造的过程,如某一企业组织,原来并不存在,管理者按照一定的目的创造出这个组织。但创造出的这个组织是要长期生存下去的,因而管理者还要不断地保持所创造的良好组织内部环境。

(2)良好的组织内部环境需要再创造、再保持。

组织内部环境受到外部环境的干扰、制约,因此,当外部环境发生变化时,内部环境则需要适应它,从而需要不断地变革与创新,再创造、再保持新的良好的内部环境。否则,原有的内部环境将随时会被新的外部环境破坏而变得无序,使组织效率低下甚至走向衰亡。

我国的很多国有企业就存在这样的问题,新建时各种条件都是相当不错的,有的甚至是让国内外同类企业羡慕的。但在运行几年、几十年以后,由于没有很好地再创造、再保持良好内部环境,从而变得落后了,轻则亏损,重则破产。

所以,管理的基本任务是不断创造、不断保持良好的组织内部环境,使内部环境与外部环境相协调,局部与整体相协调,个人与组织相协调。这正是系统与权变理论的基本观点。系统与权变理论强调组织应根据所处的环境随机

应变,采取相应的管理模式以适应外部环境的要求。

　　三、管理的目的：提高组织活动的效率和效果

　　管理的目的不只是把事情完成而已,而重要的则是要完成得更快、更好。正是为了提高组织活动的效率和效果,为了完成预定的使命和目标,我们才抓管理,强化管理工作,使组织以最少的投入(时间,资金,原材料,人的劳动)获取最大的产出(产品,利润或盈余)。

　　四、管理的过程：计划、组织、领导、控制

　　管理工作是一个完成任务的过程,在这个过程中管理者要发挥作用,就体现出管理者的职能(职责、能力),也就是通常所说的管理职能。关于管理职能的划分有多种。早期的管理理论认为,管理有计划、执行、控制三大基本职能。法国的法约尔指出管理有五大职能,即计划、组织、指挥、协调和控制。美国的古利克指出管理有七项职能：计划、组织、人事、指挥、协调、报告、预算。我们倾向于管理过程包括计划、组织、领导、控制等四项职能。

　　1. 计划职能

　　人们在从事一项活动之前首先要制订计划,这是管理的前提和保证,所以计划是管理的首要职能。计划是人们对未来活动如何进行的预先筹划,是组织为实现一定的目标而科学地预计和判定未来的行动方案。计划工作主要包括两项基本活动：一是确定组织和部门在未来一定时期要达到的目标；二是决定如何达到这些目标,即实现目标的途径和方案。计划使得组织中的各项活动可以有条不紊地进行,使管理工作变得更加有效,使其它管理职能在计划指引下发挥作用。

　　2. 组织职能

　　在计划职能确定了组织目标和实现目标的途径之后,就要对计划所涉及的各种要素、各方面关系等在时间上、空间上作出合理的布置与安排,这就是管理的组织职能。因此,组织工作是管理的基本职能,是指在组织目标、行动方案已经确定的情况下,将各项活动进行分类组合,划分出管理层次和部门,设置相应的职位,并规定各层次、部门以及职位间的职责、职权和协作关系。组织工作主要包括三种基本活动：第一,设计、建立组织结构,即组织机构(层次和部门)、职位、职责、职权等。第二,为组织结构中的各个职位配备合适的人员,包括五项基本活动：选拔、聘任、考评、培训以及吸引各类人员。第三,维持组织机构正常运行,即与其它管理职能相结合,通过授权、集权、分权等手段,协调各方面关系,调动员工的工作积极性,保证组织机构有效地运转,以适应外部环境的变化。

3. 领导职能

在整个管理过程中,领导职能是联结计划、组织、控制等管理职能的纽带,即其它管理职能都需要领导。领导工作实质上是主管人员根据组织目标的要求,在管理过程中,对组织成员的思想和行为进行引导和施加影响,统一意志、统一行为,使组织适应环境的变化,实现其目标。领导工作主要包括三方面活动:第一,同人打交道,运用沟通联络、激励等手段,对被领导者施加影响,处理协调各种关系;第二,同事情打交道,决定完成各种事项的程序与方法,使管理活动得以正确地有条不紊地进行;第三,同时间打交道,控制事项进行的进度、节奏,保持高效率。

4. 控制职能

一般来讲,控制工作既是一个管理过程的终结,又是一个新的管理过程的开始,在计划工作与控制工作之间形成一个周而复始的循环过程。控制职能是指,对组织内部的管理活动及其效果进行衡量和校正,以确保组织的目标以及为此而拟定的计划得以实现。控制的第一个目的是要"维持现状",即通过采取纠正措施,把那些偏离计划的活动引回到正常的轨道上,使组织的活动趋于相对稳定,实现组织的既定目标。控制的第二个目的是要"打破现状",即需要重新拟定目标、修订计划、调整组织机构、改善人员配备,并对领导方式方法作出重大改变。因此,控制工作涉及管理的其它各项职能,控制职能与其它管理职能交错重叠。控制工作主要包括三项基本活动:第一,拟定控制标准。控制标准一般就是计划标准,它是从计划方案中选出的对工作成效进行评价的关键指标。第二,根据控制标准评定活动成效。在第一步制定控制标准的同时,也就将计量的单位、计算的方法、统计的口径确定下来,因此,对于评定活动成效而言,余下的关键问题是如何及时收集准确、适用的信息。第三,采取纠正措施,消除偏离标准和计划的情况。

上述四项职能,也可以认为是管理过程中的四个步骤。一般而言,管理工作首先是制订好计划,然后进行组织设计、人员配备、实施领导,最后对计划执行情况、组织运行情况等方面进行控制。但是在实际管理工作中,这些职能并没有一个严格的次序,有些职能可能同时进行,有些职能可能交替进行,并且,这些职能也是互相联系、互相影响、互为条件、共同发生作用的。

五、管理的核心：协调各种关系

管理不是个人的活动,而是对一个组织活动的管理。管理过程各个环节的主体是人,各个环节的工作都是由人去完成的,管理活动自始至终,在每一环节上都在与人打交道。因此说管理的核心就是协调组织内外的各种关系,其中主要是人际关系,包括主管人员与下属之间的关系、组织内一般成员间的关系、群体之间的关系、组织与外界的关系等。主管人员与下属的关系是各种人际关系的主导与核心。组织内一般成员间不存在管理与被管理的关系,表现为组织的社会气氛。群体之间的关系是指组织内部的团体间关系,这些团体有正式和非正式之分,管理者既要重视正式团体间的关系,也要重视非正式团体间、非正式团体与正式团体间的关系。高层管理者还要特别注意协调组织与坏境的关系,求得组织的生存与发展。

六、管理的二重性:自然属性和社会属性

前面已指出,管理就是创造和保持良好的组织内部环境,提高效率和效果,协调他人完成预定的使命和目标。所以管理是提高效率和效果的有效手段、方法,与社会分工、社会化大生产紧密相联,是生产力的组成部分。从这个角度讲,管理是一种自然技术,具有同生产力、社会化大生产相联系的属性,这种属性称为管理的自然属性。

另一方面,任何管理活动又都是在一定的生产关系中进行的,存在于一定社会制度下,因而管理活动必然体现出一定的生产关系,即生产资料所有者指挥劳动、监督劳动、占有劳动,而无产者受到指挥、监督的生产关系。所以,管理必然有同生产关系、社会制度相联系的属性,这种属性称为管理的社会属性。管理的自然属性和社会属性被称为管理的二重性。

列宁早就指出了管理的二重性问题,他在《苏维埃政权的当前任务》一文中就讲到:"资本主义在这方面(管理方面,笔者注)的最新成就——泰罗制,同资本主义其它一切进步的东西一样,既是资产阶级剥削的最巧妙的残酷手段,又包含了一系列最丰富的科学成就。"

学习和理解管理的二重性对发展管理理论,丰富管理实践具有重大的指导意义,主要表现在:

1. 管理的二重性体现着生产力和生产关系的辩证统一

不能只重视管理的自然属性而无视其社会属性,西方的管理理论与方法并不都适合于中国的社会经济实际,因为西方和中国社会的生产关系、社会制度毕竟不同;也不能只把管理看做属于生产关系方面而无视其自然属性,这样势必阻碍中西方管理理论与实践的交流。

2. 管理的自然属性

管理的自然属性表明,西方的管理理论与方法中属于自然属性的内容是不分国界的。西方的管理理论、技术与方法是人类长期从事管理实践的产物,是人类智慧的结晶,它同生产力一样,是没有国界的。因此,我们要注意学习、

引进国外先进的管理理论、技术和方法,并根据我国国情,融会提炼,去其糟粕,取其精华,为我所用,完善我国的管理学科体系。

3. 管理的社会属性

管理的社会属性表明,西方的管理理论与方法中属于社会属性的内容,是建立在西方的生产关系、劳资雇佣关系的基础上的,是为资本家服务的,是为资本主义政治服务的。我们可不可以学习、借鉴呢? 若可以,又学习、借鉴哪些内容呢? 关于这一问题可以从以下几方面来理解:

(1)抛开具体的社会制度,人有没有一些共同的本性呢? 有,像人的经济性、追求物质享受的本性,像人有获得社会承认的需要、有实现自我价值的需要等就是人共有的一些本性。而西方的管理哲学大多建立在这种人性论、社会心理学的基础上,因此,我们可以学习、借鉴西方的管理心理学、管理哲学以及行为科学中合理的部分。

(2)我国经济成分中,私有经济成分、个体经济成分所占比重越来越大。一些区级以下所属的小型集体企业、乡镇企业经济实质上已有私有经济成分,这也是我国中小企业改革方向之一。而在这种经济成分中,出现了劳资雇佣关系,因而可以并且应该学习、借鉴一些西方管理中社会属性的内容。

(3)各种股份公司,包括国有企业改组的股份公司、各种经济成分合资搞的股份公司等,在企业中的数量、比例及资产比重越来越大,而股份公司的管理也应该学习、借鉴西方的管理中社会属性的内容,因为股份公司制本身就来自西方。

(4)我国国有经济的管理也可借鉴西方国家对国有经济的管理经验和模式。

综上所述,我们有理由学习、借鉴一些西方管理中社会属性的东西,但不能生搬硬套,要和本单位、本部门的实际相结合。

七、管理理论和管理实践:管理的科学性和管理的艺术性

管理界遇到的最大难题和面临的最大挑战就是,管理理论似乎不够科学化,在指导实践中又经常有失败。我们从以下几方面来理解这个问题。

1. 管理理论的科学性

人类管理活动存在一系列的规律。这些规律是人们经历无数次的成功和失败,从实践中总结、抽象出反映管理活动过程客观规律的理论和方法。人们再用这些理论与方法指导管理实践,同时检验理论与方法是否正确,是否行之有效,从而再完善、发展这些理论与方法,形成实践—理论—再实践的螺旋式上升。这样就逐步形成了一套分析问题、解决问题的管理科学理论和方法。

因此说,管理是一门科学,是一门反映管理活动过程基本规律的科学。要进一步认识管理的科学性,有必要根据科学的要素来分析管理理论。一般认为,科学的要素包括概念、原则、理论和技术。

概念是人们对具体事物的特性进行概括总结后在头脑中形成的印象和形象。表达概念的词语和术语必须准确,与分析的事物密切相关。管理理论中有许多概括性强、表述准确的概念,如前面介绍的管理的概念、组织的概念。

人们对事实分类整理,找出因果关系,进行概括或作出假设。如果这些概括或假设经过检验是正确的,也就是说概括或假设反映了或说明了实际,那么这些概括或假设就被称为原则。管理理论中有许多重要的原则,如授权的原则、统一指挥的原则等。原则有助于预测在类似环境下将发生什么情况,或一些变量相互作用时,会发生什么情况。

理论是将相互依存的概念和原则系统地组合起来,构成知识的框架或组合。理论的最低形式是一种分类,是一个文件柜,用以储存事实。管理有许多重要的理论,如决策理论、战略理论、组织理论等,这些理论都是由许多概念和原则组成的。

技术是指完成工作、实现目标的方法和手段。技术一般反映理论,是帮助人们最有效地开展活动的一些手段和方法。管理中有许多有价值的技术,如编制预算技术、网络技术、控制技术等。

从以上分析可以看出,管理理论确实是一门科学。同时,我们也应该认识到,这门学科和其它学科相比还很年轻,有些研究和成果还不够精确。另一方面,即使发展上几百年,管理学科也不会像数学、物理学等学科那么精确,因为管理是一门综合性交叉学科,管理的对象太复杂、多变,管理者对事物的认识和理解又有相当的差异,管理决策带有一定的主观性。这些也正是管理学科的重要特征。

2. 管理实践的艺术性

管理的艺术性就是强调其实践性。我们知道,同样的管理理论有人运用得得心应手,有人则弄巧成拙。这就说明了管理的理论是科学,而管理的实践则是一门艺术。美国一位学者对大量获得管理学硕士的人在实践工作中的业绩比较发现,学习成绩同管理上的业绩并不一定成正比例关系。这至少给了我们两点启示:一是必须加强管理学习的实践环节,注意实际管理能力和经验的培养;二是仅凭理论还不足以保证管理的成功,人们还必须懂得在实践中如何运用它,掌握它的艺术性,掌握运用管理知识和技能的技巧和诀窍。所以,在管理类图书中,除了有关管理理论方面内容的书籍之外,还有大量来自实践经验总结的管理技巧和诀窍等方面的书籍。

3. 管理是一门科学,也是一门艺术

从管理的科学性和艺术性可知,靠背诵原理进行管理,将必然是脱离或忽视现实情况的无效活动。而没有掌握管理理论和知识的主管所进行的管理,必然是靠碰运气、靠直觉或经验办事,很难找到对管理问题的有效解决办法。因此,管理既是一门科学,又是一门艺术,是科学和艺术的有机结合体。这一点很重要。它可以促使人们既注重管理的基本理论的学习,又不忽视在实践中因地制宜地灵活运用。

以上我们介绍了管理的一些基本特征,从不同侧面了解了管理这一概念的内涵和外延。下面介绍的管理者的角色和任务,是从人的特征角度帮助大家理解管理的概念。

八、管理者的角色和任务

美国管理学家彼得·F. 德鲁克(Peter F. Drucker)认为,管理是一种无形的力量,这种力量是通过各级管理者体现出来的。管理活动是通过人来进行的,人是进行管理活动的主体,因此把执行管理任务的人可以统称为"管理人员"或"管理者"。由于他们的工作比组织中其他工作更重要,因而在这个意义上我们也将管理人员统称为"主管人员"。管理者在组织中所处的层次、地位不同,他们拥有的权力和承担的责任也就不同。一般把组织中的管理者划分为三个层次,即上层管理者、中层管理者和基层管理者。

1. 上层管理者的任务

上层管理者,管理一个组织,求得组织的生存和发展。因此他们的任务是:

(1)确定组织的宗旨和目标,以及实现目标的途径、手段和措施。

(2)协调组织与外部环境的关系,为社会提供产品或服务、为组织创造顾客,求得组织的最大效益。

2. 中层管理者的任务

中层管理者,管理自己所在的部门,完成上层交给的任务,人人都是管理者,又都是被管理者。因此他们的任务是:

(1)建立健全组织机构,完成上级交给的工作。

(2)培养团队的合作精神,培训下级,引导和帮助下级的设想、行动向着共同的组织目标前进。

3. 基层管理者的任务

基层管理者,管理一线员工和基层工作。因此他们的任务是:

（1）管理好一线员工。要正确认识到"个体差异、行为有因"，要善于协调人员的各种关系。

（2）做好基层工作。工作性质不断变动，脑力劳动和创造性工作的比重越来越大，因此要掌握现代化管理工具和方法，高效地完成任务。

为了进一步说明不同层次的管理者其任务、作用的差异，我们还可以从这些管理者在完成各项管理职能时所表现出的差别来进行分析。一般地，高层管理者用在计划、组织、控制工作上的时间和精力比基层管理者多，而基层管理者在领导工作上占去较多的时间和精力。

现代管理工作中，管理者的角色要复杂得多，也要丰富得多。一个管理者可能会同时承担多个角色，同一管理者在不同时期也会承担不同的角色。

在了解了管理的基本概念和基本特征以后，可以给管理下一个更贴切、更深刻、更全面的定义：

管理是指在一定组织中的管理者，通过实施计划、组织、领导、控制等职能来协调他人的活动，使别人同自己一起实现既定目标的活动过程。

1.1.2 管理中的系统思想

一、系统的概念、类型和特征

1. 概念

系统观来源于人类的长期社会实践。在古代，由于缺乏观测和实验手段，人们对很多事物只能看到一些轮廓，了解到一些表面现象，往往是只见森林，不见树木。随着科学技术的发展，研究工具的先进，人们对事物内在的东西有了较深入的了解，但却出现了只注重局部而忽略整体的现象，以致往往只见树木而不见森林。到了近代，人们的认识不断深化，感觉到在对个体、局部有了更多、更深的了解以后，必须再把这些分散的、孤立的认识联系起来，才能把握事物的整体，以及构成整体的各个部分之间的相互联系，这样就逐步形成了系统的观点。

归纳一下管理中的系统思想产生的原因，大致有：① 管理要素多且其关系错综复杂。② 管理对象受到外部环境的严重制约。③ 管理对象的特征常常表现出随时间而产生的不稳定性。④ 人们认识的差异性。因此，为了认识事物局部的本质、局部之间的关系，从而把握整体，避免只见树木不见森林或只见森林不见树木，就要用全面的、联系的、动态的、发展的观点看问题，处理问题，这就是基本的系统观。

系统可以定义为：系统是由相互关联的多个要素集合而成的，具有特定功能的有机整体。这个定义包含以下几个要点：

(1) 要素是构成系统的基础。任何一个系统一定是由二个或二个以上的要素构成的。例如发动机系统是由多个零部件要素构成的,组织系统是由人、财、物、信息等组织要素构成的。制造发动机的厂商都明白,发动机系统的性能、质量在很大程度上取决于构成发动机的零部件的性能、质量。组织系统的管理者也都清楚,没有良好的组织要素,例如高素质的人员、精良的设备等,组织系统是无法高效地开展工作的。因此,这些要素也就称为系统要素。

(2) 结构是系统的骨骼和神经。系统要素在系统中不是一种简单的堆砌,而是通过系统结构这个中介形成系统的属性和功能。系统结构就是指系统要素在运动过程中形成的、并保持相对稳定的某种秩序,是系统要素之间相互联系、相互作用的内在方式,表现为一定的组织的机构、系列、层次等。因此,即使两个要素大体一致的系统,由于其组合方式和结构的不同,它们也会呈现出不同的特性。比如,资源条件,生产要素相当的两家企业,会因组织机构、生产布置等分工协作方式的差异,表现出不同的生产能力和竞争能力。对于同样的棋子和同样的棋盘,不同的棋手会有不同的布局,而表现出不同的战斗力。

(3) 系统功能是由系统要素、系统结构决定的,每个(类)系统都有它要实现的、特定的功能和目标。功能是系统存在的理由,是系统之间相互区别的重要标志,没有功能的系统是不存在的。系统功能的消失则意味着系统没有存在的价值,意味着系统生命的消亡。企业系统和教育系统的区别就在于前者的功能和目的是创造利润,而后者的功能和目的则是培养社会需要的合格人才。企业系统如果不能再创造利润,而不断亏损,走到资不抵债的地步,则只能破产。

可见,系统要素、系统结构同系统功能的关系是辩证统一的关系。系统要素与系统结构决定系统功能,它们是系统的内在方面,而系统功能则是系统的外部表现。同时,系统的功能和目的往往是一种社会的要求,因而它对系统要素与系统结构有制约作用。

2. 类型

为了研究系统的一般特性,需要对系统存在的各种形态加以探讨,对系统进行分类。

(1) 从系统形成的方式上来看,系统可以被划分为自然系统和人造系统。

自然系统就是它的组成要素是自然物质,主要特性是自然形成的。如生物系统、海洋系统、矿藏系统等。

人造系统是由人工造成的各种要素所构成的系统,是人们为了实现某种目的而有意识建立的系统。如发动机系统、企业系统、政府系统等。

(2) 从与外部环境是否发生交互作用上看,系统可以被划分为封闭系统和开放系统。

环境是指系统外部存在的客观世界,任何系统都存在于一定客观环境中。

封闭系统就是指系统与环境之间没有物质、能量和信息的交换,它不被其它事物所影响,也不对其它事物施加影响。实际上,绝对的封闭系统是很少存在的,只是为了研究的方便,有时才把某些与外界发生较少联系的系统近似地看做是封闭系统。

开放系统是指系统与环境之间有物质、能量或信息的交换,系统内部的活动既受到外界环境的制约,同时其活动过程和活动结果又会影响外界环境的某些方面。系统多为开放系统,如生态系统、企业系统等。开放系统是具有生命力的系统,一个国家、一个地区、一个企业都需要开放,通过与外部环境不断地交换物质、能量和信息,而谋求持续的发展。

(3) 从状态或特性是否随时间发生变化上来看,系统可以被划分为静态系统和动态系统。

静态系统是指系统状态、特性,或更准确地说是反映状态和特性的各种参数不随时间发生变化。现实中,绝对的静态系统是不存在的。一般地,如果系统参数在较长时期内只发生一些较小的变化,则可近似地将其看做是静态系统。比如,一段时间内的静态人口结构,并非没有生老病死的自然更新,而是指其人口总量、年龄、性别等系统参数是基本不变的。

动态系统则是指系统的状态、特性,或反映状态与特性的参数是随着时间变化的,是时间的函数。系统多为动态系统,如生物系统、企业系统等。

(4) 从构成系统的要素是否为物质实体上来看,系统可以被划分为概念系统和实体系统。

概念系统是指系统的要素是一些概念、原则、方法、制度、程序等非物质的东西。

实体系统是指系统的要素是生物、矿物、机械设备和人群等物质实体。

在实际经济生活中,几乎没有单纯的概念系统或实体系统,一般情况下两者是结合在一起的。概念系统往往是实体系统的中枢神经,指导实体系统的行动或为之服务,而实体系统则是概念系统的物质基础或载体。如企业管理系统中,既包括管理的程序、原则和信息等概念,也包括人、设备、物料等实体。

3. 特性

　　不同的系统,有着不同的要素,存在着不同的结构,从而显示出不同的功能,表现出不同的特性。系统的一些共有特性有:

　　(1)集合性。集合的概念来自数学。把具有某种属性的一些对象看做一个整体便形成一个集合,对象叫做集合的元素。对比系统的概念不难发现,一个系统就是一个集合。

　　(2)相关性。相关性指组成系统的要素之间是相互联系、相互作用、相互依存的。比如,企业产品在结构设计上进行了改变,则要求在材质上、加工手段和工艺方法上、市场销售方面等作出一系列的调整。

　　(3)有序性。系统的有序性是由系统结构的特点决定的,主要表现在:

　　1)系统要素相互作用的层次性。系统要素之间的相互联系形成了一定的结构,这种结构表现出不同的层次。如企业组织系统包括了厂部、车间、工段和班组等不同的层次。系统的层次性,不仅决定了系统是由不同层次的子系统构成的,而且决定了系统本身又是某个更大系统的一个组成部分,同时还决定了系统要素在系统中的不同地位。

　　2)系统要素相互作用的方向性。指在系统结构确定以后,各要素间物质、能量或信息的交换是按一定渠道和方向来进行的。包括纵向的各层次之间的交互作用和横向的各环节之间的交互作用。

　　(4)整体性。主要表现在以下两个方面:

　　1)从构成上来看,系统是由若干既相互联系又相互区别的要素或子系统构成的有机整体。比如企业系统是由人事系统、物资系统、财务系统、信息系统等子系统构成的有机整体。

　　2)从功能上来看,系统的整体功能依赖于要素的相互作用,但决不是要素功能的简单相加,前者要大于后者,即整体功效要超过各要素、各子系统功效的总和。"三个臭皮匠顶个诸葛亮",说的就是这个道理。

　　(5)目的性。系统都具有特定的功能和目的,这正是区别系统的重要标志。一般来说,系统的目的用更具体的目标来体现,而系统的整体目标则要靠各要素、各子系统的共同作用才能实现,这样就使系统的目的(目标)具有多样性和矛盾性的特点。

　　(6)环境适应性。系统一般都属于开放系统,都与外部环境有物质、能量和信息的交换。因此,系统的要素、结构、功能和目的都受到外部环境的影响和制约,外部环境的变化必然引起系统内部的要素、结构等方面的变化。系统必须适应环境的变化,否则将是没有生命力的,终将被环境所淘汰。而能够不断调整、变革系统要素和结构,适应外部环境变化的系统,才能得以生存和发展。

二、管理中的系统思想

管理活动与系统思想密切相关。正是在各种管理中逐步产生了系统的思想,而系统思想又在指导着各种管理活动,影响着管理理论的发展。现在,系统思想已经融入到现代管理理论中去,并形成了一个有代表性的管理理论学派——系统管理理论学派。这一理论强调运用系统思想和系统分析方法来指导管理活动,解决和处理管理问题。管理活动中主要的系统观点有:

1. 管理要素的关联性

关联性指管理要素之间相互制约、相互依存。管理的对象是组织及其要素,管理要素就是组织要素,而组织即是一个系统,组织要素即是系统要素。因此按照系统要素的关联性,管理要素也是相互关联的。管理要素的关联性表明,任何一个管理要素发生了变化,其它要素也必须作出相应的改变。比如,城市系统是由资源系统、市政系统、文教系统、医疗卫生系统、商业系统、工业系统、交通运输系统、邮电通信系统等相互联系、相互制约的子系统而组成的,牵一发而动全身。

2. 管理组织的层次性

组织是一个系统,按照系统的层次性,组织也是有层次的。管理是对组织进行的,是对组织中各个层次的管理,因此,管理也是有层次的。

一般而言,高层管理是制订计划、发号施令、控制结果,而低层管理则是执行命令,实施具体活动,报告执行情况。如果管理的层次不清,职责不明,上级越权指挥,下级越级请示,不按组织层次和路线展开工作,则组织必然呈现一片混乱。

3. 管理活动讲求整体性和目的性

管理组织是一个系统,内部还有许多子系统,管理组织本身又是整个社会经济系统的一个子系统。因此,我们在进行管理活动时,必须具有整体的观点和明确的目的。比如,在调整企业销售政策时,不仅要考虑对销售部门的影响,还要考虑对其它部门的波及;不仅要考虑对企业内部的影响;还要考虑对企业外部的影响;同时还要明确调整销售政策的目的和意图,是为了调动销售人员的积极性,还是为了杜绝销售上的不正之风,或者两个目的兼而有之;等等。

4. 管理工作讲求变革与创新

管理组织一般是开放的、动态的系统,因此,组织系统必须随着外部环境的变化而改变,随着时间的变化而改变,以求得适应外部环境。同时,要积极促变,不断创新,在保证"惯性运行"的情况下,不满足于现状,利用一切可能的机会进行变革,从而使组织更加适应外部环境的变化。

三、管理中的系统分析方法

系统分析方法由美国兰德公司于 20 世纪 40 年代提出。它把系统观点和思想引入管理方法中,应用建模、优化、仿真等技术对系统的各个方面进行定量和定性的分析,为选择最优方案提供决策依据,特点就是解决管理问题时要从全局出发,所以系统分析属于一种管理方法论。

1. 系统分析的要素、原则和步骤

(1) 系统分析的要素。系统分析涉及 6 个基本要素:

1)问题。在系统分析中,问题既可以代表研究对象,也可以表示现状与目标的偏差。

2)目标。确定和分析系统的目标,以及为达到目标系统所必须具备的功能和条件。

3)方案。方案即实现目标的途径与方法,为了实现预定的目标,可以制定若干备选方案,通过对备选方案的分析和比较,从中选出最优或满意的方案。

4)模型。模型是对系统的描述、模仿、抽象,是由说明系统本质的要素及其相互关系构成的,包括图像模型、数学模型等。

5)评价。评价即评定不同方案对系统目标的达到程度。按照一定的评价标准,综合考虑投资、收益、功能、费用、时间、可靠性、环境、社会等方面因素,确定备选方案的优先顺序。

6)决策者。决策者是系统中的利益主体和行为主体,在系统分析中自始至终具有重要作用,他们与系统分析人员的密切配合是保证系统分析工作成功的关键。

(2) 系统分析的原则:

1)问题导向的原则。系统分析人员要根据实际问题的需要,制订方案,避免按照个人的好恶标准,以已有的模式和方法为导向来研究问题。

2)以整体为目标的原则。系统中的各组成部分,都具有各自特定的功能和目标,只有相互分工协作,强调以最少的综合投入获得最大的总体效果,才能实现系统的整体目标。

3)多方案模型分析和选优的原则。

4)定量分析与定性分析相结合的原则。

5)多次反复分析的原则。

(3) 系统分析的步骤。根据系统分析的概念、要素和原则,可将系统分析的基本过程归纳为如图 1 - 1 所示的几个步骤。

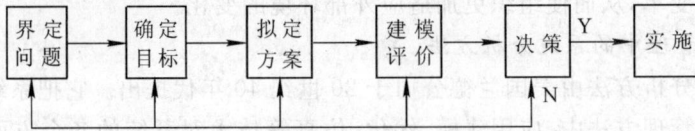

```
┌──────┐   ┌──────┐   ┌──────┐   ┌──────┐   ┌──────┐ Y ┌──────┐
│ 界 定 │→ │ 确 定 │→ │ 拟 定 │→ │ 建 模 │→ │ 决 策 ├──→│ 实 施 │
│ 问 题 │   │ 目 标 │   │ 方 案 │   │ 评 价 │   └──┬───┘   └──────┘
└──────┘   └──────┘   └──────┘   └──────┘      N
```

图 1 - 1　系统分析的基本过程与步骤

2. 系统分析的特点

(1) 充分利用 5W-1H 提问回答法。

1) What。研究的是什么问题? 与什么因素有关? 要素有哪些?

2) Why。为什么会出现这些问题? 目的或目标是什么?

3) Where。系统处在什么样的环境中?

4) When。分析的是什么时候的情况?

5) Who。问题与谁有直接关系? 决策者、执行者、所有者是谁?

6) How。如何实现系统的目标?

以上提问回答的过程,是使系统分析走上正轨的过程,也是使系统分析人员和决策者一起进入"角色"的过程。

(2) 环境分析贯穿于系统分析的全过程。

(3) 并非对所有问题进行系统分析都要经过上述几个步骤,而往往是根据实际问题的需要有所侧重或只涉及其中的部分环节。比如在企业管理活动中,有时只着重系统目标的分解,或方案的比较与选择等。

1.2　当代管理理论的形成和发展

管理实践和管理思想源远流长,自古就有,但直到 19 世纪末 20 世纪初才开始逐步形成一套比较完整的理论。习惯上把这一时间以前的阶段称为早期的管理实践和管理思想阶段。随后的大约 30 年间称为古典管理理论阶段,以泰罗的科学管理、法约尔的一般行政管理为代表。第二次世界大战以后,管理思想趋于全面、系统、多样,出现了多个管理流派,称为现代管理理论阶段。

将管理思想和理论的发展按时间划分为三个阶段,是为了讨论研究方便,而不能将各阶段看做彼此独立,互不相关。实际上,管理思想和理论的发展大多相互影响、互为补充,很少全部弃旧立新。因此,不能认为只有现代管理理论才有价值,而早期的管理思想、古典管理理论已无用途。限于篇幅,本书从古典管理理论阶段介绍起。

1.2.1 美国的"管理运动"

美国的"管理运动"发生在 19 世纪末至 20 世纪 30 年代。这一阶段人们逐渐认识到管理在社会经济活动中的重要性,从而掀起了主题是提高效率和生产率的管理运动,管理者通过对管理及其规律的认识、抽象、概括,逐渐形成了古典管理理论。

19 世纪末,企业等组织规模和数量不断增大,管理人员遇到以前所没有遇到过的多种问题,如加工过程组织、设备排列、场地布置、员工刺激等。而当时的管理非常落后,员工工作时间长、效率低、工资也低,工人缺乏训练,雇主不懂得如何刺激工人提高劳动生产率。据文献记载,许多工厂的产量远远低于其生产能力,能达到 60% 的都很少。于是,人们开始关注起组织与效率等管理问题。

另一方面,当时美国社会经济文化的发展为开展管理运动提供了可能。19 世纪末,美国南北战争结束,废除了黑奴制,封闭边界,开发西部,社会趋于稳定;欧洲移民将工业革命的种种结果带到美国,使美国的商品经济、工厂制度得到发展,人们认识到企业需要专职的管理人员;"社会达尔文主义"深入人心,"适者生存"的商品市场竞争规律为人们接受,工会运动的兴起,迫使人们研究新型的劳资关系;企业组织规模的增大和产品的多样化,传统的独裁类型的管理已不适应,而科学技术的成就则为出现新型的管理方式提供了可能。从而,在美国出现了所谓的"管理运动"。

19 世纪下半叶,针对企业等组织因迅速扩张而带来的一系列问题,一些管理先驱展开研究并取得了积极的成果。著名的人物有《美国铁路杂志》的编辑亨利·普尔(Henry Pool)和美国机械工程师协会的亨利·唐纳(Henry Downe)。普尔分析了美国铁路系统从初创到成熟这一过程中,由于管理不善而造成许多误点和事故的原因后,指出铁路系统必须进行有效的管理。他提出铁路系统应该通过明确的组织机构和严格的规章制度来进行管理,在管理中要重视人的因素,并采取新的领导方式,使组织协调,充满团结精神。普尔的这些研究为后来的"科学管理""行为科学"等管理理论的形成打下了一定的基础。唐纳在 1886 年发表的论文《作为经济学家的工程师》中,倡议把管理从工程学独立出来发展为一门学科,重点研究效率、刺激、行政管理、培训等问题。泰罗等年轻人正是在听了唐纳的发言后,提出了一系列科学的观点、方法,逐步发展成"科学管理"理论。

但是,仅有少数有见地的企业家和工程师们认识到科学管理对社会经济发展的作用还不足以形成一个管理运动,还必须通过一定的手段和方式向社会、向公众广泛宣传科学管理,这就掀起了美国管理运动的"三次高潮"。

一、美国两次有影响的听证会(1911 年、1912 年)

1911 年,美国东方铁路公司准备提高运价,遭到了货主和公众的反对。公司所在的马萨诸塞州的州际商业委员会特为此举行了一次听证后,公众方的律师邀请了泰罗等 11 位工程师出席作证,证明只要采用科学管理的技术和方法,铁路公司不必提高运价同样可以赢利。结果公众方胜诉,可以想见影响之大,科学管理开始引起世人注意和重视。

泰罗一生致力于"科学管理",但他的做法和主张并非一开始就为人们所接受。于是,美国国会于 1912 年举行了泰罗制和其它工场管理制的对比听证会,邀请泰罗作证。泰罗在听证会上作了精彩发言,向公众宣传科学管理的原理及其具体方法和技术,引起了巨大反响,科学管理开始深入人心。

二、美国通用汽车公司的改组(1920 年)

1920 年,美国通用汽车公司经营管理不善,濒临倒闭,著名的小斯隆(Alfred P. Sloan Jr.)出任总经理,对公司的组织机构进行改组,实行多个事业部的利润中心。这实质上是集中政策控制下的分权制。公司很快恢复元气,他们靠的不是技术,而是组织与管理。从而印证了企业管理的范围不仅仅是泰罗的生产管理,也包括组织建设、市场经营等问题。这一举措使理论与实践紧密结合,丰富了管理实践,促使一批企业通过改组摆脱了危机,对工商界产生了巨大影响。

三、霍桑试验(1924—1932 年)

霍桑试验是美国哈佛大学教授乔治·埃尔顿·梅奥(George Elton Mayo)于 1924—1932 年间,代表美国国家研究委员会和美国西屋电气公司合作,在该公司下属的霍桑工厂进行的一系列试验,测试各种环境因素对人的行为的影响,对效率的影响。结论引起轰动——人的生产效率不仅要受到生理、物理等方面的影响,更要受到社会环境、社会心理等方面的影响,后者的影响往往超过前者。这对"科学管理"只重视物质条件,忽视社会环境、社会心理对人的影响来说,是一个重要的修正,以后逐步形成了人际关系学说和行为科学理论。

1.2.2　古典管理理论

前面已经指出,随着企业组织的发展,竞争的加剧,资本家的经验管理越来越不适应,因而不可避免地发生了所有权和经营权的分离,使管理职能专业化,这就要求有专职的管理人员、适宜的管理机制、科学的管理方法来管理企业等组织。古典管理理论即由此应运而生,包括科学管理和一般行政管理。

一、科学管理

泰罗是科学管理的倡导人和奠基人。弗雷德里克·温斯洛·泰罗(Frederick Winslow Taylor)中学毕业后,就读哈佛法律系,因眼病辍学,进入工厂工作,从工人干到工长、技师、总工程师,并利用业余时间学习获得机械工程学士学位。在企业工作实践中,他感到管理者不懂得科学的管理方法、工作程序、劳动节奏和疲劳因素对劳动生产率的影响。而工人则缺乏训练,没有正确的操作方法和适用的工具。这些都大大影响了劳动生产率。为了改进管理,他就开始进行各种试验研究,从事咨询、写作和演讲工作,总结宣传他的"科学管理",即"泰罗制",成为一名职业管理者。

从 1881 年开始,他在米德瓦尔钢铁厂进行了一项"金属切削试验",研究每个金属切削工人合适的日工作量。经过两年的研究,给工人制定了一套工作量标准定额,杜绝了工人们的"故意偷懒"的现象。这可以认为是工时研究的开始。

1898—1901 年间,泰罗在受雇的伯利恒钢铁公司进行了"搬运生铁块试验"和"铁锹试验"。搬运生铁块试验研究的起因是:两名劳动条件、身体状况相当的工人,劳动结果却有较大差异。仔细分析这两名工人的劳动动作,发现搬运量小的工人比搬运量大的工人在搬运时多一些很细小的停放动作,这样才造成了搬运结果的差异。于是,泰罗就在这家公司的五座高炉的产品搬运组大约 75 名工人中全面进行了这项研究,总结出科学合理的操作方法训练工人。结果生铁搬运量从 12.5 英吨/(人·天)提高到 47.5 英吨/(人·天),搬运费从 7.5 美分/吨降到 3.3 美分/吨,而工人工资则由 1.15 美元/(人·天)增加到 1.88 美元/(人·天)。铁锹试验进行了多项研究,包括锹上的负载量,标准负载的铁锹的形状、规格,各种原料装锹的最佳方法,每套动作的精确时间,一个"一流工人"每天应该完成的工作量等研究。研究效果异常明显,堆料场的劳动力由 400～600 人减少为 140 人,平均每人每天的操作量由 16 吨提高到 59 吨。

可以看出,泰罗的试验侧重于"动作研究""工时研究",工具、机器、材料和工作环境等标准化研究,并由此制定出比较科学、合理的工作定额、操作方法,设计出高效的标准化工具。有必要说明的是,泰罗推行的科学管理并没有增加工人的劳动强度,而是使劳动更科学、合理。泰罗一生著有不少著作,代表作有《计件工资》《车间管理》《科学管理原则》，其一生致力于研究、倡导的"科学管理"理论都写入了他的著作中。同时，泰罗还特别重视科学管理的宣传、推广，这可从他参加两次著名的听证会略见一斑。正是这些开创性工作，他被后人尊称为科学管理之父。

"科学管理"理论的主要内容可以概括为：

1. 工作定额原理

泰罗认为，科学管理的中心问题是如何提高效率。工人之所以"磨洋工"，是由于雇主和工人对工人一天究竟能完成多少工作心中无数。为了发掘工人劳动率的潜力，就要制定出有科学依据的工作量定额，就要进行工时和动作研究。方法是选择合适且技术熟练的工人，把他们的每项动作，完成每道工序所使用的时间记录下来，加上必要的休息时间和其它延误时间，就得出完成该项工作所需要的总时间，据此定出一个工人"合理的日工作量"。

2. 能力与工作相适应的人事管理原理

泰罗认为，为了提高劳动生产率，必须为工作挑选、培训"第一流的工人"，使工人的能力同工作相适应。管理者的责任在于为下属找到最合适的工作，培训他成为第一流的工人，激励他尽最大努力来工作。这样就改变了过去凭个人经验、靠师傅带徒弟选择作业方法的落后做法。

3. 标准化原理

泰罗认为，必须用科学的方法对工人的操作方法、劳动与休息时间的搭配、机器及工具的安排、作业环境的布置等进行分析，消除不合理的因素，把各种合理的因素结合起来，形成一套最好的方法，从而使工人操作方法标准化，使用的工具、机器和材料标准化，作业环境标准化。泰罗把标准化看做是管理者的首要职责。

4. 差别计件付酬制

泰罗认为，工人"磨洋工"的重要原因之一是付酬制度不合理，计时工资不能体现按劳付酬。于是，他提出了差别计件付酬制的刺激性付酬制度，即计件工资率按完成定额的程度而浮动。这种工资制度大大激发了工人们的劳动积极性，提高了劳动生产率。雇主的支出虽然有所增加，但由于利润也大幅度地增加了，所以对雇主也是有利的。泰罗认为，这种对劳资双方都有利的提高效率就是双方协调与合作的基础。

5. 管理职能专业化原理

（1）把计划职能与执行职能划分开。设立专门的计划部门，从事调查研究、制订劳动定额和标准的操作方法、制订工作计划并发布指令，以及检查执行情况进行有效的控制。以往的作业计划都是由现场工人来做的,往往凭个人经验办事。而现在现场的工人则主要从事执行的职能,变原来的经验工作法为现在的科学工作法。

(2) 实现职能组织制。即将整个管理工作划分为较小的管理职能,使管理人员尽量承担较小的管理职能。这种职能管理思想为以后职能部门的建立和管理专业化提供了参考。

(3) 在管理上实行例外原则。即为了减少高级管理人员处理日常事务所花的时间和精力,需要把例行事务授权给下级管理人员去处理,自己只保留对例外事项(重大事项)的决策权和监督权。这种例外原则为以后发展起来的管理上的分权化原则和实行事业部制的管理体制提供了指导。

泰罗的科学管理理论的最大贡献在于提倡在管理中运用科学方法和坚持科学实践精神,其精髓是用精确的调查研究和科学知识代替人的判断和经验。同时,泰罗还创造和发展了一系列有助于提高生产效率的技术和方法,这些技术和方法不仅在过去,而且在现在仍然是合理组织生产的基础。泰罗的科学管理和传统管理相比,一个靠科学地制定操作规程和改善管理,另一个靠拼体力和时间;一个靠金钱刺激,另一个靠饥饿压迫。列宁就非常欣赏泰罗的科学管理,他指出:"泰罗制——也同资本主义其他一切进步的东西一样——有两个方面,一方面是资产阶级剥削的最巧妙的残酷手段,另一方面是一系列最丰富的科学成就,即按科学来分析人在劳动中的机械动作,省去多余的笨拙动作,制定最精确的工作方法,实行最完整的计算和监督制度,等等。"他要求"在俄国研究与传授泰罗制,有系统地试行这种制度,并使它适应下来"。

但是,泰罗的科学管理,不可避免地存在着阶级局限性和时代局限性,科学管理理论对管理较高层次的研究相对较少,理论深度显得不足。

对科学管理理论作出贡献的还有亨利·甘特(Henry L. Gantt)——泰罗的亲密合作者,他的"甘特图"依然是有用的管理工具;吉尔布雷斯夫妇(Frank B. Gilbreth and Lillian M. Gilbreth)——"动作研究专家";哈林顿·埃默森(Harrington Emerson)——"效率大王"等人物。

二、一般行政管理

当泰罗等人在美国倡导科学管理的时候,法国人法约尔等人则在欧洲提出了一般行政管理理论。科学管理以作业研究为重点,着重车间的生产管理,范围较窄,内容具体,而一般行政管理则以整个组织和管理过程为研究重点,着重分析企业的整体活动,范围较宽,涉及整个组织的协调和管理人员在组织中的作用。

亨利·法约尔(Henry Fayol),19岁大学毕业,做了一名工程师,25岁担任矿井经理,31岁成为煤矿总经理,47~77岁一直担任一家大型矿冶公司总经理,成为一名职业管理者。退休后创办法国管理研究中心,担任高级商学院的教授。法约尔与泰罗的经历不同,一直从事领导工作,因而研究的着重点是整个企业组织的活动。他生前发表了大量"一般管理理论"方面的研究著作,主要有《论管理的一般原则》《管理职能在指导营业中的重要性》《论工业的积极管理》,代表作为《工业管理与一般管理》。法约尔的一般行政管理理论还适用于企业之外的其它类型组织,所以他被认为是"一般管理理论"的奠基人,"古典组织理论"之父。其理论概括起来大致包括以下内容:

1. 企业组织的六项基本活动和五项管理职能

法约尔认为,企业组织无论大小,简单还是复杂,其活动都可以概括为六项:

(1) 技术活动——生产、制造、加工等活动。

(2) 商业活动——采购、销售、交换等活动。

(3) 财务活动——资金的筹集与运用等活动。

(4) 会计活动——货物盘存、成本核算、统计等活动。

(5) 安全活动——设备、厂房、原料与商品等的维护活动及员工的劳动保护活动。

(6) 管理活动——计划、组织、指挥、协调和控制五项职能活动。

在企业的六项基本活动中,管理活动处于核心地位,即企业本身需要管理,同样的,其它五项基本活动也需要管理。它们的关系如图1-2所示。

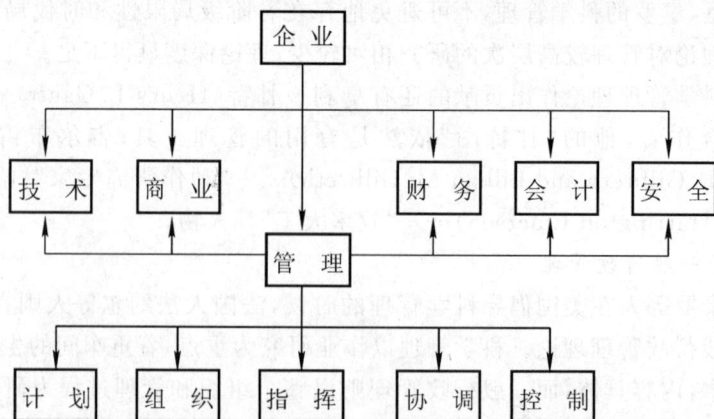

图1-2　企业组织的六项基本活动和五项管理职能

2. 一般管理原则 14 项

（1）分工。实行专业化分工可以提高效率。分工不仅限于技术工作,也适用于管理工作。但专业化分工要适度,并不是分得越细越好。

（2）职权与职责。职权与职责是相互联系的,在行使职权的同时,必须承担相应的责任,有权无责或有责无权都是组织上的缺陷。

（3）纪律。纪律实际上是企业领导人同下属人员之间在行为举止方面所达成的一种协议,它对企业取得成功是绝对必要的,要尽可能做到公正、严明、一视同仁。

（4）统一指挥。组织内每一成员只能服从一个上级的领导并接受他的命令。双重命令对于权威、纪律和稳定性都是一种威胁,往往是冲突的根源。

（5）统一领导。一个组织,对于目标相同的活动,只能有一个领导人和一套计划。只有这样,资源的应用与协调才能指向同一目标。统一领导与统一指挥原则是不同的,人们通过建立完善的组织来实现一个团队的统一领导,而统一指挥则取决于人员如何发挥作用。统一领导是统一指挥的前提,但统一领导并不能保证统一指挥。

（6）个人利益服从集体利益。个人利益和小集体利益不能超越组织的利益,二者不一致时,主管人员必须想办法使它们一致起来。

（7）合理的报酬。报酬与支付的方式要公平,对工作成绩优良者应予奖励,给员工以最大可能的满足,但奖励应以能激起职工的工作热情为前提,因为任何优良的工资制度都无法取代优良的管理。

（8）适当的集权与分权。恰当的集权或分权程度是由管理层和员工的素质、企业的条件和环境等因素决定的,所以领导人要根据本组织的实际情况,适时改变集权与分权的程度。

（9）等级链与"跳板"原则。管理机构中,最高一级到最低一级应该建立关系明确的职权等级系列,这既是执行权力的线路,也是信息传递的渠道,命令一层一层地往下传达,报告也一级一级地向上呈报,一般情况下不要轻易违反它。但在特定情况下,例如组织规模大、层次多,如果两个部门之间发生的问题都要分别层层上报到最高层进行决策后再层层下达,然后加以解决,势必影响工作。为了克服信息传递延误,快速解决问题,法约尔提出了"法约尔跳板"原则,即平行的两个部门发生只有协调才能解决的问题时,可先由这两个部门直接协调解决;只有在二者不能达成协议时,才各自向双方的上一级报告,由双方上级再协商。这样既能保持指挥的统一,又能迅速及时处理一般事务,而让高层管理者有较多时间考虑重大决策问题。

（10）秩序。这是指凡事各有其位,凡人各有其岗。这一原则既适用于物质资源,也适用于人力资源。

（11）公平。几乎每个人都有平等的愿望,都希望领导者能公平地对待他们以及他们的工作。公平是由善意和公道产生的,领导人如果不公平,往往导致下属积极性下降。

（12）保持人员稳定。一个人要有效地、熟练地从事某项工作,需要一定的时间,所以人员必须是稳定的。任何组织都有必要鼓励职工在其岗位上作长期的服务。

（13）首创精神。这是提高组织内各级人员工作热情的主要源泉。

（14）团结精神。这是指必须注意保持和维护集体中团结、协作、融洽的关系,特别是人与人之间的相互关系,因为这是企业发展的巨大力量。

法约尔认为 14 条原则并不完整,也不是一成不变的,不能在实际管理工作中盲目地、刻板地套用,而要灵活地、艺术地运用。

法约尔关于管理过程和管理组织理论的研究,特别是关于管理职能的划分以及管理原则的描述,对以后的管理理论研究具有非常深远的影响。他对管理的五大职能的分析为当代管理科学提供了一套科学的理论框架;他提出的管理原则,经过多年的实践证明,总的说来仍然是正确的;他提出的直线 - 职能组织形式现在仍然为一些企业所采用;他认为人的管理能力可以通过教育来获得,提出学校应该开设管理科学方面的课程。

1.2.3　行为科学

泰罗、法约尔等人开创的古典管理理论,使管理从经验上升为科学,大大提高了企业组织的效率。但其在强调"物"的因素时,却忽视了"人"的因素作用;在强调人的物质需要的时候,却忽视了人的精神需要;在强调"正式组织"的时候,却忽视了"非正式组织"的作用。管理的实践表明,企业仅靠科学的设计和工艺安排,集中的组织指挥,严格的管理制度,工资、奖金的物质刺激等,虽然能够在一定程度上提高劳动生产率,但却使工人的劳动更加单调,使劳资关系更加紧张,使企业缺乏生机和活力。再加上西方经济危机不断发生,引起西方各阶层人士极大的担心和不安,他们要求重新检查企业管理活动,创立新的管理理论与方法。在这种形势下,一些西方管理学者把人类学、社会学、心理学等人文科学的成果应用到企业管理中去,研究人的工作动机、情绪、行为,以及与工作之间的关系,研究如何按照人的心理发展规律去激发积极性和创造性,于是就产生了行为科学。行为科学本身的发展经历了两个阶段,早期的理论称为人际关系理论,它以 20 世纪二三十年代美国学者梅奥的霍桑试验开始;后期的研究称为行为科学,于 1953 年在美国福特基金会召开的各大学科学家参加的会议上正式定名的。

一、人际关系学

梅奥的"霍桑试验",本来是打算测定一些工作条件因素的改变对生产率的影响程度,但结果却出乎梅奥等人的意料。梅奥对此进行了深入研究,创立了人际关系学说。试验分四个阶段进行:

第一阶段:工场照明试验(1924—1927 年)。希望通过试验得出照明度对生产率的影响。但试验结果却显示,在一定范围内,照明度的变化只是影响生产率的一项小因素。

第二阶段:工作条件变动对生产率影响的试验(1927 年 8 月—1928 年 4 月)。结论是像材料供应、工作方法、劳动条件、工作时间、工资等因素的变化,对生产率的影响似乎也没有想象的那么大。

第三阶段:大规模的访问与调查(1928—1931 年)。全公司范围的 2 万多人次的访问调查,结论与上述小范围试验所得一致,即员工的绩效,更多地受到他人的影响。

第四阶段:集体计件工资试验。以集体计件工资制刺激工人,企图形成"快手"对"慢手"的压力以提高效率。试验发现,工人既不会超过定额而充当"快手",也不会因完不成定额而成"慢手",当他们达到自认为是"过得去"的产量时就会自动松懈下来。这是因为生产小组内无形中形成的行为规范制约着人们的行为,例如工作不要做得太多,否则就是"害人精";工作不能做得太少,否则就是"懒惰鬼";不应该告诉监工任何伤害同伴的事,否则就是"告密者";不应当企图对别人保持距离或多管闲事;等等。深入分析,其根本原因有三:一是怕标准再度提高;二是怕失业;三是为保护速度慢的同伴。同时还发现了"霍桑效应",即人们对于新环境的好奇和兴趣,可能创造较高的业绩,至少在初始阶段是如此。

通过近 8 年的霍桑试验,梅奥等人认识到,人的生产效率不仅受到生理、物理等方面的影响,更重要的是受到社会环境、社会心理等方面的影响。根据霍桑试验,梅奥出版了《工业文明中人的问题》一书,提出了许多与古典管理理论不同的观点,主要有:

1. 工人是"社会人",而不是单纯追求金钱收入的"经济人"

古典管理理论把人看做是仅仅为了追求经济利益而进行工作的所谓"经济人",认为金钱是刺激人积极工作的唯一动力。梅奥则认为人是"社会人",

人不仅有物质方面的需求,还有社会、心理方面的需求。因此,社会和心理因素等方面形成的动力,对效率有更大的影响。

2. 企业中存在着非正式组织

非正式组织是企业成员在共同工作的过程中,相互之间产生共同的感情、态度和倾向,形成共同的行为准则与惯例,而结成的非正式团体。非正式组织这种独具的感情、规范和倾向,无形地左右着成员的行为。古典管理理论仅注重正式组织的作用而忽视非正式组织的存在和作用,是很不够的,非正式组织不仅存在,而且同正式组织相互依存,对生产率的提高有很大的影响。

3. 提高效率的主要途径是提高工人的满足度

梅奥认为,可以通过提高职工的"满足度",达到鼓舞"士气",提高效率的目的。即力争使职工在安全方面、友谊方面,特别是他们的工作是否被上级、同伴和社会所承认方面得到满足。满足度越高,士气就越高,生产效率也就越高。管理者要善于倾听和沟通下级的意见,不但要考虑职工的物质需求,还应该考虑职工的精神需求。

梅奥的人际关系学说,开辟了管理学科的新领域,不但弥补了古典管理理论的某些不足,而且也为以后的行为科学的发展奠定了基础。

二、行为科学

行为科学运用心理学、社会学、人类学等成就对组织中人群行为进行科学的分析,研究什么因素决定人的行为,如何激励人的行为,以及怎样正确处理人与人之间的关系,最终引导组织成员为达到组织目标而努力。行为科学的理论主要集中在以下几个方面:

1. 管理中的"人性"理论

人性理论是对人的管理的基本哲学。行为科学认为,由于对人的本性的不同看法就会有不同的管理方式,由此造成了不同的管理效果。

(1) X 理论与 Y 理论。美国心理学家麦格雷戈(D. Mcgregor)在 1957 年发表的《企业的人性面》一书中提出了著名的 X 理论和 Y 理论,就是一种管理中的人性理论。

X 理论认为:人生性懒惰,不愿承担责任,只要条件允许,就不愿干工作。因此应加强对工人的监督和经济刺激,强调等级、命令等传统管理的东西。这种认识和管理哲学就称为 X 理论。

Y 理论则认为:多数人愿意工作和承担责任,愿意为实现组织目标而努力,但需要领导者给予信任并创造一定的环境,因而管理的重点应放到为员工创造良好的工作环境上。这种认识和管理哲学就称为 Y 理论。

麦格雷戈指出,用Y理论能够培养职工积极的工作态度,发挥他们的创造能力,既达到了组织目标,又满足了个人的需求。他赞同Y理论而不同意X理论。

(2)四种人性假设理论。一些西方学者将人性假设为:

经济人假设——认为人的工作目的就是追求经济利益,所以经济利益的分配决定着人的积极性。

社会人假设——梅奥的人际关系学派认为,人不仅有经济利益方面的需求,而且还有社会和心理方面的需求,人际关系对士气的影响有时超过经济条件。

自我实现人假设——认为追求自我实现是人的本质表现,只要环境许可,每个人都能为取得成就而积极努力工作。

复杂人假设——认为人的本性十分复杂,在不同时间、不同场合会有不同动机、不同需求,从而表现出不同的行为。

2. 激励理论

激励理论也称为需要和动机理论,研究人的积极性的形成及变化规律,找出管理激励的依据和途径。代表性的理论有:

(1)马斯洛(A. H. Maslow)的需要层次论。认为人有五种基本需要,即:

1)生理需要——保证人生存的基本条件,如衣、食、住、行等方面。

2)安全需要——人身的安全,职业的保障,退休养老的保障等。

3)社会需要——希望能归属于某一群体组织,获得他人的友谊,同事间和谐的配合等。

4)受尊重的需要——自尊心、被人尊重、工作被承认的满足感和成就感等。

5)自我实现的需要——个人的才智和能力需要充分表现,爱好、抱负、奋斗目标的实现等。

五种需要的层次如图1-3所示。

人的需要由低级到高级,由物质到精神。低一级需要基本满足后,高一级需要立即开始,只有未满足的需要才能够影响行为。管理人员的责任就在于了解职工的需要并给予满足,达到激励和提高效率的目的。

(2)赫茨伯格(F. Herzberg)的双因素理论。影响人的积极性的因素可以分为两类,把能够促使人们产生工作满意感的这一类因素叫做激励因素,通常和工作内容紧密联系在一起,如成就、奖励、工作的挑战性、职务的责任感、个人发展的可能性等。这类需要的满足,对职工有较强的激励作用。把能够造成人们产生不满意的因素称为保健因素,保健因素一般是同工作环境和条件相关的因素,如企业的住房、劳保政策、劳动条件等。这类需要的满足,只能维持职工的满意,不构成激励。当然,处理得好可消除不满,处理得不好却会引起不满。

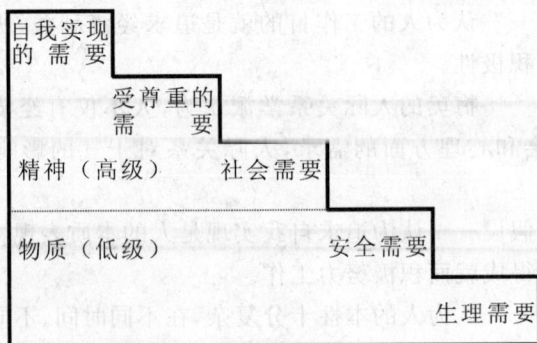

图 1 - 3　马斯洛的需要层次图

(3) 公平理论。职工对报酬是否满意是一个社会比较的过程,他们不仅关心自己所得报酬的绝对量,而且还要比较自己的报酬与贡献同他人的报酬与贡献是否相对平衡。公平是由善意和公道产生的,管理者既要善待下属,又要充分发挥自己的能力,努力使公道感深入人心。否则,会导致下属积极性下降,甚至造成思想上的混乱。

(4) 期望理论。人们在预期他们的行动将会有助于达到某个目标的情况下才会被激励起来,去做某些事情以达到这个目标。因此,员工的激发力量既取决于要完成任务的重要性,要实现目标的价值大小,也取决于员工对实现这一任务、这一目标的期望大小,是目标的价值和期望值的综合作用,即:管理的激发力量＝目标的价值×期望值。

3. 领导行为理论

领导是一种行为和影响力,管理者通过实施领导行为,引导和激励下属努力实现组织目标。因此,领导者个人的品质、行为方式、领导方式对管理的成败有重要影响。领导行为理论涉及的内容很多,较有代表性的理论有:

(1) 根据职权运用程度将领导行为方式划分为专制式、民主式和自由放任式。

专制式主要是靠权力和强制命令来进行领导;民主式的主要特征是对将要采取的行动事先同下属商量,并且鼓励下属参与决策;自由放任式的领导极少运用其权力,而是给下属以高度的独立性。

　　心理学家勒温(P. Lewin)根据实验得出的结论是:一般而言,自由放任式的领导行为方式工作效率最低,无法实现工作目标,只能达到组织成员的社交目标;专制式的领导者虽然通过严格管理控制在短期内能够达到目标,但组织成员缺乏责任感,士气低落,无法保持持久的效率;民主式领导下的工作效率最高,不但能够完成工作目标,而且能够实现组织成员的社交目标。

　　(2) 根据管理方格图将领导行为方式划分为贫乏型、俱乐部型、中间型、任务型、战斗集体型。

　　美国管理学家罗伯特·布莱克和简·穆顿设计了一个管理方格图,图中横坐标表示领导者对工作的关心程度,纵坐标表示对人的关心程度,每个坐标划分为9种程度,从而形成了81种组合,其中五种组合代表着最为典型的领导行为方式(见图1-4)。

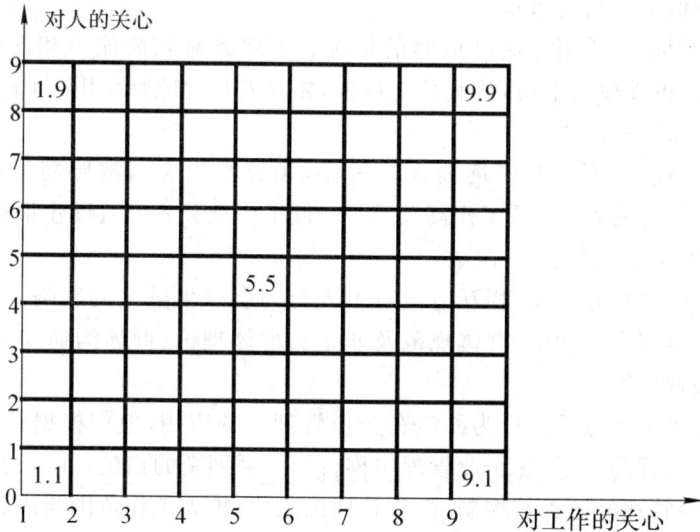

图 1-4　管理方格图

1.1—贫乏型,对职工、工作均不关心,最低限度来完成必须做的事。

1.9—俱乐部型,注意关心职工、体谅下属,但较少关心任务的完成。

5.5—中间型,对人的关心和对工作的关心保持适度平衡,追求正常的士气和效率。

9.1—任务型,只注意任务的完成而不关心人的需要。

9.9—战斗集体型,对职工和工作都极为关心,努力使个人需要和组织目标最有效地结合。

　　(3) 根据下属的成熟程度将领导行为方式划分为命令型、说服型、参与型、授权型。

　　由科曼首先提出,后由赫西和布兰查德予以发展的这种理论(称为领导生命周期理论)认为,领导者的行为方式,应当适应其下属的"成熟"程度,包括下属的成就动机、承担责任的意愿和能力,以及与工作有关的学识和经验等,从而形成四种有代表性的领导行为方式。

1)命令型。适用于低度成熟的情况。下属既不愿意也不能够负担工作的责任,领导者可以采取单向沟通,明确地向下属规定任务,与下属保持高工作低关系状态。

2)说服型。适用于较不成熟的情况。下属愿意承担工作,但缺乏工作技巧和能力,领导者应该采取双向沟通,对其进行指导,与下属保持高工作高关系状态。

3)参与型。适用于比较成熟的情况。下属能够胜任工作,但却不愿意有过多的指示和约束。领导者应该采取双向沟通,支持下属发挥他们的能力,与下属保持低工作高关系状态。

4)授权型。适用于高度成熟的情况。下属具有较高能力和愿望承担工作,领导者可授权给下属,让其独立行事,领导者只起监督作用,与下属保持低工作低关系状态。

随着下属由不成熟向逐渐成熟过渡,领导行为应当按照高工作低关系——→高工作高关系——→低工作高关系——→低工作低关系方式逐步推移。

4. 群体行为理论

群体间的相互作用、相互适应对个人行为会产生巨大的影响。群体行为理论主要研究士气理论、群体规范及非正式群体理论、群体沟通与交往理论、群体冲突理论等。

西方国家十分重视行为科学在企业管理中的应用,他们根据行为科学以人为中心的管理理论,在企业管理中推行了一系列新的措施,如实行职工参与管理,减少管理的监督与控制,鼓吹管理民主化;扩大工作范围与内容,满足职工的工作兴趣和爱好,培养他们的多种工作技能;实行终身雇佣制,以增加职工的工作安全感和归属感;实行弹性工作制,使职工感到生活方便;重视非正式组织,引导其开展活动,以联络感情,笼络职工。采取这些措施的目的是为了调动职工的工作积极性,提高生产效率,调和劳资间的矛盾。其特点就是在"尊重人格""关心人""工业民主"等口号下,把职工利益和企业利益(实际上是投资人的利益)联系起来,形成劳资双方"命运共同体"。

1.2.4　管理科学

第二次世界大战后,西方各国的经济得到长足发展,企业内部状况发生了很多变化,外部环境更加复杂。企业面临着瞬息万变的政治、经济、技术和市场情况,生产规模日益扩大,内部分工更加精细,企业的兴衰存亡,不仅取决于生产效率的高低,更取决于决策的正确与否。同时,由于自然科学的发展,如系统论、信息论、控制论、计算机技术等的产生与发展,使决策科学化成为可能。所以,将最新的科技成果应用到管理中来,形成了一系列现代组织管理技术和方法,对管理领域的人、财、物进行系统的定量分析,并作出最优的规划和决策的理论就是管理科学的理论。其主要内容包括以下三个方面。

一、运筹学

运筹学是管理科学理论的基础,研究在给定的人力、物力、财力等资源条件下,为达到目标,统筹兼顾研究对象整个活动各个环节之间的关系,运用数量分析方法和手段,选择出投入少、产出多的最优决策方案。运筹学被广泛应用于管理科学领域,若按研究对象、研究方法的不同,则可分为许多分支,例如:

(1)规划论。研究如何充分利用组织中的人、财、物和时间,最大程度地完成各项任务,以实现最优的经济效益。规划论一般又分为线性规划、非线性规划和动态规划。

(2)库存论。研究在什么时间、以什么数量、从什么地方采购补充库存,既保证企业生产正常进行,又尽可能使库存费和采购费的总和最少。

(3)排队论。研究在各类服务系统中,设置服务人员或服务台的合理数量,以便既不使顾客或使用者排队等候时间过长,造成离去损失,又不使服务人员或服务台闲置过久,造成投资浪费。

(4)对策论。研究利益冲突的各方在竞争性活动中,如何使自己一方获得期望利益最大或期望损失最小,寻求制胜对方的最优策略。

另外,像网络分析、决策论等也是运筹学的重要分支。

二、系统分析

具体内容见 1.1.2 节。

三、决策科学化

决策科学化是指决策时要以事实为根据,采取严密的逻辑思考方法,遵循科学的程序步骤,对大量的数据资料进行系统分析和计算,借助于计算机和管理信息系统,作出正确决策。管理科学理论最终要解决的就是使决策科学化。

管理科学理论的三方面内容之间的联系是:运筹学是管理科学理论的基础和技术工具;系统分析是科学分析问题的思路和程序;决策科学化就是以运筹学为工具,运用系统分析方法解决各类管理决策问题。

管理科学和行为科学是平行发展起来的,都是基于泰罗的科学管理理论已不能适应现代企业组织的发展需要而产生的。行为科学沿着和科学管理完全不同的方向发展,它是从人的角度来探讨管理的"行为科学"。而管理科学却是科学管理的继续和深化,因为它的主要目标也是寻求最有效的工作方法或最优方案,以最少的投入获得最大的产出,但它的研究范围已远远不是泰罗时代的"操作方法"和"作业研究",而是面向整个组织的一切活动,并且它所采用的现代科技方法与手段也是泰罗的科学管理所无法相比的。

1. 2. 5 现代管理理论丛林

西方管理理论在经历了古典管理理论、行为科学理论和管理科学理论的发展之后,出现了两种趋势,即分散的趋势和统一的趋势。这是由于管理问题引起人们的普遍重视,不仅实际从事管理工作的人和管理学家在研究管理问题,而且一些心理学家、社会学家、人类学家、经济学家、数学家等等也都从各自背景、不同视角,用不同的方法对现代管理问题进行研究,这样就带来了管理理论的空前繁荣,出现了各种各样的学派。同时,许多管理学家又都在试图把各种不同学派的观点兼容并蓄,融为一体,创立统一的理论。美国著名管理学家哈罗德·孔茨(Harold Koontz)把这种学派林立的状况形象地描述为管理理论的"丛林"。这些学派中有代表性的有以下几个。

一、经验或案例学派

这一学派通过案例来研究分析管理问题,认为通过研究案例中的主管人员成功与失败的管理经验,以及他们解决特殊问题的努力,就可以知道在相仿情况下如何进行有效的管理(所谓案例就是现实组织活动的一个文字客观描述)。这一学派的代表人物有美国的德鲁克(Peter Drucker),著有《有效的管理者》,戴尔(Ernest Dale),著有《管理、理论和实践》,以及纽曼(W. Newman),斯隆(A. P. Sloan)等人。其主要观点为:

(1)经理的任务是:创造一个生产经营体系;调动企业一切资源,包括人力资源;决策或行动一定要把眼前利益和长远利益结合起来。

(2)重视组织结构。强调各类组织要根据自己的工作性质、内外环境与条件以及管理者和被管理者的特点,确定本组织的管理组织结构,切忌照搬别人的模式。德鲁克把管理组织模式概括为集权的职能性结构、分权的联邦式结构、矩阵结构、模拟性分散管理结构等。

(3)提倡目标管理。组织高级主管应根据组织环境,结合组织条件,制定出一定时期内组织所要达到的总目标,然后分解成一些子目标以保证总目标的实现,并层层落实,直至下属各部门主管人员和一般员工都有相应目标和保证措施。这样就形成了一个目标体系,并把目标完成情况作为各级部门和个人的考评依据。

可以想见,如果经验是用一种普通化的观点提炼出来的,则经验对管理原理的发展是有益的;同样,案例可以提供一种对于管理进行介绍、解释、试验的情况。但是,经验或案例对于复杂的管理世界是有一定局限的。

二、社会系统学派

这一学派分为社会协作系统学派和社会技术系统学派。社会协作系统学派的创立人是美国的高级经理人员、管理学家切斯特·巴纳德(Chester Z. Barnard),他于 1927—1948 年,在美国新泽西贝尔电话公司担任总经理,有时到大学讲学。他主要从社会学角度来分析各类组织,把组织看做是人的相互关系的协作系统,是社会大系统的一部分。其主要观点有:

(1)组织是一个社会协作系统,该系统能否继续存在取决于协作的效率和效果,以及协作目标能否适应协作环境。

(2)正式组织包含三个要素:协作的意愿、共同的目标和信息的联系。正式组织中还存在着非正式组织。

(3)经理人员的职能是:建立和维持一个目标明确的组织协作系统。管理人员处于协作系统的信息联络中心,从而对成员的活动进行协调,完成组织的目标。

社会技术系统学派则认为,要解决好管理问题,只分析社会协作问题是不够的,还必须分析研究技术系统对人的影响,即科学技术对人的行为方式、组织方式和管理方式等方面的影响。换句话说,个人态度和集体行为受到人们工作所在的那个系统的技术影响。因此,社会系统和技术系统必须协调。这一学派的著作大部分集中在生产、办公室业务以及一些与人关系密切的技术系统方面,主要倾向于研究工业工程、人机工程等方面的问题。

三、管理过程学派

这一学派是在法约尔管理思想的基础上发展起来的。代表人物是美国的哈罗德·孔茨(Harold Koontz)和西里尔·奥唐奈(Cyril O'Donnell),合作著有《管理学》。其主要观点为:

(1)管理是一个过程和许多相互关联的职能。尽管对管理职能的划分有所不同,但都含有计划、组织和控制职能。组织尽管性质不同,但所应履行的基本管理职能是相同的。

(2)可以将各项管理职能逐一地进行分析,归纳出若干管理指导原则。

（3）管理过程和管理职能学说为研究管理提供了一个概念结构和思想构架，一些新的管理概念和管理技术大多可容纳在其中。

四、决策管理学派

这一学派把运筹学、系统理论、计算机科学等综合运用于管理决策问题，形成了一门有关决策过程、准则、类型和方法的理论体系。代表人物是诺贝尔经济学奖获得者西蒙（H. A. Simon）。其理论要点有：

（1）决策贯穿于管理的全过程，管理就是决策。

（2）决策过程包括四个阶段：搜集情况阶段，拟定计划阶段，评价计划阶段，选定计划阶段。

（3）用"满意"准则代替"最优化"准则进行决策。

（4）根据决策活动是否反复出现将决策分为程序化和非程序化决策。根据决策环境状态将决策分为肯定型决策、风险型决策和非肯定型决策。每种决策所用的方法和技术都是不同的。

五、行为科学学派

具体内容见 1.2.3 节。

六、管理科学学派

具体内容见 1.2.4 节。

七、系统管理理论学派

具体内容见 1.1.2 节。

八、权变管理理论学派

权变管理理论是 20 世纪 70 年代在美国形成的一种管理理论，这一理论通过研究环境变量和管理变量之间的函数关系——权变关系，确定针对不同的具体条件寻求不同的最合适的管理模式、方案或方法。这一理论认为：

（1）过去的管理理论由于没有把管理和环境紧密地联系起来，造成管理观念和技术在理论与实践上相脱节，所以很难使管理有效地进行。

（2）权变管理理论就是考虑到有关环境变量（自变量）和相应的管理观念和技术（因变量）之间的关系，使采用的管理观念和技术能有效地达到目标，即根据不同的具体条件，采用相应的组织结构、领导方式、管理机制。

（3）环境变量与管理变量之间的函数关系就是权变关系，这是权变管理理论的核心，也是难点。

通过上面的介绍，可以看到管理理论的发展表现出一种分散的趋势，同时，各种学派的发展又呈集中统一的趋向，这就是近几年来在一些管理学者中间酝酿的"现代管理理论"。这一理论主要包括三部分内容：第一，管理科学与工程——管理学科的概念、理论与方法等;第二,工商管理——赢利单位的管理;第三,公共管理——非赢利单位和部门的管理。因此,现代管理理论是近代管理理论的一个综合,是一个知识体系,是一个学科群。在我国,教育部和国务院学位委员会公布的研究生、本科生招生专业目录中,出现了管理学学科门类,标志着我国的管理学科已完全从工学和经济学中独立出来,形成了管理学科体系。

1.2.6 知识经济时代的管理

知识经济是建立在知识和信息的生产、分配和使用之上的经济,是以知识为基础的经济,表现出知识经济化、信息产业化、组织知识化等特征,最主要标志为:知识、智力为经济发展的关键要素,同劳动力等生产要素并存;高新技术加速产业化。

随着知识经济时代的来临,对传统的管理理念和方式提出了诸多方面的挑战,管理者只有尽快适应这些新的要求和变化,才能驾驭自己的组织、部门和下属,才能做好自己的工作。概括起来,这些挑战主要来自以下几个方面:

(1)计算机信息网络化。计算机信息网络就像组织的神经系统一样,与外界进行信息的交换,内部进行信息的交流,要求反应迅速、指挥高效。它调整着组织的发展状态,改变着组织的运作模式。组织成功的法宝之一将是其在研发、设计、制造、服务、营销等方面是否比竞争对手采用了更为快速的信息反应系统。

(2)保持独特性。在知识经济时代,组织必须拥有一种独特能力才能经营下去,例如无法模仿的技术,难以学习的经验,掌握独有资源等。这是一种深层次的软性竞争,要求组织必须不断学习、吸收新知识,具有强大的创新、创造能力。

(3)知识和人才的价值。目前,一些全球性大组织之所以掌握着前所未有的财富,发挥着前所未有的作用,是因为他们拥有着当代尖端知识和超一流高科技人才。美国脑力劳动者比例已明显高于体力劳动者比例。这表明组织的管理者必须承认、体现知识和人才的价值。

(4)协作的意义。事必躬亲、鞠躬尽瘁的人肯定是个好人,但绝不是一个优秀的管理者。在知识经济时代,个人的力量更显得有限,单个工作将被协作取代,项目小组、团队合作、组织联盟更加普遍。

(5)组织管理模式。信息技术的全面推进,工作的地理界限和时间限制将被打破,"虚拟"办公室、"虚拟"商店、"虚拟"组织、网上交易应运而生,随时随地都能够开展工作。组织结构将呈现"扁平化",协作小组非常普遍,项目经理更加重要,固定职务和薪金将被淡化,管理中更多地体现个人的权力而非职位权力。

(6)全球经济一体化的压力。全球经济一体化提供了更多的市场机会,也给管理人士更大的压力,竞争加剧,全球性管理,适应不同文化、民族、制度的管理模式与技术等方面都对管理者提出更高的要求,既要有丰富的知识、高超的技能,还要有高尚的人格、坚定的信念等。

(7)战略观念。在管理组织的历史中,管理者总是把大部分精力集中于人、财、物等方面,这种方式将被知识经济时代所淘汰,因为要管理好一个组织,必须了解组织的环境,蓄势待发,把握住机会,具有战略眼光,管理好它的未来。

1.3　管理过程和管理职能中的几个专题

1.3.1　计划工作

一、计划的种类和原理

1. 计划的种类

计划的种类很多,可以按不同的标志进行分类。例如企业计划按业务活动可分为销售计划、生产计划、供应计划等;按期限可分为长期计划、中期计划、短期计划。这里介绍按表现形式进行的分类,即宗旨、目标、战略、政策、程序、规则、规划和预算等几类计划。

(1)宗旨。宗旨表明组织是干什么的,应该干什么。确立宗旨就是一种计划工作。有一般宗旨,比如企业的宗旨是生产经营商品、创造利润,大学的宗旨是培养人才、科学研究。也有具体宗旨,像杜邦公司的宗旨是通过化学的方法生产更好的产品。

(2)目标。目标是在宗旨指导下,具体规定组织及各部门的管理活动在一定时期要达到的具体成果。目标不仅是计划工作的终点,而且也是其它管理职能所要达到的最终结果。确定目标就是一项计划工作。

(3)战略。战略是组织为实现长远目标所选择的发展方向、所确定的行动方针,以及资源分配方案的一个总计划。对企业而言,制定战略是为了提高其相对于竞争对手的实力,获得比竞争对手更持久的优势。而那些涉及长远发展、全局部署的管理活动,也需要制定战略,比如城市、国家发展战略等。

(4)政策。政策是指导思想和行动的规定,它将一些问题事先确定下来,避免重复分析和决策。政策有助于主管人员将权力下放,提高工作效率。政策种类很多,像面向组织成员的提职政策、企业销售奖励政策等。在制定、执行政策时要注意:

1)政策要具有良好的连续性和一致性。

2)政策执行要具有一定的灵活性,允许并且鼓励政策执行者在规定的范围内对某些事情有酌情处理的权力。

(5)程序。程序规定了如何处置那些重复发生的例行问题,并在时间上规定了活动的先后顺序。程序就是步骤,是行动指南,但不是思想指南。

(6)规则。规则是对具体场合、具体情况,允许或不允许采取某种特定行动的规定。规则与政策的区别在于规则在应用中不具有灵活处置权,比如组织的一些劳动纪律规定。规则与程序的区别在于规则不规定时间顺序,但可以把程序看做是一系列规则的总和。

(7)规划。规划是一个综合性计划,是为了实现宗旨而制定的目标、战略、政策、程序、规则等等。所以一个规划可能包含以上各种计划,并且一般情况下,规划也都有下面提到的预算支持。规划可以很大,像政府的各种规划;也可以很小,如一位主管为提高员工"士气"而搞的规划。

(8)预算。预算是一份用数学表示预期结果的计划,也可以称为数学化的计划。通过预算各级主管可以从资金角度掌握、控制企业的经营状况。

2. 计划的原理

计划工作的原理主要包括:

(1)限定因素原理。限定因素是指对达到目标起主要限制作用的因素。主管人员在制订计划时,应尽力找出限定性因素,有针对性地采取措施,保证目标的顺序实现。

(2)许诺原理。每一项计划实际上都是对完成的任务所作出的许诺。许诺越大,实现的时间就越长,实现的可能性就越小,因而,计划期限的长短取决于完成计划中许诺的任务所必需的时间。同时,每项计划的许诺不能太多,因为许诺越多,完成计划的周期越长。

(3)灵活性原理。在制订计划时要留有一定的余地,体现一定的灵活性与弹性。这样,未来意外事件引起损失的危险性就越小。当然,灵活是有一定限度的。不能总是以推迟决策的时间来保证计划的灵活性,有些情况往往无法使计划具有灵活性,像一些规则。

(4)改变航道原理。计划的总目标不变,但实现目标的进程可以因情况变化而随时调整,就像航海家一样,遇到障碍可以改变航道,但目的地不变。这是因为我们考虑问题不可能面面俱到,并且计划也往往赶不上变化。改变航道原理和灵活性原理不同,灵活性原理是使计划本身具有适应性,而改变航道原理是指计划执行过程中应具有应变能力。

　　二、计划的编制

　　1. 计划编制的程序

　　任何一项完整的计划,大致都要经过以下的步骤才能编制出来。

　　(1)估量机会,确立目标。初步考查未来可能出现的机会,然后分析组织的长处和不足,认清所处的地位,从而确定组织预期达到的目标和结果。这些目标以总目标为主体,以专业的、下属各层次的目标为基础,上下左右衔接协调,形成一个完整的目标体系。

　　(2)进一步调查研究,明确计划执行的前提条件。计划执行的前提条件,是指执行计划时的内、外部环境条件,分清有利条件和不利条件。只有如此,才可能做到因势利导,编制出比较切合实际的计划。

　　(3)提出多种备选方案,确定满意方案。实现相同的计划目标,通常会有多种不同的方案,必须在提出各种备选方案的基础上,对各种方案的长处和不足进行全面的分析和比较,从中选择符合计划目标要求、接近实际情况、效益较佳的方案。

　　(4)拟定派生计划。一般要围绕确定的计划方案编制一些派生计划,以保证计划方案的顺利实施。

　　(5)进行定量分析,使计划数字化。制定计划方案,不仅要作定性分析,而且要尽可能进行定量分析,把计划转化为预算,使之数字化。

　　2. 计划编制的方法

　　计划的有效性在很大程度上取决于所采用的计划编制方法。实际工作中采用的方法有定额换算法、系数推导法、经验平衡法、滚动计划法、网络计划方法等。前三种方法许多书籍已有所介绍,网络计划方法在本书第 3 章第 3 节有较为详细介绍,这里简单提一下滚动计划法。

　　由于在计划工作中很难准确地预测各种变化因素,而且随着计划期的延长,不确定性就越大,所以,如果硬性按以前的计划实施,就可能导致巨大的错误和损失。一种定期修正未来计划的方法——滚动计划法,正是根据计划的执行情况和环境变化情况定期修订未来的计划,并逐期向前推移,使短期计划、中期计划和长期计划有机地结合起来。具体地,参见如图 1-5 所示的一个五年滚动计划。

具体计划	比较具体计划		比较粗略计划	
1991	1992	1993	1994	1995

差异分析 → 计划本身的原因

↓

调整计划的措施

实际执行中的经验问题

1991 实际完成

巩固或改善的措施

具体计划	比较具体计划		比较粗略计划	
1992	1993	1994	1995	1996

差异分析

1992 实际完成

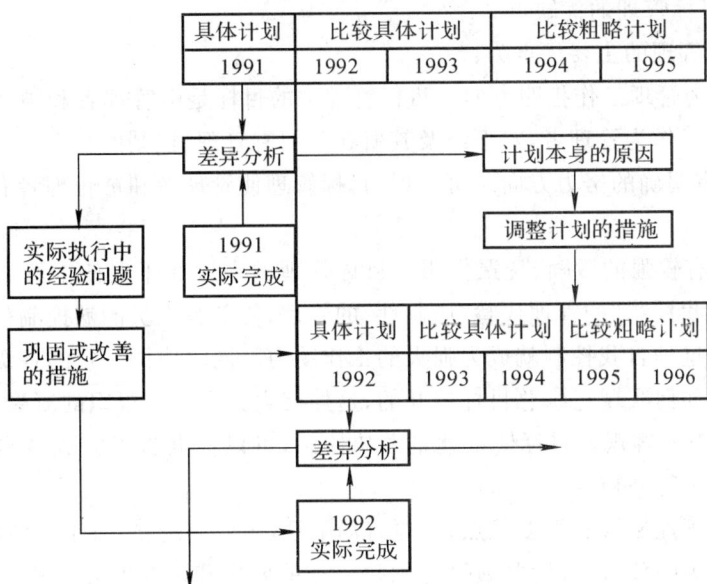

图 1-5　滚动计划法示意图

　　滚动计划方法虽然使得计划编制的工作量加大,但在计算机已被广泛应用的今天,其优点十分明显,使短期、中期、长期计划相互衔接,更切合实际,增加了弹性。

　　三、目标管理

　　1. 目标管理的含义

　　任何计划都包含一系列目标,而目标本身也是一种计划。目标管理就是组织最高层主管根据组织环境、结合组织条件,制定出组织在一定时期内所要达到的总目标,然后分解成一些子目标,并层层落实,直到下属各部门及其主管人员和一般员工都有相应目标和保证措施,这样就形成了一个目标体系,主管人员可以把目标完成情况作为各部门和个人考核的依据。

　　对目标管理的创立作出很大贡献的美国人彼得·F. 德鲁克认为,企业的目的和任务必须化为目标,各级主管必须根据这些目标对下级进行指导和领导,从而实现组织的总目标;如果一个领域没有设定的目标,则这个领域必定被忽视了;如果没有方向一致的分目标来指导各级主管人员的工作,则企业规模越大,人员越多时发生冲突和浪费的可能性就越大。德鲁克的这些观点对我们理解目标管理的作用很有帮助。

2. 目标管理的优缺点

目标管理的主要优点为：

（1）为管理工作指明方向。目标管理中的目标是由管理者和被管理者协商制定的。作为管理者，对下级及其所在部门有管理、控制的目标。作为被管理者，也有明确的努力方向。可以说，目标管理使管理者和被管理者有了合作的基础。

（2）有较强的激励、凝聚作用。目标管理的宗旨在于促使主管给下属放权，用"自我控制"的管理代替"压制性"的管理，使各级人员能够控制他们自己的成绩。这种自我控制就成为强大的工作动力。同时协调一致的各级目标都是围绕着如何实现组织总目标展开的，这样就大大增强了组织的凝聚力。

（3）考核客观。目标体系就是考核体系，可以根据员工完成各自目标的实际情况进行考核。

目标管理尽管有很多优点，但也有局限性，主要表现在：有不灵活的危险，有短期行为的危险，有设置勉强的危险。这就要求我们在实际运用中注意发挥其优点，克服其不足。

四、战略分析与选择

具体内容见 2.2 节。

1.3.2　组织设计与运行

一、管理幅度与管理层次

管理幅度指一名主管人员有效地监督、管理其直接下属的人数。当超过这个人数时，管理的效率就会下降，就应该增加一个管理层次，即管理层次与管理幅度有关。一般地，在组织人数规模一定的条件下，较大的幅度具有较少的层次，而较小的幅度具有较多的层次。据此，组织结构大致可分为两类：窄幅度组织和宽幅度组织。窄幅度组织就是幅度小、层次多的直式结构组织，其优点是：组织具有严密的监督、控制能力；直接的上下级联络迅速、易于协调；而缺点则为：因为管理层次多，因而整个组织的交流受阻，管理费用较大，下级缺乏主动性和创造性。宽幅度组织是指幅度大、层次少的扁平化结构组织，其优、缺点与窄幅度组织正好相反。因此，管理幅度和管理层次要协调适度。

一般地，影响管理幅度的因素有：主管人员及其下属双方的素质和能力；需要解决的问题或任务的难易程度；授权程度的大小；计划的完善程度；组织沟通渠道的状况；组织环境等。

二、组织结构的类型

组织结构就是组织要素和组织各部分的排列顺序、空间位置以及联系方式的一种模式,是执行管理任务和计划方案的体制。它尤如人体的骨架,在管理系统中保证人流、物流、信息流的正常流通,实现组织的目标。所不同的是组织结构是主管人员有意识创造的,而不是天生的,因而也就表现出各种各样的类型。

1. 直线型组织结构

组织中各种职务按垂直系统直线排列,各级主管人员对下属拥有一切职权,每个下属只能向一个直接的上级报告,其组织结构如图1-6所示,其中 L_i 表示第 i 层次管理人员。这种组织结构的优点是结构简单,权力集中,责任分明,命令统一;而缺点则是当组织规模扩大时,由于所有的管理职能都集中由一人承担,而个人的知识及能力有限,因而容易造成顾此失彼的局面,同时部门之间的协调比较差。一般地,这种组织结构适用于小型组织,或者是现场的作业管理。

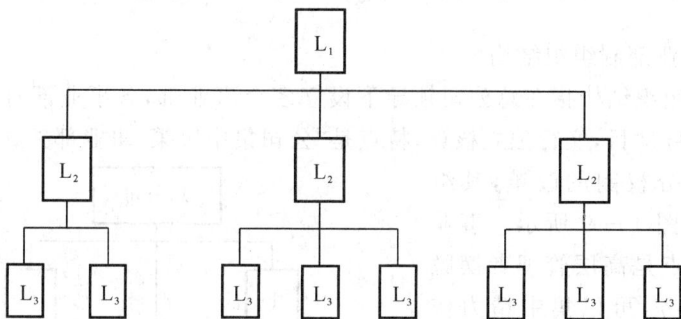

图 1-6　直线型组织结构

2. 职能型组织结构

组织内除直线主管外还设立一些机构,分担某些职能管理的业务。这些职能机构有权在自己的业务范围内,向下级单位下达命令,其组织结构如图1-7所示, L_i 表示直线部门,F 表示职能部门。这种组织结构的优点是适应技术比较复杂和管理分工较细的组织,减轻了上层主管人员的负担;而缺点则是容易形成多头领导,破坏了集中领导和统一指挥原则。

3. 直线-职能型组织结构

这种组织结构吸收了直线型和职能型两类组织结构的优点,并克服了它们各自的不足。它将职能型组织结构中职能部门的权力作了较多限制,职能

部门主要作为直线部门的参谋,为下级部门提供业务指导。特殊情况下,才接
受上级的授权,例如决策权、协调和监督权等专项权力,直接指挥下级。这样
设置就是为了尽量做到指挥、命令的统一。其组织结构如图 1 - 8 所示,其中
L,F 含义同前,"——"表示直线指挥权,"- - -→"表示业务指导及专项
指挥权。

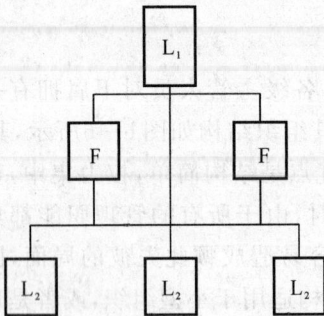

　　　　图 1 - 7　职能型组织结构　　　　　　图 1 - 8　直线 - 职能型组织结构

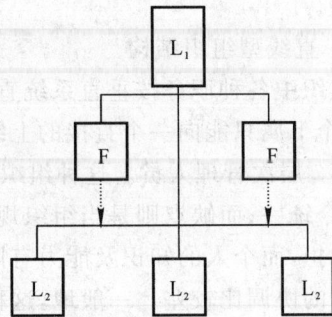

4. 事业部制组织结构

　　这种组织结构指在总公司领导下设立多个事业部,各事业部有各自独立
经营的业务项目,实行独立核算,特点是"公司集中决策,事业部独立经营",是
集权制向分权制的改革,其组
织结构如图 1 - 9 所示。事业
部制的优点是高层管理者摆脱
了日常事务,可以集中精力作
好战略决策和长远规划,而各
事业部都是相对独立的利润中
心,责权利明确,经营效率高,
环境适应性强。这种组织结构
多适用于大规模的公司。

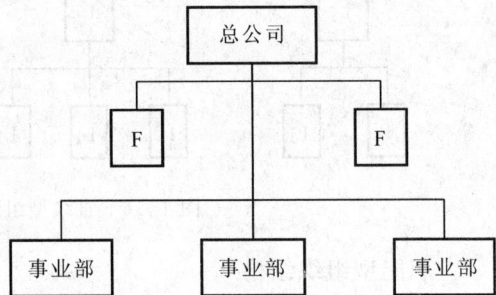

图 1 - 9　事业部制组织结构

5. 矩阵型组织结构

　　该类型组织又称为项目组织。它是为了完成某一项目,由各职能部门抽
调人员组成项目组,任务完成后,各类人员仍回原部门,项目组也即解体。而
多个项目组和原各职能业务部门结合起来,就组成了一个矩阵型组织结构,如
图 1 - 10 所示。其优点是加强了部门间的横向联系,组织具有较大的灵活性
和较强的适应性,专业人员和专用设备得到充分利用等;缺点则是项目组成员

受双重领导,出了问题难以查清责任,也有人心不稳的问题。克服缺点的办法是授予项目经理(即项目负责人)全面的职权;项目独立核算;项目经理与职能经理共同制定方案,如有矛盾,提交上一级解决。

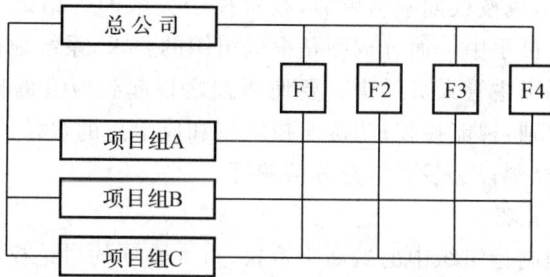

图 1 - 10　矩阵型组织结构

以上介绍的是现实组织结构的理论抽象,是基本的和主要的类型。现实组织结构要比这些丰富、复杂得多,比如多维立体型组织结构、虚拟型组织结构等类型。此外,多数组织结构并不是单纯一种类型,而是多种类型的一个综合体。

三、集权、分权、授权

集权意味着职权集中到较高的管理层次,分权则表示职权分散到整个组织中。集权和分权是个相对的概念,表示权力集中和分散的程度,从而就形成了所谓的集权制和分权制。集权和分权的程度是根据组织内外条件的变化而改变的,其影响因素主要有:

(1)决策的代价。重要的决策、耗费多的决策,多由高层管理者作出。因此,决策的代价越大,则集权程度越高。

(2)政策的一致性。组织内部要执行统一政策,则集权程度就较高。

(3)组织规模。组织规模大,决策数目多,则适宜于分权。

(4)组织文化。职权集中与分散的程度,常取决于组织创建的道路。大多数从内部发展起来的公司,则显示出权力集中化的倾向。

(5)组织环境。比如,困难时期和竞争加剧都可能助长集权制。

(6)主管人员的素质、数量和管理水平。比如,主管人员管理能力强,则可较多地分权。

(7)组织变革的速度。变革速度快,发展迅速,则要求分权。而变革速度慢,已有完善的体制,集权是自然的倾向。

(8)信息管理技术和手段。

授权就是上级将自己的部分权力短期内授予下属,并让其承担相应的责任,在一定的监督下,帮助上级完成任务。在授权期限内,下属拥有相当的自主权和行动权。授权不同于分权,授权一般指上、下级之间短期的权责授予关系。任务完成后,或授权期限结束后,权责授予关系即告结束,所授之权自动回到上级主管人员手中。而分权则是根据组织的要求,系统地授权,所授之权较长时期留在下级主管人员手中。要使所授之权起到应有的作用,就应该遵循如下的授权原则:视能授权;明确所授之权和应承担的责任;不可越级授权;适度授权,适当控制;用人不疑,充分信赖等。

四、委员会管理

委员会管理制指组织中的最高决策权、重大事项的讨论权等,由一个两人以上的集体来行使,这个集体通常是一个所谓的委员会,因而称为委员会管理制。如果组织中的最高决策权集中在一个人身上,由他对整个组织负责,即为个人管理制,也称为个人负责制。

委员会制是集体管理的主要形式,它可以是直线决策部,也可以是参谋智囊团;可以是组织的有机组成部分,也可以是为某一特定问题而专门组织起来的;可以是常设的,也可以是临时的。采用委员会制主要是因为其具有如下众多的优点:集思广益;委员们代表各方面的利益,有利于协调、沟通;避免权力过于集中;激发与会人员的积极性,并有利于主管人员成长等。但如果对委员会运用不当,那么它也会出现诸如下列的一些缺点:费时费钱,成本较高;容易妥协折中,形成少数人专制;有议而不决的危险;有职权和职责分裂的危险等。

和委员会管理制相比,个人管理制具有权力集中、责任明确、行动迅速、效率较高的优点,但也有因个人的知识、经验以及管理能力所限而造成的对问题考虑不够周全,易形成专制和滥用职权等方面的缺陷。

从委员会管理制和个人管理制的特点可知,这两种职权分配体制各有利弊。那么,在现代组织运行中,如何具体运用它们呢?首先,应该扬长避短,重大决策的制定实行委员会制,而决策的执行则实行个人管理制。其次,要使委员会的工作更有效,应该做到以下几方面:权限要明确;规模应适当;成员要精选;议题应明确;主席要慎(重)选(择)等。最后,对个人管理制要加强监督。

1.3.3 人力资源管理

现代经济社会中,组织面临不断增强的国际竞争、不断增加的组织复杂性和规模、缓慢的业务增长、政府的介入等方面的压力,员工方面则有劳动力不断提高的教育水平、变化的价值观、劳动力构成的变化等方面的压力。这些压力对组织提出了这样一些要求:从组织的角度对人更多的关注,如何释放人的能量和潜在能力,员工应对组织有多大的影响、在多大程度上介入组织事务,员工的效率应该如何衡量,人员应该如何合理流动,如何通过有效的奖励体系和工作体系激发员工的工作积极性等人力资源管理方面的问题。

人力资源管理包括一切影响到组织和员工之间关系的所有管理决策和行为,而不只是传统人事管理中的招聘、安置、升迁等职工管理问题,以及激励、劳资关系、职业培训、平等就业、健康安全保证等一系列相对独立的行为。

按最新的理论和实践可以将众多分散的人力资源管理内容归结为四个方面,即员工影响、人力资源流动、奖励体系及工作体系。

(1)员工影响,指员工在多大程度上参与决策和承担责任,通过何种机制传达他们的意见和体现他们的影响。这种影响呈现在许多分散的事项中,如经营目标、工资待遇、工作任务和条件、职务晋升和保障等。否则员工可能会逃避工作、消极怠工、申请调离,并通过集体、个人的谈判,法律诉讼及要求政府立法等形式与组织产生对立和冲突。

(2)人力资源流动,指对组织人员的流入、流出、内部调配等方面的管理,包括招聘、晋升、降职、解雇、绩效评估等,从而保证人员的流动从长远看符合组织对人员及其素质、技能和人格等方面的战略要求。

(3)奖励体系,指在各个层次上设计和推行公平的奖励系统,以吸收、激励和保留员工,并使之注意。奖励体系向员工表示出组织想要保持什么样的组织结构,以及期望员工有何种行为。

(4)工作体系,指组织为完成工作任务所建立的组织结构、人员安排、分工与协作、监督控制、信息传递、技术采用等有关方面,这些方面将直接影响着人们作出决策的质量、合作的状况、才能被利用的程度、献身于组织目标的程度及个人发展要求被满足的程度等。

可以看出人力资源管理包含的内容确实很多,在现实的企业人力资源管理中,一般分为:招聘、培训、考核、薪酬等。本书只就以下3点作进一步讨论。

一、人员配备过程

(1)人员需求分析。这主要是分析组织未来人员的需求量和素质能力要求。影响需求的因素有:组织的发展计划、组织结构的规模与复杂程度、人员流动情况、环境变化所造成的组织目标和计划的变化等。

(2)人员储备(人力资源)分析。人员需求确定之后,接下来应考虑这些人员将从哪里获得。首先考虑组织内部,通过对组织人员状况的分析,了解人员的年龄分布、能力分布、合格与不合格分布等,从而不仅明确了未来某一位置是否有合格人选,而且也掌握了现在某些位置人员是否合理,更可以使一些人才在他们尚未感到前途无望而要离开这个部门或组织之前,就疏导到别的部门或组织中去,这样做无论对组织还是对个人都有益处。其次,还可以通过组织外部途径获得所需人员。

(3)人员配备。在分析清楚了人员需求和人力资源之后,接下来就是选拔(选人)、聘任(用人)、考评(评人)、培训(育人)以及吸引人员(留人)等工作。实际的人员配备过程不完全按照这五个方面的顺序进行,而是交替进行或同步进行的。例如人员选拔前要进行考评,使用中要定期考评,培训中要不断考评;培训可以在使用前进行,也可以在现任职位上进行。

二、主管人员选聘

1. 主管人员选聘的依据

职位对主管人员在素质、能力和个性等方面的要求就是选聘的依据。

(1)素质要求。这包括身体健康、智力良好、有道德感、文化水平高、专业知识丰富等。

(2)能力要求。这包括技术能力、人事能力、概念与规划决策能力等。不同层次的主管,这些能力的要求会有所不同。一般地,人事能力对各层主管来说都是重要的,技术能力则随着主管层次的上升其重要性在下降,而概念与规划决策能力则随着主管层次的上升其重要性也在上升。

(3)个性要求:

1)有管理的愿望。成功的管理者有从事管理工作影响他人以及通过和下级的共同努力取得成就的强烈愿望。实现愿望就要奋斗,就要花费时间和精力,所以需要献身精神。

2)善于交往。管理者要善于通过书面报告、信件、谈话和讨论与人交往,进行感情交流。

3)具有正直和直率的品质。一些大公司的主管都坚信品质的力量,他们把诚实、公正、坦率看做管理人员的最高品质和主要特点。

4)有丰富的阅历。

2. 主管人员选聘的途径

主管人员选聘的途径不外乎内部提升和外部招聘。

(1)内部提升。内部提升是指从组织内部提拔那些能够胜任职务的人员来充实组织中的空缺职位。内部提升的主要优点有:① 选拔较准确;② 所选人员能较快地胜任工作;③ 有助于鼓舞士气;④ 引导主管注重对下属的培训。内部提升的主要缺点是：① 可能失去获得一流人才的机会，使不称职的人占据主管职位；② 容易"近亲繁殖"；③ 可能导致"拉帮结伙"。

（2）外部招聘。指从组织外部得到急需人员，其优缺点和内部提升的优缺点恰好相反。

3. 主管人员选聘的原则

（1）公开竞争。将组织空缺职位向一切合适的人开放，大家机会均等，这样才能选拔到优秀的人才。

（2）用人之长。根据职位要求，注重发挥人的长处，回避短处，高效完成工作。

（3）先内后外。组织内部有能够胜任的人选时，应先从内部提升；将从外部招聘来的人员先放到较低岗位上，以后根据表现再行提升。

三、主管人员培训的方法和途径

常见的培训方法和途径有理论培训、职务轮换、设立助理或副职、参加研讨会、个别辅导等。

1.3.4 领导科学和艺术

一、领导的权力

领导是个人指导和影响组织或组织成员为实现组织目标而作出努力的过程，所以领导的本质是通过沟通、激励对下属产生影响，而不是更多地体现个人的权力和权威。领导者应清醒地认识到其权力主要来自两个方面：一是来自职位的权力，是由上级和组织所赋予的，随职位的变动而变动，有职位者就有这种权力，无职位者就无这种权力，包括对组织活动的决定权、指挥权和对下属的奖惩权等。二是来自领导者个人的权力，不是由领导者的职位产生的，而是由领导者的某些特殊条件产生的，不随职位的消失而消失，这种权力所产生的影响是组织成员发自内心的、长时期的敬重与服从。例如领导者具有高尚的品德、丰富的经验、卓越的能力、良好的人际关系。

（1）职权可以细分为：

1）惩罚权：建立在下属意识到不服从上司的意愿就会导致惩罚的基础之上。

2）奖励权：建立在下属意识到服从上司的意愿就会带来积极的奖励的基础之上。

3）其它法定权：来自领导者在组织机构里的职位。

（2）个人权力可以分为：

1)专长权：领导者具有某些专长知识、特殊技能，会赢得同事和下属的尊敬和服从。

2)模范权：领导者具有某些好的品质和智慧，从而赢得同事和下属的模仿和追随。

有效的领导不仅要依靠职位上的权力，还必须具有个人权力，即专长权和模范权，这样才会使被领导者心悦诚服。

二、人性与领导

具体内容见1.2.3节。

三、领导行为方式

具体内容见1.2.3节。

四、领导有效性原理

(1)指明目标原理。主管人员越能使下属充分理解组织的目标和任务，就越能使组织成员明确自己的职责，从而为实现组织目标作出的贡献也越大。

(2)协调目标原理。主管人员越能将个人目标与组织目标取得协调一致，人们的行为就越会趋向统一，从而实现组织目标的效果也越大。

(3)命令一致性原理。主管人员在实现目标过程中下达的各种命令越是一致，个人在执行命令中发生的矛盾就会越小，领导与被领导双方对最终成果的责任感也越大。

(4)直接管理原理。主管人员同下级的直接接触越多，所掌握的各种情况就会越准确，从而使指导与领导工作更加有效。

(5)沟通联络原理。主管人员与下属之间的沟通联络越是及时、准确、有效，组织就越是趋于成为一个整体。

(6)激励原理。主管人员越是能够了解下属的需求和愿望并给予合理满足，就越能够调动下属的积极性，为实现组织目标作出自觉的贡献。

五、沟通

1. 有效沟通的影响因素

影响沟通效果的因素可以分为主观和客观两个方面。主观因素方面包括：沟通双方的性格、情绪、态度等心理因素；沟通双方的经验水平、知识结构等方面的差异；沟通双方的记忆能力、思维能力、表达能力的差异；沟通计划的完善程度；接触的频率；先入为主或未经澄清的一些假设等。客观因素方面包括：沟通双方的空间距离；沟通双方的文化背景；组织机构的复杂程度；沟通渠道或方式等。

2. 非正式沟通

非正式沟通指沟通对象、时间及内容等方面没有经过组织计划安排的沟通。它具有以下几个特点：消息传播一般比较迅速，接受者比较重视；以口头传播方式为主，容易失真，难以控制；消息越新鲜，对人们的影响越大，和人们的联系越紧密，谈论得越多。

非正式沟通是人们天生的需求。比如人们由于安全的需求，乐意探听、传播有关人事调动之类的消息；朋友之间交换消息，则意味着相互关心和友谊的增进。因此，非正式沟通是根深蒂固的，是无法加以根除的，只能加以了解和策略运用，发挥其优点，抑制其不足，使其作为有效沟通的重要手段，作为正式沟通的补充。所以，对于非正式沟通的对策应该是：正本清源，正面说明事实；成员工作量应饱满，不要过于清闲、枯燥；日常工作中注意培养成员对组织的信任和好感；主管人员要精于此道，可以策略地运用它。

为提高沟通的效果，主管人员在沟通时应遵循下列原则：及时性原则、准确性原则、完整性原则、策略地运用非正式沟通原则。

六、激励

具体内容见 1.2.3 节。

1.3.5　管理控制

一、控制的类型

根据纠正措施的作用环节的不同，将控制分为现场控制、反馈控制和前馈控制。

（1）现场控制的纠正措施作用于正在进行的计划实施过程中。主管人员通过深入现场亲自监督、检查、指导和控制下属人员的活动。

（2）反馈控制是以系统的输出变化信息作为馈入信息的控制，其纠正措施作用于系统出现偏差之后，属于事后控制。反馈控制既可将系统的最终结果作为馈入信息——端部反馈控制，也可将系统中间结果作为馈入信息——局部反馈控制，局部反馈控制对于改善控制效果起着重要作用。

（3）前馈控制是以系统的输入量和主要扰动量的变化信息作为馈入信息的控制，其纠正措施作用于计划执行过程的输入环节上，控制的是原因，而不是行动结果，属于事前控制。

当人们认识到反馈控制的时滞特性以后，想了许多办法消除时滞对控制工作及其效果的影响。比如，现场控制——减少信息传递时间，缩短时滞；局部反馈控制——尽早反馈，缩短时滞；基于预测的反馈控制——尽早控制，缩短时滞；实时控制——消除时滞；前馈控制——控制原因，没有时滞。

二、预算控制

预算就是用数字编制未来一定时期的计划。编制预算实际上是为控制过程拟定可考核的标准,从而有利于在控制过程中找出偏差,并采取纠正措施,消除偏差。所以,预算控制就成为管理控制中使用最广泛的一种控制方法。

1. 预算的种类

按照不同的内容,可以将预算分为以下 3 种:

(1) 经营预算,是指企业日常发生的各项基本活动的预算,主要包括销售预算、生产预算、直接材料采购预算、直接人工预算、制造费用预算、单位生产成本预算、管理费用预算等。

(2) 投资预算,是对企业固定资产的购置、扩建、改造、更新等编制的预算。它具体反映投资时机、投资量、资金来源、收益时间、年现金净流量、投资回收期等。

(3) 财务预算,是指企业在计划期内反映有关现金收支、经营成果和财务状况的预算。主要包括现金预算、预计收益表、预计资产负债表。因为经营预算和投资预算都可以折算成金额反映在财务预算内,所以财务预算实际上是一个总预算。

2. 预算的新方法

(1) 项目预算法。按会计科目编制预算是会计部门的工作,由于时间和其它条件的限制,会计部门很难搞清诸如技术开发、工程、销售等活动的实际经费需求,因而也就很难制定出合理的标准,而采用项目管理和项目预算能够在一定程度上改善这种状况。项目预算法就是根据规划的项目或方案所作的预算,而不是传统的按职能部门上年的预算基数增减一笔开支的预算,从而摆脱了过分受会计期时间框框的限制。项目预算法强调选取实现目标的最佳途径。它针对不同的可能方案进行费用效果分析,然后根据一定的标准来选取最佳方案。当然,项目预算法也有其局限性。比如,项目预算法只适合于项目的管理和控制;项目预算很难和现行会计制度相适应;缺乏一套成熟的费用效果分析的指标体系和方法。这些局限性给项目预算法的实际应用带来了困难。

(2) 零基预算法。零基预算法是指在预算年度开始时,将所有还在进行的管理活动都看做重新开始,重新审查每项活动对实现组织目标的意义和效果,并在费用－效益分析的基础上,重新安排各项管理活动和资源分配的优先次序。即以零为基础,重新开始预算。零基预算法有利于:对整个组织作全面的审核;克服机构臃肿;克服组织内部各种随意性的支出;使上层主管人员把精力和时间集中于战略性的重大计划项目,提高计划、预算、控制与决策的水平。零基预算法也有某些缺点,比如,投入的人力、物力和时间相当多。

思考练习题

1. 请解释管理、组织、系统的概念及它们之间的联系。

2. 试说明管理要素、组织要素、系统要素的含义、联系和区别。

3. 西方管理理论中的社会属性的内容我们可以学习吗? 试讨论之。

4. 领导的权力主要来自哪些方面? 具体表现如何?

5. 按表现形式的不同,一般地把计划分为哪几类? 并简述每类计划的含义以及它们之间的联系。

6. 什么是目标管理? 目标管理有哪些优缺点?

7. 根据管理宽度可以将组织划分为哪两类? 各有什么特点?

8. 组织结构有哪几种常见类型? 各有哪些优缺点和适用范围?

9. 主管向下属授权时,应遵循哪些原则? 影响集权或分权程度的因素有哪些?

10. 有人讲:"委员会是由不情愿的人挑选不合格的人组成的,所做的是不必要的事",请谈谈你的看法。

11. 试比较内部提升和外部招聘的优缺点。

12. 有人称:"非正式沟通就是传播小道消息,所以应予杜绝",试评论之。

13. 人们沟通的障碍主要来自哪些方面?

14. 简述反馈控制、现场控制和前馈控制,并举例说明其应用。

第 2 章　工业企业经营管理

市场经济条件下,企业面临许多机会和风险。如何根据企业自身的实力和条件,抓住转瞬即逝的机会,最大限度地降低风险,求得组织的生存和发展,将是企业管理的首要问题,也就是管理上讲的经营管理问题。为此,企业必须把握住市场中企业运行的规律和特点,制定好经营战略,做好经营决策。本章介绍工业企业及其运行、工业企业经营战略、工业企业经营决策。

2.1　工业企业及其运行

2.1.1　企业的概念

一、企业的含义和特点

企业是依法成立、自主经营、自负盈亏、独立核算的商品生产和经营的经济实体,具有自我积累、自我发展、自我约束的能力。这一概念包含了以下几方面要点,这些要点也可以看做是企业的特点。

1. 企业是依法成立的

(1) 企业是依照法律、法规规定的条件成立的。比如对法定代表人的资格要求、对注册资金的要求等。像成立科技企业,既要符合“企业法”的条款要求,同时还要满足一些特殊规定,如科技人员应在 8 人以上,注册资金 10 万元以上,要有科技项目及项目可行性论证书等条件。一般地,工业企业都要具备下列条件才能设立:产品为社会所需求;有能源、原材料、交通运输的必要条件;有自己的名称和生产经营场地;有符合国家规定的资金;有自己的组织机构和章程;有明确的经营范围;法律、法规规定的其它条件。

(2) 企业是依照法定程序成立的。各种企业都有成立的法定程序,如《外商投资企业成立申报程序》。而科技企业的申报程序一般是,先到对应级别的科委备案,科委下批文后,才到对应级别的工商局去注册。工商局受理后,指定会计事务所审验注册资金。而后审核名称,审核提供的各种材料,实地察看经营场地。全部审核通过了,工商局才发给企业法人营业执照,并公告社会,宣布依法成立。至此,企业才取得合法经营的资格。

2. 企业是自主经营、自负盈亏的商品生产经营者

由于企业是在市场中运作的,企业面对的是各种各样的需求、稍纵即逝的机会、优胜劣汰的竞争环境,因此,企业的经营要有充分的自主性,从而保证行动的高效率、决策的有效性。包括产品的开发、生产的组织、物资的供应、市场的开拓、人员的配备与待遇、税后利润的分配等多种自主权利。

既然企业拥有经营的自主权,则应对经营的结果负责——自负盈亏。经营有盈利,积累和分配是企业自己的事。经营不善而亏损,甚至破产,也由企业自己负责。这样就要求企业具有自我积累、自我发展、自我约束的能力。

3. 企业是一个经济性组织

企业是从事经济活动的,具有追求经济性的目标,即实现“产出/投入”的最大化。具体来说,企业不同于行政事业单位和福利性机构,它必须能够赢利。赢利意味着企业不仅可以进行简单再生产,而且能够进行扩大再生产;意味着对国家税收贡献的增大;意味着投资得到了回报;意味着职工生活水平可以不断提高。而亏损的企业则可以认为是在浪费、损害社会资源,是不应让其继续存在的。因此,经济性不仅是对企业的一种要求,它也可以被认为是企业行动的最高目的。

二、用系统观点看企业组织

第 1 章 1.1 节已经介绍了管理中的系统思想,下面就用系统的观点分析一下企业的特点,以便对企业概念有更进一步的认识和了解。

1. 企业是为社会提供产品或劳务,同时创造企业利润的人造系统

企业的社会目的是为社会提供产品或劳务,企业的自身目的是追求利润的最大化。这两个目的之间是形式上的、局部上的对立和本质上、全局上的统一关系。

企业既然是人造系统,则就有人的主观性和片面性,因而应该并且可以不断改善、创新。企业管理就是要使企业目标、计划、组织机构、人员配备等方面趋于合理。在特定情况下,企业系统也是可以打破的,或破产或被兼并,人类应学习自然界的优胜劣汰。

2. 企业是一个开放系统,受到外部环境的严重制约

企业是社会经济系统中的一个子系统,所从事的活动是整个社会生产、交

换等经济活动的一个部分或一个环节,因而随时与外部环境有物质、能量、信息的交换。一般地,企业要受到供应商、竞争者、消费者、批发商或零售商,乃至社会环境和政府行为的严重影响和制约。

3. 企业是一个远离平衡状态的动态系统

企业内部各组织要素的配置是不平衡的,企业内部和外部环境也是不平衡的,这种不平衡是绝对的,长期的。管理工作就是使其趋于平衡,走向合理。但平衡和合理又都是暂时的,随着时间的推移,外部环境和内部环境要素又会发生变化,出现新的不平衡和不合理。所以,要用动态的、发展的、永不满足的观点和态度做好企业管理工作,树立长期战略观念和竞争意识。

4. 企业是一个实体系统和概念系统并存的系统

企业是一个人、财、物共存的系统,少了其中任一要素都无法运行,因而,企业是一个实实在在的实体系统。而在这一实体系统中,却又存在一些概念系统,比如组织规章制度,财务、销售信息系统等。实体系统是基础,概念系统是灵魂,两者的有机并存保证了企业得以生存和发展。

2.1.2　企业的类型

现代经济生活十分复杂,作为基本经济单位的企业也就有很多类型。企业的类型可以按照不同的标准和原则进行划分。

(1)根据企业所属的经济部门可将企业划分为:

1) 农业企业——从事农、林、牧、副、渔和采集等生产经营活动的企业。

2) 工业企业——从事工业性生产和劳务等生产经营活动的企业。

3) 商业企业——专门从事商品交换活动的企业。

4) 物资企业——专门从事物资流通经营业务的企业。

5) 交通运输企业——利用交通工具从事运输服务的企业。

6) 金融企业——专门经营货币或信用业务的企业。

7) 建筑安装企业——从事土木建筑和设备安装工程施工的企业。

另外还有邮政、电信、旅游、咨询等类型的企业。

(2)根据生产要素所占比重可将企业划分为:劳动密集型企业、技术密集型企业和资金密集型企业。

(3)根据产品的经济性质可将企业划分为:工业品生产企业和消费品生产企业。

(4)根据企业产权所有制可将企业划分为:

私有制企业——企业产权归属个人或家庭所有。

国有制企业——企业产权归属中央政府或地方政府所有。

混合所有制企业——私有、国有混合体的财产制度,典型形态就是股份制企业。

(5)根据企业财产的组织形式可将企业划分为:业主制企业、合伙制企业、公司制企业。

业主制企业:业主自己出资,自己或家庭经营,财产归自己或家庭所有,风险也由自己承担。这种企业在法律上为"自然人"企业。投资人要以企业的全部财产和投资人的其它私人财产对企业债务负担无限清偿责任。

合伙制企业:由两个以上的个人共同出资,联合经营,财产归合伙人共有,经营所得由合伙人按协议分享。这种企业在我国法律上也为"自然人"企业。投资人对企业债务负无限连带清偿责任,所谓无限责任同业主制企业,所谓连带责任是指有的合伙人的财产不足以抵偿债务时,其它合伙人必须代为清偿。

公司制企业:我国公司法将公司制企业分为有限责任公司和股份有限公司。有限责任公司是由 2 人以上,50 人以下股东共同出资,股东以出资额为限对公司承担责任,公司以其全部资产对公司的债务承担责任的企业法人。当国家授权的投资机构或部门为公司唯一出资人时,这种特殊形态的有限责任公司称作国有独资公司。股份有限公司则是指将企业全部资本分为等额股份,并以发行股票的方式筹集,股东以其所认购的股份对公司承担有限责任,公司以其全部资产对公司债务承担责任的企业法人。公司制企业具有以下明显特征:

1)法人资格。法人是个法律概念,是指具有民事权利能力和民事行为能力,依法独立享有民事权利和承担民事义务的组织。企业的法人特征是指企业具有自己独立的财产和组织机构,能以自己的名义进行民事活动并承担责任;规定了它须依法成立,能够独立对外、自主经营、自负盈亏;决定了它具有一定的权利和义务,如自主经营权,注册商标、专利产品受法律保护的权利等,依法纳税义务,保证企业资产增值的义务等。

2)两权分离。即股东的所有权与法人财产权的分离,保证了公司法人财产具有整体性、稳定性、连续性和最终实现所有权和经营权的分离。

3)有限责任。股东以其出资额为限对公司承担责任,公司以其全部资产对公司的债务承担责任。当公司出现资不抵债的情况时,应当申请破产,公司的生命也就此终结,有限责任制度此时才真正体现出来。

4)治理结构科学。根据国际惯例,规模较大的公司,其内部治理结构通常由股东会、监视会、董事会和经理层组成。有限责任公司设股东会,股份有限公司设股东大会,股东会或股东大会由股东组成,是公司的权力机构。股东会或股东大会选出董事会。董事会对股东会或股东大会负责,行使保护所有者利益的重大经营决策职能。董事会选出董事长,董事长是公司的法定代表人,是公司股东利益的集中代表。总经理接受董事会委托,作为公司最高行政负责人,主持公司的生产经营管理,组织实施董事会决议。监事会由股东代表和适当比例的公司职工代表组成,对董事会和经理的行为进行监督。这样,权力机构、决策机构、执行机构和监督机构相互独立,权责明确,相互制约,从而保证公司制企业形成科学、规范的管理制度。

公司制企业有效地实现了投资者所有权与法人财产权的分离,具有资金筹集广泛、投资风险有限、治理结构科学等特点,可以促使资本大量集中,企业快速发展。

2.1.3　工业企业运行

工业企业运行相当复杂,为了把这一问题说得清楚些,可以运用系统分析方法对企业的投入、产出过程加以解剖,归纳、抽象成如图 2-1 所示的投入—产出模型。

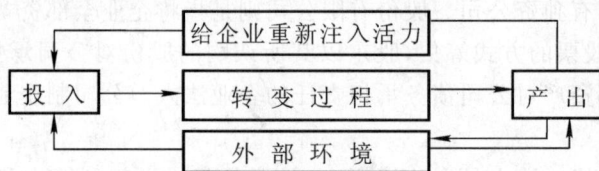

图 2-1　工业企业投入—产出模型

1. 投入

投入包括人、财、物、信息以及各种目标要求等。关于人、财、物、信息第 1 章已有所论述,这里重点介绍对企业提出的目标要求。其内容主要有:

(1) 政府要求。要求企业及时缴税,遵守法律、法规等。

(2) 社会要求。要求企业做个"好市民",为地方提供更多的就业机会,并尽可能少地污染环境。

(3) 投资者(股东)要求。股东不仅要求投资安全,而且还要求有高收益。

(4) 员工要求。员工要求高工资、高福利、职业有保障等。

(5) 消费者要求。要求产品高质量、低价格及完善的服务。

(6) 批发商、零售商要求。要求产品适销对路。

另外像金融机构、竞争对手、合作伙伴等社会经济单位也都对企业提出诸如商业信誉、公平竞争等要求。这些要求大不相同,并常互相矛盾。管理人员的任务就是协调这些要求,实现转变过程的增值。

2. 转变过程

转变过程是企业主管人员通过计划、组织、领导、控制等管理职能,将投入要素进行合理的优化组合,转变为市场上用户需要的产品和劳务的过程。它应是一个价值增值的过程,这样才能确保企业的简单再生产和扩大再生产,否则将可能被经济社会淘汰掉。它也是一个物流和信息流并存的过程。一方面,通过收集、分析与交换信息,达到计划、组织、控制物流,实现管理职能;另一方面,信息流把企业和环境联系了起来。

3. 产出

产出随企业而异,但一般不外乎产品、服务、利润、员工满意、各种要求的协调等。主管一般都比较重视产品、服务、利润这些产出,而往往忽略了诸如员工满意程度、各种要求的协调程度等产出。实际上,一个企业如果希望留住企业员工、调动其工作积极性和吸引企业外人才,就必须为员工提供各种满意的需求。比如逐步提高员工对工资、奖金和职业保障等基本物质需要的满意程度;提高员工对"被大家接受、享有平等待遇、受到尊敬、自我奋斗愿望的实现"等精神方面需要的满意程度。同时,对企业提出要求的人和单位很多,各种要求之间还会有矛盾,主管人员必须解决好这些矛盾,提高各种要求的协调程度,以利于给企业重新注入活力。

4. 给企业重新注入活力

企业要生存和发展,就要将一些产出重新变为投入,给企业重新注入活力。例如利润的一部分用于扩大再生产的投入,员工的满意程度、各种要求的协调程度将成为重要的投入进入下一个投入—产出循环。

5. 外部环境

企业是社会经济系统的一个子系统,受到外部环境的严重影响和制约。外部环境的影响作用在企业的各种投入要素上、各种产出上,以及投入—产出过程的各个环节上。

基于以上分析,我们可以将工业企业的投入—产出过程表述为图 2-2 所示的较为详细的经营运行模型。

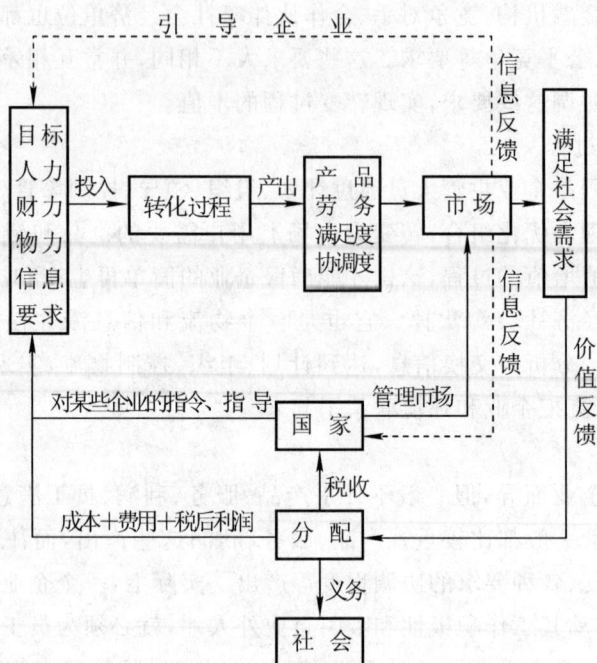

图 2-2　工业企业经营运行模型

2.1.4　工业企业的职能活动

企业的职能活动是指企业为了实现其目标所必须进行的各种功能性活动。不管企业属于什么类型,组织机构差异有多大,为了达到投入—产出系统的基本要求,实现基本的经营运行,任何企业都必然进行着以下6种职能性活动。

1. 营销性活动

这一活动是指主要从事市场和用户的需求研究,并根据企业的特长进行产品定位、定价、分销、促销、服务和公共关系等方面的决策,以沟通外界需求和企业内部能力,使企业的经营能够以市场为导向,并使产品或服务能有效地抵达用户手中。

2. 生产性活动

这一活动是指将市场信息和用户需要按工艺要求转化为物质形态的产品的过程或能够满足需要的服务过程。在这一过程中,要进行合理的组织和控制,使企业营销愿望能够真正变为可供用户消费的实物或服务。

3. 技术性活动

　　这一活动是指进行产品及其生产方法方面的研究与开发,诸如发展新产品,改进老产品,推广新技术、新工艺,开展标准化工作等,使企业有能力保持经营产品及其生产方法上的先进性和市场竞争优势。

　　4. 财务性活动

　　这一活动是指对企业资产的经营性活动,包括各种资金的筹措、分配、运用,对负债、股本、利润的管理,对成本、费用的控制,从而使企业的经营能够在正常的资金条件下进行,使财务结构合理化,提高经济效益,保护投资者的利益。

　　5. 会计性活动

　　这一活动是指对企业的经营活动及其财务状况进行记载、整理、汇总、统计、分析,以提供企业的财务性资料,帮助经营者、投资者、债权人、员工、金融机构、政府管理部门等进行决策分析。财务性活动是对资本的经营,而会计性活动是对财务性活动的记录。

　　6. 管理性活动

　　这一活动是指通过计划、组织、领导、控制等管理职能,使上述五种活动协调进行,以期达到企业的经营目标。所以管理性活动是一种综合性职能,其核心是在经营目标指引下进行各种活动的协调。

　　企业的上述六种职能性活动是由企业的各部门行使其职责,完成企业使命和目标的基本活动,本质上说缺一不可。一般地,将营销性活动、生产性活动、技术性活动、财务性活动、会计性活动称为营运性职能活动,即业务活动。而将计划、组织、领导、控制等职能活动称为管理性职能活动。两者的关系如图 2-3 所示,各项管理性职能渗透于各项营运性职能活动之中,而每项营运性职能活动又都需要管理性职能的协调、统一,因此就有了各业务部门的诸如营销计划、生产组织、财务控制等业务管理活动。

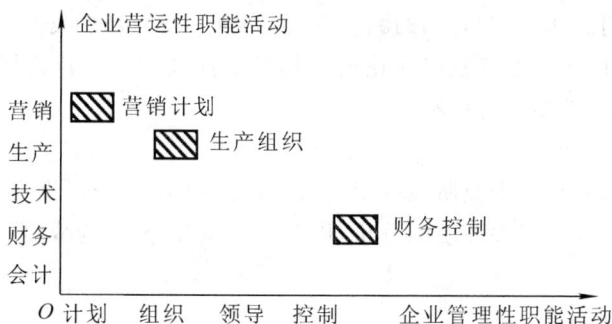

图 2-3　企业职能性活动之间的关系

2.2　工业企业经营战略

2.2.1　企业经营战略的概念

战略是一个组织为实现长远目标所选择的发展方向、所确定的行动方针，以及资源分配方案的一个总计划。企业经营战略是指企业为了实现长期的经营目标，充分、有效地利用内部各种资源和能力，以适应多变的外部环境而制定的指导企业经营活动的总谋略、总方针，以及实现经营目标的途径。制定企业经营战略，就是要根据企业经营所处的外部环境中的机会与挑战，以及本企业内部条件的优势和劣势，确定企业长期的经营目标和实现经营目标的途径、手段和措施。一个企业不仅要有整个组织的经营战略，还要有各个部门和层次的具体经营战略——职能战略。因此，企业经营战略是一个多层次、多部门的战略体系，一般都会涉及企业发展战略与竞争战略、新产品开发战略与产品战略、营销战略、财务战略等多方面战略。

从企业经营战略的含义不难看出，它具有全局性、长远性、竞争性、应变性的特点。

2.2.2　企业经营战略制定的程序和主要内容

企业经营战略制定的程序如图 2-4 所示，具体内容介绍如下。

一、提出问题

制定战略的第一步在于恰当地提出问题，即"企业是个什么企业？""将是个什么企业？""应该是个什么企业？"等涉及企业宗旨的问题。进一步需要提出："谁是我们的顾客？""我们的顾客购买的到底是什么？""我们应当进入什么市场？""什么市场是最有发展前途的市场？"等涉及企业经营目标的问题。要回答这些问题，就要进行战略分析。

二、战略分析

战略分析通过对企业所在或拟进入的市场的结构特征、潜在需求、竞争对手的优势和劣势等有关环境的分析，以及内部条件分析，为战略选择和战略规划提供依据。

1. 市场细分

市场细分就是根据顾客的需求特点，购买行为习惯，将其细分为若干个相类似的顾客群体。常见的市场细分有：

（1）按一个影响需求的因素细分,例如按收入水平、年龄范围、地理位置或职业等因素对市场进行细分。

（2）按两个以上影响需求的因素细分,例如按收入水平和地理位置进行细分。

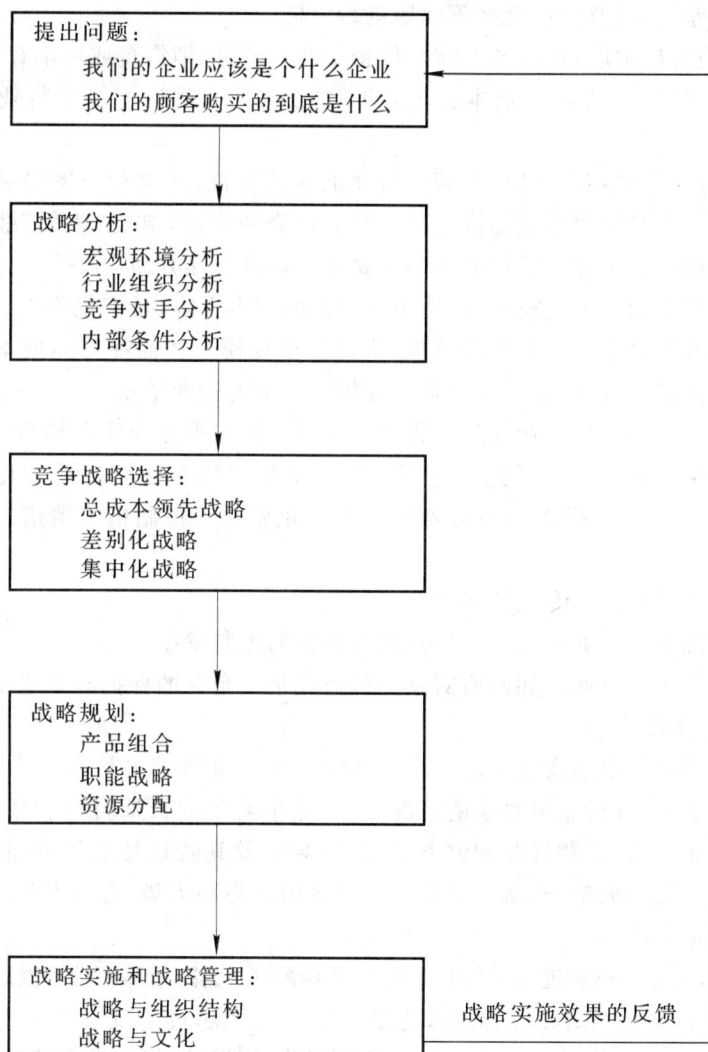

图 2-4　经营战略制定的程序

在市场细分的基础上,根据企业的优势和劣势,选择目标市场并进行市场定位。所谓市场定位就是给产品安排一个在目标市场的顾客的心目中独特的、理想的位置。

2. 行业组织分析

行业组织分析指对企业所处的行业或是打算进入的行业的集中度、行业内产品的差别，以及行业壁垒等问题进行分析。

（1）绝对集中度：用市场上前几位企业的生产量（销售量或资本存量）占整个市场生产量（销售量或资本存量）的比例来表示，反映了一个行业的垄断程度。

（2）行业壁垒：对于已处于某一行业的企业来说，建立行业壁垒是最好的防御战略。而对于那些试图进入某一行业的企业来说，制定"入侵"战略则是为了打破壁垒。工业界的行业壁垒主要表现在以下几方面：

1）生产方面。如规模经济，使单位产品的成本下降，具有竞争力。它迫使"入侵者"或者冒大规模生产的风险，或者以小规模生产而在产品成本方面处于劣势。像汽车行业、电子行业都存在规模经济的行业壁垒。

2）营销方面。如企业通过广告、产品性能、服务等方面建立起的产品差别化信誉壁垒。它迫使"入侵者"耗费大量资金克服原有企业的差别化信誉优势。如婴儿食品、化妆品等行业都存在差别化壁垒。控制销售渠道也是重要的营销壁垒。

3）技术方面。如专利技术壁垒。

4）资源方面。如对人力、物力、财力资源的控制壁垒。

5）政府政策方面。如政府对某一行业或某一企业的保护政策壁垒。

3. 竞争对手分析

制定经营战略的实质，是为了获得相对于竞争对手更具有实力和优势。因此就要了解、分析竞争对手的情况，包括竞争对手的长期目标和战略、技术经济实力和能力、经营状况和财务状况、领导者及其管理特点等方面的分析。竞争对手好似一面镜子，从中可看到本企业的优势和劣势，这对于制定竞争战略是十分重要的。

但是，只分析行业现有竞争对手是远远不够的。美国哈佛大学教授迈克尔·波特（Michael E. Porter）就认为，竞争事实上大大超过了现有竞争对手的范围，一个企业实际上是被五类竞争对手包围着，他们是：行业现有的竞争对手、潜在加入的竞争者、替代品生产经营者、购买者以及供应者。如图2-5所示，这五类竞争对手对企业构成了五种威胁。当然这五种威胁并不都是那么关键，有时只是一种或几种威胁在起主要作用。下面讨论这五种威胁的特点。

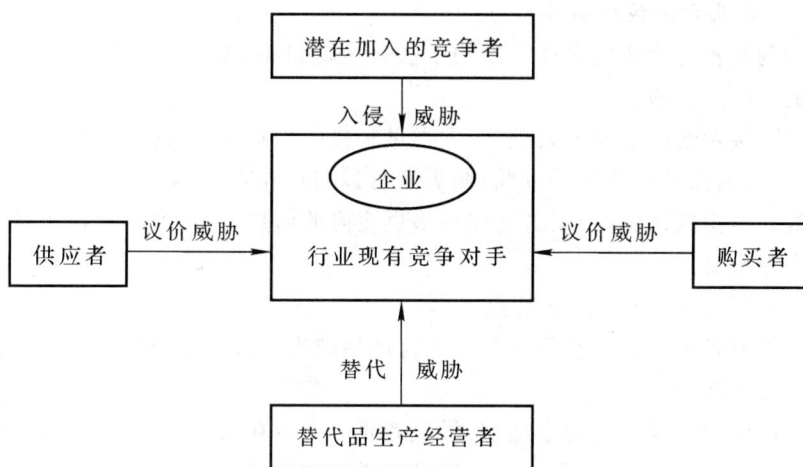

图 2 - 5　企业的五类竞争对手和五种威胁

（1）现有竞争对手威胁的特点：

1）现有竞争对手以人们熟悉的方式争夺市场地位，比如价格竞争、广告大战、增加服务等。发生这些争夺，或者是因为竞争者感到压力，或者是竞争者看到机会。

2）一个企业的竞争行为对其竞争对手会有显著影响，因而可能激起竞争对手们对这一行动的报复或采取一些应付办法。

3）有些企业为求得扩张，不惜牺牲其眼前利益，而下了一个大的战略赌注。

4）随着产业逐步成熟，增长速度下降，竞争激化，利润锐减，结果一批企业退出这一行业。

（2）入侵威胁的特点：

1）新的竞争对手带有获得市场份额的欲望，同时也带有新的业务能力和充裕的资源。结果价格可能被压低或导致从业成本上升，利润下降。

2）入侵威胁的大小往往取决于表现出的行业壁垒，以及入侵者想象中的原来行业中的企业的反击程度。

（3）替代威胁的特点：

1）一般来说，替代产品生产者威胁行业中的所有企业，因而抵御替代品的进攻往往是行业的集体行动。

2）替代品影响行业中企业产品的上限价格，限制了一个行业的潜在收益。

（4）购买者的议价威胁特点：

1）购买者与行业内企业竞争的手法是压低价格、要求较高的产品质量或索取更多的服务项目。

2）购买者的议价能力表现在：大批量和集中购买；购买的是标准产品或无差异产品；购买者经营赢利较低；购买者可以自己生产所购产品；购买者掌握充分的成本构成信息；购买者掌握许多供应商的信息；所购产品对购买者而言并不十分重要。

（5）供应者的议价威胁特点：

1）供应者可以通过提价或降低所售产品的质量或服务的威胁向某个行业的从业者施加压力。

2）供应者的议价能力表现在：供应者属于它所在行业中的垄断企业之一；供应者产品无替代产品；购买者不是供应者的主要客户；供应者的产品对购买者至关重要。

4. 企业内部条件分析

企业经营环境分析是为企业寻找发展的机会，抵御可能出现的风险，但一个企业往什么方向发展还必须结合企业的内部条件和企业的经营能力，发挥企业的优势，才可能选择出切实可行的经营战略。所谓企业的经营能力是由技术能力、销售能力、财务能力、人才能力等多种能力构成的一个体系，是这些能力的一个总和。

三、战略选择

战略选择包括选择战略的基本类型和选择战略的基本方法。关于战略选择方法放到本节最后介绍。

根据竞争分析，企业可以采取进攻性或防御性战略，在行业中建立起稳固的地位，成功地对抗五类竞争对手，为企业赢得高人一筹的投资收益。在与竞争对手的抗争中，蕴藏着三种成功的基本战略，即总成本领先战略，差别化战略和专一化战略。

1. 三种基本战略的内容

（1）总成本领先战略。这种战略的主导思想是以低成本取得行业中的领先地位。成本领先要求企业坚决地建立起大规模的高效生产制造系统，利用经验全力以赴抓住成本与管理费用的控制。这样的成本优势有利于建立起行业壁垒，有利于企业采取灵活的定价策略，将竞争对手排挤出市场。

赢得总成本领先的有利地位通常要求企业具备良好的相对市场份额或市场对某类产品有稳定、持久和大量的需求；产品的设计要便于制造生产，能广泛地推行标准化、通用化和系列化。所以实行低成本战略可能要有较大的前期投入、严格的定价过程和一定的初始亏损,以创立市场份额。提高的市场份额又可以引起成本的进一步降低。而一旦获得成本领先地位,所取得的丰厚利润又可重新投入到新设备和设施上,以维护成本上的领先地位。

（2）差别化战略。这种战略就是将产品或服务差别化,树立起一些全行业范围内独具特色的东西,建立起差别竞争优势,以形成对"入侵者"的行业壁垒,并利用差别化带来的较高的边际利润补偿因追求差别化而增加的成本。

实施差别化战略可以有许多种方式,比如建立品牌形象、技术性能特点、顾客服务与商业网络等方面的别具一格。差别化战略实质上是利用顾客对品牌的特殊青睐,造成对价格的敏感性下降,从而使企业避开竞争。顾客的信任及竞争对手要战胜这种"独特性"须付出的努力和代价,就构成了对入侵者的壁垒。同时,由于顾客的信任,在遇到替代品入侵时,其地位会比其它竞争对手有利。

实施差别化战略有时会与争取占领更大的市场份额的活动有矛盾,两者有时不可兼得,因为实施差别化战略一般都伴随着很高的成本代价,这些并不是所有消费者愿意承担的。

（3）专一化战略。这类战略是主攻某个特殊的细分市场或某一特殊产品。企业业务的专一化使企业能够以更高的效率,更好的效果为某一特定的对象群体服务,从而在某一方面或某一点上超过那些有较宽业务范围的竞争对手。结果是企业或者通过满足特定对象的需要而实现了差别化,或者在为这一对象群体服务时实现了低成本,这些优势可以保护企业抵御各种竞争对手的挑战。

2. 实施基本战略的风险

实施基本战略,并非万无一失,企业应清醒地认识到每种基本战略都有其局限性,只有充分了解到实施每种基本战略存在的风险,才可能真正运用好战略并适时进行战略转换。

（1）实施总成本领先战略的风险。总成本领先战略依赖于规模化,但这种规模经济并不是自动出现的,需要企业为设备现代化,为提高人员素质,为技术进步而不断投资;同时为扩大市场占有率企业不得不低价位销售或全面促销,从而利润率较低。所以实施这一战略的风险是:前期投资风险大;技术进步可能将过去的投资、学到的经验一笔勾销;新加入者或追随者通过模仿,或以其对高技术设施的投资实力学得低成本技术,对企业构成威胁;企业要抵消竞争对手商标形象或其它差别化优势的影响,就必须保持与这些竞争对手的产品的价格差,所以利润率会受到影响。

(2)实施差别化战略的风险。实施差别化战略的企业受到实行低成本战略的竞争对手的成本威胁,以至于无法形成其差别化特点笼络顾客,购买者会放弃某些特性、服务或原有印象的诱惑以节省大笔开支;随着产业的成熟,模仿使已建立的差别缩小。

(3)实施专一化战略的风险。专一化企业受到大范围提供产品或服务的竞争对手的成本威胁,致使丧失成本优势或差别化优势;竞争对手在目标市场中又找到了分市场,使专一化企业不够专一。

虽然实施每种基本战略都存在一定的风险,但企业还是应该结合自身的情况,在一段时期内,主要采取某一基本战略,并全力以赴,而不应徘徊其间,丧失特色。

四、战略规划

战略规划就是将战略分析和战略选择的结果进一步体现在产品组合、职能战略和资源分配上。

产品组合表现在:深度,即产品品种的数量;广度,即产品种类的数量;关联度,产品种类之间的相关程度。一般地,挖掘产品组合的深度,有利于占有更多的细分市场;扩大产品组合的广度,可以分散企业经营的风险;加强产品组合的关联度,则可充分发挥企业核心技术优势、营销网络的优势、管理上的优势,挖掘生产系统的潜力。

企业经营管理活动是通过企业各个业务部门发挥管理职能完成的,企业经营战略也是由企业各个业务部门制订和实施的职能战略实现的。职能战略是经营战略的精确化、明朗化和具体化,是实现经营目标的方案和途径。

战略规划还要对企业的有限资源作出优先次序的分配安排。

五、战略实施和战略管理

不同的战略要求不同的组织结构和组织文化与之相适应,从而保证战略的有效实施、战略目标的实现。比如,实施总成本领先战略,往往要求一种集权化的、专业化分工程度高的组织,要有一种勤俭节约、严格监督、精益求精的办事作风。而实施差别化战略则要求一种适于激发创新精神的项目管理组织,或分权化的事业部制组织,要有一种鼓励创新、勇于冒风险的文化。

2.2.3　企业经营战略制定的方法

制定企业经营战略实质上是谋求企业经营环境、企业经营条件和经营目标之间的动态平衡。因此,一般意义上讲系统分析的方法,就是制定企业经营战略的方法。具体一点,制定企业经营战略要经历战略分析和战略选择等重要阶段,因此,其方法就包括战略分析方法和战略选择方法等。

战略分析经常用到的方法有企业纵向比较的时间序列分析方法、同行业企业横向比较分析方法、因素重要程度比较分析方法、各种相关分析方法等。这些基本属于统计分析方法,在此就不展开了。

经营战略选择的方法有多种,我们简单介绍一下其中较为基本、典型的矩阵分析方法。

企业在各项经营活动中具有自身的优势和劣势(Strengths and Weaknesses),而这些经营活动又面临着环境的各种机会和威胁(Opportunities and Threats)。把企业具有的优势和劣势以及环境提供的机会和威胁综合分析,努力使企业经营能力和经营环境相匹配,以找到较为满意的战略,这就是SWOT 矩阵分析方法。其中,企业的优势是指诸如资源、技术、管理、经营、研究与发展等经营能力方面,与其它企业相比高出一筹,占据有利地位。而劣势则是指在这些方面存在明显的缺陷或低效。环境机会是指诸如市场需求、竞争、技术、供应者、国家政策法规、经济形势等经营因素的变化对企业是有利的。而环境威胁则是指这些方面的变化对企业经营不利。

具体地,如图 2 - 6 所示,以横轴表示企业经营能力,划分为优势和劣势;纵轴表示企业经营环境,划分为机会和威胁。这样就出现了四种组合情况,优势－机会,优势－威胁,劣势－机会,劣势－威胁,从而也就有四类战略。因为这种方法将平面划分为四个区域,因而也称为四象限分析法。

图 2 - 6　SWOT 矩阵分析图

区域Ⅰ表示企业面临众多的机会,同时又具有利用这些机会的内部优势。因此,企业应选择发展型战略。比如多角化经营,合资,兼并收购,市场渗透与开发,产品开发等。实际上,企业经营都是极力从其它区域转向这一区域的。

区域Ⅱ表示企业面临许多机会,但却受到企业内部劣势的制约。此时,企业可采取克服自身劣势以充分利用机会的战略,但一般须投入相当的资源。比如紧缩防线,集中突破,部分转向,联合经营等。

区域Ⅲ表示企业面临着越来越险恶的环境威胁,同时又没有什么优势,处于相对较弱的地位。这时企业宜于选择紧缩战略或合资经营战略,以积蓄力量等待时机。必要时,还可果断采取放弃转向战略。

区域Ⅳ表示企业具有一定内部优势,但却面临不利的环境威胁。此时,企业宜于采用利用优势克服或避开环境威胁的战略,但需要让出相当的利润。比如利用优势多角化经营,开发新产品和新市场等。

关于矩阵分析法,还可以将企业经营能力和企业经营环境划分得再细一些。如划分为三种情况,因而也就出现了九种组合,九个区域。这样分析选择的战略可能更符合企业实际。也可以考虑时间因素,即过去的、现在的以及未来的不同时期的矩阵分析,为企业制定动态战略。也可以用来选择具体职能战略,比如产品战略、市场战略等。图 2-7 就表示了矩阵分析法在产品战略选择中的运用。

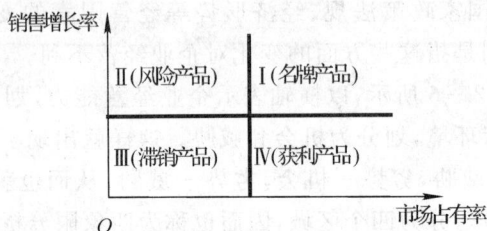

图 2-7 产品战略选择的矩阵分析图

区域Ⅰ的产品属名牌产品,其市场占有率和销售增长率都比较高。企业应采取高投资保高质量、高信誉,从而保证高价位,维持中等利润率的战略。实际上,企业都是极力将其它区域的产品推向这一区域。

区域Ⅱ的产品往往是新产品,因而也就是风险产品,其市场占有率较低,但销售增长率较高。对这类产品,企业可采用的战略有:重点发展,提高质量或服务,加强促销手段,创立名牌,从而扩大市场占有率,减少或消除风险;也可以薄利多销,牺牲暂时利益,争取市场占有率不断增大;也可以优质优价,尽快回收投资、降低风险。

区域Ⅲ的产品属滞销产品,应赶快下马或更新换代,转移资金。

区域Ⅳ的产品往往是一些老品牌的获利产品,其市场占有率相当高,但销售增长率较低甚至出现负增长,宜采用的战略是:通过促销,延长盈利时间,防止过早的滞销衰退,保证市场占有率不要下降;如果有更好的产品,可逐步减少投资。

一个企业的产品品种和种类是多样的,会分布在不同的象限,因此,要有一个理想的产品战略组合。比如区域Ⅰ、区域Ⅱ、区域Ⅳ产品组合就是一个较好的战略组合,通过区域Ⅰ的产品的名牌效应带动区域Ⅱ、区域Ⅳ的产品的发展,用区域Ⅰ、区域Ⅳ的产品利润扶持区域Ⅱ的产品。

2.2.4　企业跨国经营战略

跨国经营是指企业的生产经营活动跨出了本国范围。跨国公司(Transnational Corporations)是指那些在其它国家或地区拥有和控制着子(分)公司从事生产经营活动的企业。跨国经营的直接原因是资本输出,但是生产经营的集中化和国际化、广大的市场和规模效益、全球性视野和机会,则更直接地推动了跨国公司在数量上和规模上的迅速发展。

跨国经营往往会遇到特殊的困难,产生特殊的成本,冒特殊的风险,因而企业在制定经营战略时应该重视以下几个问题。

一、地区选择

选择投资地点要符合企业长远发展目标和利益,结合投资环境通盘考虑。投资环境可分为一般环境和具体环境。一般环境是指影响区域内所有企业的那些外在因素,主要有政治环境,例如政治制度,政策措施,国有化政策,外汇管制,关税,税收,价格控制;经济环境,例如人口,收入水平,经济结构和发展水平,国际经济关系,以及贸易数量、价格;法律环境;技术环境;社会文化环境等。具体环境则是指那些直接影响具体跨国经营企业的外部因素,如供应者、顾客、竞争者等。此外,地理环境、交通状况等客观条件也是跨国经营进行地区选择时应考虑的因素。

二、投资方式选择

跨国经营的投资方式,可以分为股权参与和非股权参与两类。股权参与指通过直接投资,收购或参与当地企业的股份而占有股权,即典型的跨国公司经营。有的跨国公司力求通过全部股权拥有或多数股权拥有,达到加强对国外子公司控制的目的,而有的跨国公司却宁愿采取合资形式或接受少数股权拥有以取得东道国的配合与支持,以减少风险。非股权参与是一方实体不长期卷入另一方的所有权益之中的合作经营方式,如进出口贸易,许可证贸易,合同安排中的各种制造、工程、管理、国际分包、劳务输出合同等,特许权协议,证券投资等。实际投资方式的选择,并不是凭跨国经营公司单方面的意愿来决定的,还要符合东道国对有关跨国经营、跨国公司进入的有关规定,比如一些发展中国家限制外国投资者在某些产业中设立独资企业,对合资企业中的股权比重也有一定限制等。

三、管理方式选择

在跨国经营中,与合作伙伴的合作至关重要,而这种合作的具体体现就是管理方式。合资企业的管理方式可分为三类:分管式、直管式和独立式。分管式指双方母公司同时管理合资企业;直管式指由一个母公司直接管理合资企业;独立式指双方母公司都不直接干预合资企业的经营管理。

从合资企业自身管理的角度来看,独立的合资企业最容易取得成功;直管的合资企业次之;分管式的合资企业,在管理上最为困难。而现实的合资企业的建立,出于双方母公司各自利益和需要的考虑,多数是分管式的,直管式次之,独立式最少。

四、进入的时间选择

从确定进入某地区到有效经营一个新企业,往往需要相当的时间。这是因为,从得到东道国政府的许可,征地,设计,建厂,进口设备,招工培训,试生产,直到完全正常生产,都需要花时间,即使是对东道国现存企业的收购或参股也要经过较长时间的磋商和谈判,这就要求跨国经营公司在考虑进入时机时,把这些准备工作所需时间考虑进去,要有一定的提前量。

五、经营战略选择

跨国经营企业经营战略通常要考虑如下几个方面:

(1)市场销售战略。跨国经营的目的主要是为了满足投资所在地市场的需要,当出口业务受到进口国关税等壁垒的限制或出口量增大,而在国外生产的成本又低于国内生产时,企业就有可能对外投资,以维持和扩大原有市场。因此,市场销售战略可以看做是商品出口战略的延伸。

(2)供应战略。采取跨国经营战略的公司往往看到了投资所在地某种资源的可利用性,但实施这种战略遇到的限制条件较多,如东道国的投资限制、自然条件,需要资金量较大,不仅要协调公司与东道国的关系,而且要协调各地区子公司间的关系等。

(3)全球战略。跨国经营公司抓住全球性机遇和市场,合理安排和利用全球性资源,进行全球性选择和部署,确定全球性战略目标。采用这一战略的企业,在国外经营的数量和规模都达到了很高的程度,企业内部分工也已达到了相当的深度,且拥有足够的高级经营人才和必要的交通、通信手段。

总战略确定后,跨国经营公司还要按职能战略层次分解,形成一个战略体系。一般而言,首先应考虑市场、资源、生产这样一些基础性战略,其次就是融资、所有权、管理等投入性战略,而后就是控制问题、法律责任问题、组织体系等结构性战略。投入性战略和结构性战略是为了完成基础性战略所必需的。

2.3　工业企业经营决策

2.3.1　企业经营决策的概念

1. 企业经营决策的含义和过程

企业的经营决策,就是在企业的经营管理活动过程中,对需要决策的问题,通过收集信息,拟定出各种备选方案,并根据决策的程序、要求、准则和方法,选择出合理的经营方案。因此,经营决策不是一个瞬间行动,而是一个过程,是一个依据一定的标准,拟定方案和选择方案的过程。这一过程可以划分为 4 个主要阶段:

(1) 收集情报确定目标阶段。

(2) 探索拟定可行性方案阶段。

(3) 选定方案阶段。

(4) 跟踪评价所执行的方案的阶段。

其中每一个阶段本身又都是一个复杂的决策过程。

可以看出,前三个阶段是决策过程的核心,经过执行过程中的评价阶段,又进入新一轮决策过程,因此,决策实际上是一个“决策—实施—再决策—再实施”的连续不断的循环过程。

2. 正确决策的基本要求

为了保证决策的正确、合理,决策过程的每个阶段都应该有,并且应该达到一些基本要求。这些要求有:

(1) 找出关键性问题并认准问题的要害。

(2) 明确决策的目标和准则。

(3) 至少要有两个以上的可行方案。

(4) 对决策方案进行综合评价。

(5) 把决策过程看做是一个不断学习的过程。

3. 决策标准

什么是正确的决策,其判断的标准是什么,除了根据实施的效果来判断之外,在方案选择阶段还应有直接的判断标准。这就是现代决策理论提出的“令人满意"的决策准则,它取代了传统的"最优化"决策准则,从而作出更符合客观实际、令人满意的决策。

4. 经营决策的分类

(1) 按经营决策的内容和适用对象的不同划分为经营战略决策、经营管理决策和经营业务决策。

1)经营战略决策是关于企业经营目标、经营战略等一些长远的和全局性的决策。属于高层决策。

2)经营管理决策是指对实施经营战略所需要的人力资源、资金保证、技术能力、产品开发、管理水平等方面的决策。属于中层决策。

3)经营业务决策是有关为提高日常经营业务的效率和效益的一般性决策。比如供应、财务、生产、销售等业务的决策。属于基层决策。

(2) 按决策环境的不同划分为确定型决策、风险型决策和非确定型决策。

1)确定型决策是指已知某种环境状态必然会发生,决策的结果是确定的。

2)风险型决策是指不知道某种环境状态必然会发生,但却知道其发生的概率,决策具有一定的风险。

3)非确定型决策是指不知道某种环境状态必然会发生,也不知道其发生的概率,是最不确定而最具风险的一种决策。

(3) 按决策问题是否重复出现划分为程序化决策和非程序化决策。

1)程序化决策是指决策问题重复出现,可以制定出一套处理这些决策问题的固定程序。

2)非程序化决策则是指决策问题不重复出现,因而不能以现有的程序解决这些决策问题。

(4) 按决策是否需要相继作出划分,分为单级决策和多级(序贯)决策。

2.3.2　确定型决策方法

关于确定型决策方法,由于决策环境状态是确定的,决策结果也是事先可以确定的,因此,多是一些比较成熟的决策方法,比如线性规划、盈亏平衡分析、经营批量法等方法,这里简单讨论一下盈亏平衡分析法。

利润是指总收入大于总成本的差额,而总成本大于总收入的差额就是亏损,收入与成本刚好相等时叫做盈亏平衡或保本。在这里,总收入等于销售价格(P)与产销量(Q)的乘积,总成本可分为固定成本与变动成本两部分。固定成本(F)是在一定范围内企业产销量变化时其总额保持不变的成本,只有当产销量跃升到另一个范围内时才表现为另一个固定的数额,如折旧费、租赁费、利息支出和一般管理费等。变动成本则是随产量的增减而同步增减的,如直接人工费、原材料消耗等费用。但如果从单位产品成本的角度来考察,单位产品变动成本 C_v 却基本保持不变。据此,可作如下推导。

利润＝总收入－总成本＝产销量×单价－产销量×单位产品变动成本－固定成本

则

$$产销量＝\frac{利润＋固定成本}{单价－单位产品变动成本}$$

取利润＝0,则

$$盈亏平衡点产销量＝\frac{固定成本}{单价－单位产品变动成本}＝\frac{F}{P-C_v}$$

通过以上公式可以研究企业产品的盈亏状况,分析产销量、成本和利润之间的变化关系,因此也称为量本利分析。

2.3.3　风险型决策方法

风险型决策是指不知道某种环境状态必然会发生,但却知道其发生的概率,因而我们可以算出每种方案的期望益损值,借助最大期望收益准则,即可选择方案。

最大期望收益准则:设益损值表为 $(a_{ij})_{m \times n}$,a_{ij} 为第 i 个方案在第 j 个状态下的益损值,各状态发生的概率为 P_j,则第 i 个方案的期望收益值为:

$$\sum_{j=1}^{n} P_j a_{ij} \qquad i=1,2,\cdots,m$$

然后从这 m 个期望值中选取期望收益值最大的,对应的方案即为最满意方案。

例 2.1　已知企业某种产品的可能月销售量为 0 件、10 件、20 件、30 件、40 件,发生的概率分别为 0.1,0.2,0.4,0.2,0.1。根据以往的经验,每销售 10 件企业获利 50 万元,而积压 10 件则亏损 10 万元。若企业可行的月生产量为 0 件,10 件,20 件,30 件,40 件,请对生产方案作出决策。

解　根据已知条件,可作出益损值表 2－1。依据最大期望收益准则,方案 A_4,即月生产 30 件,为最满意方案。

表 2－1　益 损 值 表

益损值＼状态 方案	0 0.1	10 0.2	20 0.4	30 0.2	40 0.1	期望值
A_1(0)	0	0	0	0	0	0
A_2(10)	－10	50	50	50	50	44
A_3(20)	－20	40	100	100	100	76
A_4(30)	－30	30	90	150	150	84　←max
A_5(40)	－40	20	80	140	200	80

有时,状态概率与方案有关,不同方案引起同一状态发生的概率却会不同。但我们仍然可以计算各方案的期望益损值,用最大期望收益准则选择方案。如表2-2所示。

表 2 - 2　益 损 值 表

益损值 方案 ＼ 状态	成功	概率	失败	概率	期望值
上集成电路	500	0.5	—100	0.5	200　←max
上晶体管	200	0.9	—100	0.1	170

有时,决策问题比较复杂,需要进行多级决策,此时,决策树就成为有力的决策工具。决策树以树形图模型描述可行方案,以树在生长过程中不断分枝来表示事件发生的各种可能,用分枝和剪修进行决策,仍然可以用益损期望值作为决策准则。决策树由决策节点、方案分枝、状态节点、概率分枝和结果节点所组成,如图2-8所示。其中:

决策节点:进行方案选择的点,是几个方案分枝的汇合点,图中用□表示,并注明代号。

方案分枝:从决策节点引出的若干条直线,每条线代表一个方案。

状态节点:每个方案实施时可能出现的环境状态,在图中用○表示,并注明代号。

概率分枝:从状态节点引出的若干条直线,表示每个状态可能发生的概率,每一条直线表示一种可能性。

结果节点:表示不同方案在不同状态下的结果,在图中用△表示,益损值标注在结果节点的右端。

现以下面的例子说明决策树决策方法。

例 2.2　有一钻探队作石油钻探,可以先作地震试验,费用为3 000元/次,然后决定钻井与否,钻井费用为10 000元,出油收入为40 000元。根据历史资料可知,试验结果好的概率为0.6,不好的概率为0.4;结果好钻井出油的概率为0.85,不出油的概率为0.15;结果不好钻井出油的概率为0.1,不出油的概率为0.9。也可以不试验而直接凭经验决定是否钻井,这时,出油概率为0.55,不出油的概率为0.45,问应如何决策,使收入期望值最大?

本例结论:不试验直接钻井,收入期望值为12 000元(见图2-8)。

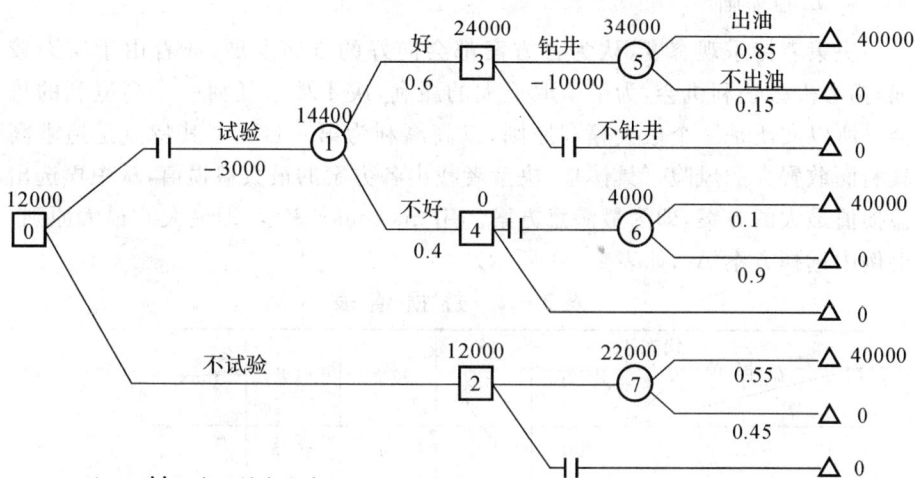

注："| |"表示放弃方案

图 2 - 8 决策树决策示意图

2.3.4 非确定型决策方法

非确定型决策指决策者对环境情况几乎一无所知,决策者只好根据自己的主观倾向进行决策。这些主观倾向就是决策准则和决策标准。常见的准则有乐观准则、悲观准则、最小后悔(最小机会损失)准则、折中准则等。决策者按不同的准则(主观倾向)进行决策,结果差异会很大,有时会完全相反,现举例分别介绍如下。

例 2.3 企业的某种产品市场销售可能会出现四种状况:较好、一般、较差、很差。现提出三种销售方案,每种方案在可能的市场状况下,益损值可以估计或推算出来,如表 2 - 3 所示。请对方案作出决策。

表 2 - 3 益 损 值 表

方案 \ 状态 益损值	较好	一般	较差	很差
A_1	200	125	45	—25
A_2	300	200	—50	—175
A_3	425	210	—75	—200

1. 乐观准则

决策者持乐观态度,认为各方案都会向好的方向发展,或者由于实力较强,担心失去获利机会,为了争取更大的赢利,决不放过任何一个高赢利的机会。所以实质是一个最大赢利原则,以高赢利为第一目标。其特点是追求高赢利而敢冒大的风险。具体地,决策者找出各方案的最大益损值,从中再选出益损值最大的方案,即为最满意方案。用 max-max 表示,即最大 - 最大原则。上例中选择方案 A_3,如表 2 - 4 所示。

表 2 - 4　益 损 值 表

状态 益 损 值 方案	较好	一般	较差	很差	max	
A_1	200	125	45	—25	200	
A_2	300	200	—50	—175	30	
A_3	425	210	—75	—200	425	←max

2. 悲观准则

决策者持悲观态度,认为各方案都会向坏的方向发展,或者由于自身实力较弱,担心由于决策失误而造成重大经济损失,因而作最坏的打算,将损失减少到最低程度。实质是一个最小损失原则,以低风险为第一目标。其特点是追求低风险,但必须面对低赢利。具体地,决策者找出各方案的最小益损值,从中再选择益损值最大的方案,即为最满意方案。用 min-max 表示,即最小 - 最大原则。上例中选择 A_1,如表 2 - 5 所示。

表 2 - 5　益 损 值 表

状态 益 损 值 方案	较好	一般	较差	很差	Min	
A_1	200	125	45	—25	—25	←max
A_2	300	200	—50	—175	—175	
A_3	425	210	—75	—200	—200	

3. 最小后悔准则

最小后悔准则又称为最小机会损失准则。所谓机会损失是指在某一事件发生后,由于决策者没有选用收益最大的方案而造成的损失。决策者感到的是一种后悔,是对机会损失的后悔,因而同一状态下各方案的最大益损值与已经采用方案的益损值之差就是后悔值。用最小后悔准则选择方案就是根据益损值表算出后悔值表,找出各方案的最大后悔值,从中再选出后悔值最小的方案,即为最满意方案。上例中选择方案 A_2,如表 2 - 6 所示。

表 2 - 6　后 悔 值 表

方案 \ 状态 后 悔 值	较好	一般	较差	很差	max	
A_1	225	85	0	0	225	
A_2	125	10	95	150	150	←min
A_3	0	0	120	175	175	

4. 折中准则

决策者认为各方案状态既不会像乐观者估计的那么乐观,也不太可能像悲观者估计的那么悲观,更可能是一种折中情况,因而依据历史经验估计出一个乐观系数 $a(0 \leqslant a \leqslant 1$,则悲观系数为 $1-a$,$a=0$ 即为悲观准则,$a=1$ 即为乐观准则),将各方案的最大益损值和最小益损值折中出一个所谓的折中益损值,最后选取折中益损值最大的方案为最满意的方案。上例中选 $a=0.7$,则选择方案 A_3,如表 2 - 7 所示。

表 2 - 7　益 损 值 表

方案 \ 状态 益 损 值	较好	一般	较差	很差	max	min	折中益损值 $a=0.7$	
A_1	200	125	45	−25	200	−25	132.5	
A_2	300	200	−50	−175	300	−17.5	157.5	
A_3	425	210	−75	−200	425	−200	237.5	←max

另外还有等概率准则,即认为各状态发生的概率相同,发生的机会均等。

思考练习题

1. 什么是企业?用系统观点看企业是怎样一个系统?
2. 典型的企业财产组织形式有几种?它们各自在法人地位和法律责任

方面有何不同？

3. 我国公司法规定的两种公司制企业形式是什么？它们有何异同？公司治理结构由哪几方面构成？

4. 试用系统分析方法剖析企业的投入—产出过程。

5. 工业企业有哪些职能性活动？请说明营运性职能活动与管理性职能活动二者之间的关系。

6. 简述企业经营战略的特点和战略环境分析的主要内容。

7. 试对一个你所熟悉的企业作出战略环境分析。

8. 简述三种基本战略，并指出实施基本战略可能的风险。

9. 试介绍 SWOT 矩阵分析法在产品战略选择中的运用。

10. 企业跨国经营的投资方式如何？各有什么特点？有哪几种管理方式？

11. 什么是确定型决策、风险型决策和非确定型决策？

12. 某厂计划年度目标利润 640 万元，已知报告年度固定费用为 2 000 万元，变动费用为 1 600 万元，销售额为 4 000 万元，每台产品的销售单价为 1.6 万元，试分析该厂计划年度的产量。（2 750 台）

13. 某决策问题有四个可行方案（A_1, A_2, A_3, A_4），每个方案在实施中可能出现三种状态（S_1, S_2, S_3），已知益损值表如表 2-8 所示，试分别用乐观法、悲观法、后悔值法讨论应选哪个方案。（参考答案：乐观法选 A_4，悲观法选 A_1，后悔值法选 A_1。）

表 2-8　益损值表

益损值　　状态　方案	S_1	S_2	S_3
A_1	7	10	9
A_2	6	8	11
A_3	5	9	6
A_4	9	12	−1

14. 某工厂对产品生产工艺进行改进，提出两个方案供选择：一是从国外引进生产线，另一是自行设计生产线。引进生产线投资较大，但产品质量好且成本较低，成功率为 80%；而自行设计生产线，投资相对较小，产品质量也有一定保证，成本也较低，只是成功率低一些，为 60%。进一步考虑到无论引

进还是自行设计生产线,生产能力都能得到提高。因此,工厂又制定了两个生产方案:一是产量与过去保持相同,一是产量增大。为此,又需要决策。最后,若引进与自行设计均不成功,则工厂只能采用原工艺生产,产量自然保持不变。工厂打算该产品生产五年,根据市场预测与分析,五年内产品价格下跌的概率为 0.1,价格不变的概率为 0.5,而价格上涨的概率为 0.4,通过估算,可得各种方案在不同价格状态下的益损值如表 2-9 所示。试用决策树法选择方案。(参考答案:引进生产线并使产量增加。)

表 2-9　益损值表　　　　　　单位:万元

益损值　　　　方案	状态(价格)　概率	价跌 0.1	价平 0.5	价涨 0.4
按原工艺生产		-100	0	125
引进生产线	产量不变	-250	80	200
成功率 0.8	产量增加	-400	100	300
自行设计生产线	产量不变	-250	0	250
成功率 0.6	产量增加	-350	-250	650

第3章 生产管理

生产运作管理根据内容不同有狭义和广义之分。狭义的生产管理,是指以生产产品或提供劳务的生产过程为对象的管理,即对企业的生产技术准备、原材料投入、工艺加工直至产品完工的具体活动过程进行管理。广义的生产运作管理是指以企业生产系统为对象,包括所有与产品制造或服务提供密切相关的各个方面工作的管理。

3.1 工业企业的生产类型和组织

3.1.1 制造性生产的类型

制造性生产是通过物理或化学的作用将有形输入转化为有形输出的过程。如:通过机加工、装配、化学合成或分解等将有形原料转化为有形产品的过程。制造性生产又可以从不同的角度进行分类。不同的类型生产运作管理的重点也就不同。

一、流程型生产和加工装配型生产

按工艺过程的特点,可以把制造性生产分为流程型生产和加工装配型生产。流程型生产是指物料均匀、连续地按一定的工艺顺序运动,在运动中不断改变形态和性能,最后产出产品的生产,如化工、炼油、造纸等。对流程型生产来说,生产设施地理位置集中,生产过程自动化程度高。只要设备运行正常,工艺参数得到控制,就能正常产出。生产过程中的协调任务较少。但设备运作控制、参数控制及保证生产系统可靠和安全是生产运作管理的重点。

加工装配型生产又叫离散型生产,是指物料离散地按一定的工艺顺序运动,在运动中不断改变形态和性能,最后产出产品的生产,如制造汽车、电子计算机、服装等。加工装配型生产的生产设施地理位置比较分散,甚至可以在世界上不同的地区进行加工和装配。由于零件种类繁多,加工工艺多样化,又涉及多个加工单位、设备和工人,导致了生产过程中的协调任务重、计划、组织难度大。因此在制造业中生产管理的研究重点一直放在加工装配型生产上。生产进度和产品的配套性也是这种生产类型的管理重点之一。

二、备货型生产与订货型生产

按企业组织生产的特点,可以把制造性生产分为备货型生产和订货型生产两种。备货型生产是指在没有接到用户订单前,按企业已有的标准产品或系列产品根据市场预测进行生产。这些产品通常通用性强,标准化程度高。需求量较大。如小电机、通用的紧固件等。备货型生产生产效率高,但客户化程度低,成品库存容易造成积压或欠储。

订货型生产是指按用户订单上特定的要求进行生产。根据用户提出的要求,经过协商或谈判,以合同的方式确认对产品性能、结构、质量、数量和交货期的要求,然后组织设计和制造。如:重型设备、大型船舶、飞机等。这些产品通常需求量不会很大,有特定的用户。这种生产形式通常生产效率较备货型生产要低。生产管理的重点是在保证质量的前题下如何按期交货。因此,除那些极端要求特殊设计的产品外,大部分产品在产品设计阶段就应当注意使产品设计模块化,零部件通用化、标准化,以此来有效地缩短生产周期。

三、大量、成批和单件生产类型

按生产的稳定性和重复性,可分为大量、成批和单件三种生产类型。

(1)大量生产的特点是:①产量大品种少;②工作地完成 1～2 道工序,专业化程度高;③采用主效率的专用设备和专用工装;④计划管理工作简单;⑤产品成本低;⑥劳动生产率高;⑦对工人生产技术水平的要求低;⑧设备按对象原则布置;⑨适应品种的能力差;⑩经济效益好。

(2)成批产生的特点是:①产量较大品种较多;②定期轮番生产,工作固定完成 2～40 个,通常为 10～20 个,专业化课程较高;③采用专用与通用设备;④计划管理工作较复杂;⑤产品成本较低;⑥劳动生产率高;⑦对工人水平要求较高;⑧设备按对象原则、工艺原则布置;⑨适应品种变化的能力较好;⑩经济效益较好。

(3)单件生产的特点是:①产量少品种多;②每个工作地负担 40 个以上工序,专业化程度差;③采用通用设备和工装;④计划管理复杂;⑤产品成本高;⑥劳动生产率低;⑦对工人的技术水平要求高;⑧设备按工艺原则排列;⑨适应品种变化的能力好;⑩经济效益差。

3.1.2　生产过程的空间组织

生产过程的空间组织就是要合理地确定劳动对象在空间的运动形式,其内容包括企业应设置什么单位,按什么原则布置这些单位。企业生产单位的组成原则有以下几种形式。

一、工艺原则布置

工艺原则布置用来加工或提供涉及许多工艺要求的产品和服务。在工艺原则布置中将完成相同工艺或工作的设备和工人布置在一个区域内。加工或完成不同的产品或服务。如加工装配企业的车工车间(工段)、铣工车间(工段),在这些车间分别完成各种零件车工工序、铣工工序等。工艺原则布置具有以下特点:

1.优点

(1)由于相同的设备集中在一起,系统能满足多样的工艺要求,便于充分地利用设备和生产面积。

(2)加工对象改变,不必重新布置设备,因此当产品品种变换时,有较强的适应性。此外,个别设备出故障对系统影响不大。

(3)在同一车间里进行相同的工艺加工,工艺和设备管理起来较方便。也便于工人之间的技术交流。

2.缺点

(1)由于加工对象由一个车间转到另一个车间,交叉和往返路线增多,物料运输路线长,效率低,增加了运输费用。

(2)在制造系统中有加工间歇,因而在制品多,生产周期长。流动资金占用量大,周转速度缓慢。

(3)协作关系复杂,协调任务重。从而使车间内部的计划管理、在制品管理、质量管理等工作复杂化。

二、产品原则布置

产品原则布置又称为对象专业化原则布置,这种布置是将加工某种产品或完成某种服务所需的设备和工人布置在一个区域内。产品原则布置旨在使大量产品或顾客顺利迅速地通过系统。通常产品原则布置需要标准化很高的(重复)加工运作。产品原则布置具有以下特点:

1.优点

(1)物流通顺,加工路线短,使得加工对象在工作地之间的移动加快,加强了生产过程的连续性,从而缩短了加工周期。

(2)由于加工对象在工作地之间的移动加快,所以在制品数量较少,流动资金的周转速度加快。

(3)由于劳动的专业化分工极强,所以对工人技能要求不高,培训费用低。

(4)工艺流程简单,减少了工作单元之间的联系,便于管理和协调。

(5)产量高,重复工作,质量容易保证。同时单位生产成本也得到降低。

2.缺点

(1)对品种和产量以及工艺变化的适应能力差。

(2)个别设备出问题或工人缺勤对生产系统影响极大。

(3)工人分工太细,工作重复单调,会使工人产生厌烦情绪,从而影响工作质量和生产效率。

在制造业,产品原则布置适用于产品品种少、数量大、产品设计和工艺设计较稳定的车间或生产线。通常有两种形式:一是以产品或部件为对象的车间。在这种车间里把产品或部件的大部分加工、装配与实验的工艺过程封闭在一个车间中,如飞机发动机厂的涡轮转子车间。这类车间把加工与装配有机地结合起来,有利于减少零件的周转手续,缩短了生产周期。二是以同类零件为对象的车间是以产品结构相似、工艺方法相近的零件集中在一个车间制造,它有利于扩大批量,提高工作的专业化程度,便于采用高效率的设备和工艺装备,从而提高劳动生产率和设备利用率,如机床厂的齿轮车间、轴承厂的滚子车间等。

三、定位布置

在定位布置中,加工对象保持不变,工人、材料和设备按需要四处移动。这类布置大都由产品本身的特点决定的,重量、体积或其它一些因素使得移动产品不现实或难度过大,如船舶、大型设备等的制造和大型建设项目。在定位布置中,通常按照作业级别来安排作业顺序,根据先后顺序来决定生产阶段。

3.1.3 生产过程的时间组织

生产过程的时间组织就是要求加工对象在车间、工作地之间的移动,在时间上紧密衔接,以实现有节奏的、连续的生产。搞好生产过程的时间组织可以提高劳动生产率和设备利用率,缩短产品的生产周期,减少资金占用,降低产品成本,对搞好企业管理有着重要意义。

一批零件在加工过程中的移动方式有三种,即顺序移动方式、平行移动方式和平行顺序移动方式。移动方式不同,这批零件的工艺加工周期的长短也就不一样。

一、顺序移动方式

这种移动方式的特点是：每批零件只有在前道工序全部加工完毕之后，才整批地转送到下道工序进行加工。即加工对象在各工序之间是整批移动的，如图 3-1 所示，图中的箭线表示运输。

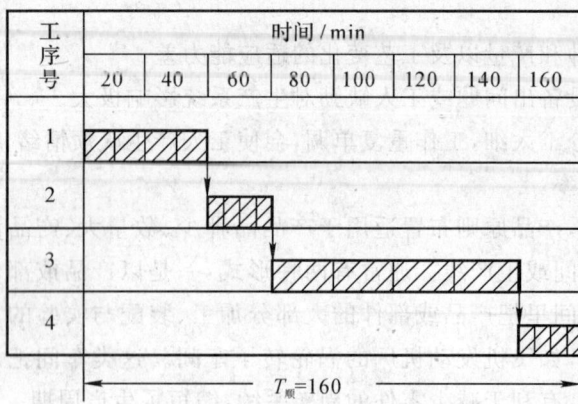

图 3-1 顺序移动方式

为了简化起见，在不考虑各工序之间的运输、检验和等待加工等所停歇的时间时，在顺序移动方式下，该批零件的加工周期可以按照下式进行计算：

$$T_{顺} = n \sum_{i=1}^{m} t_i \qquad (3-1)$$

式中　$T_{顺}$——一批零件顺序移动时的加工周期；

　　　n——该批零件的数量；

　　　m——零件加工的工序数；

　　　t_i——零件在第 i 道工序上的单件加工时间。

若将图 3-1 中各工序时间数值代入式(3-1)，可得其加工周期为：

$$T_{顺} = n \sum_{i=1}^{m} t_i = 4 \times (10 + 5 + 20 + 5) = 160 \text{ min}$$

采用顺序移动方式时，由于一批零件在各道工序上进行集中加工和运送，设备没有停歇，减少了设备的调整时间和运输的次数，因而生产组织工作简单。但是，每个零件都有等待加工和等待运输的时间，导致工艺加工周期长。

这种移动方式一般适用于批量不大和工序时间较短的零件加工。

二、平行移动方式

这种移动方式的特点是:每个零件在前道工序加工完毕后,就立即转送到下一道工序上去继续加工,这样就形成一批零件中的各个零件同时在各道工序上平行地进行加工,如图 3 - 2 所示。

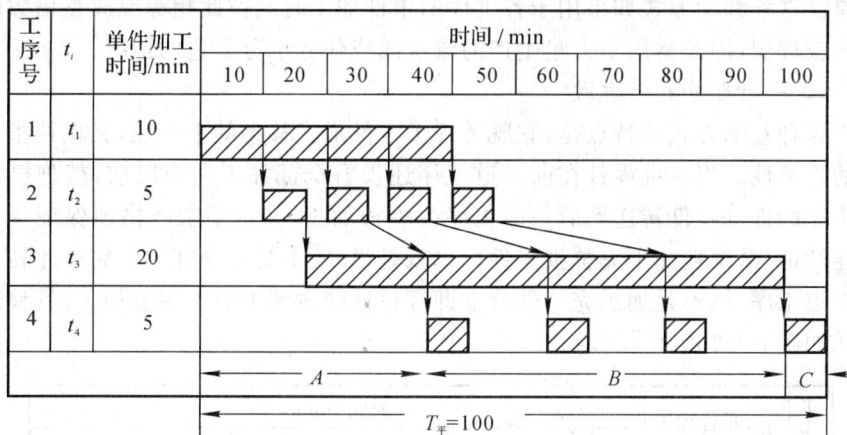

工序号	t_i	单件加工时间/min	时间 / min									
			10	20	30	40	50	60	70	80	90	100
1	t_1	10										
2	t_2	5										
3	t_3	20										
4	t_4	5										

A　　B　　C

$T_平=100$

图 3 - 2　平行移动方式

在平行移动方式中,该批零件的加工周期可以按照下列公式进行计算:

$$T_平 = A + B + C = (t_1 + t_2 + t_3) + (n-1)t_3 + t_4 = \sum_{i=1}^{4} t_i + (n-1)t_3$$

式中　　$T_平$——一批零件平行移动时的加工周期;

　　　　t_i——零件在第 i 道工序上的单件加工周期;

　　　　n——该批零件的数量;

　　　　t_3——单件加工中最长的工序时间。

若用 $t_长$ 表示单件加工中最长的工序时间,且仍用 m 表示零件加工的工序数,则上式可以写成:

$$T_平 = \sum_{i=1}^{m} t_i + (n-1)t_长 \qquad (3-2)$$

若将图 3-2 中各工序的时间数值代入式(3-2),可得其加工周期为:

$$T_平 = \sum_{i=1}^{m} t_i + (n-1)t_长 = (10+5+20+5) + (4-1) \times 20 = 100 \text{ min}$$

采用平行移动方式时,零件是逐个移动的,不会出现零件成批等待现象,可以大大地减少停歇时间,所以整批零件的加工周期最短。但是,这种方式运输零件却变得十分频繁;另外,当前后两道工序的单件加工时间不相等时,会出现等待与停歇时间。如果当前道工序的单件加工时间大于后道工序时,则后道工序会出现间断性设备停歇时间,而这些时间又十分分散,不易被利用;如果当前道工序的单件加工时间小于后道工序时,则会出现零件等待加工的现象。这种移动方式如果用于各工序的单件加工时间彼此相等或成整倍数时就比较理想,因此常用于大量生产的流水线或任务十分紧迫的情况。

三、平行顺序移动方式

这种移动方式的特点是:它既考虑了零件加工移动的平行性,又保持了加工的连续性。当一批零件在前一道工序还没有全部加工完毕以前,就把已经加工完的部分零件转送到后一道工序去进行加工,并且要求严格地保证后工序连续地、全部地加工完整批零件。也就是说,既不是等全部加工完毕才转送到下道工序,也不是加工完一件就立即逐件地转送到下道工序去加工,其移动方式如图 3 - 3 所示。

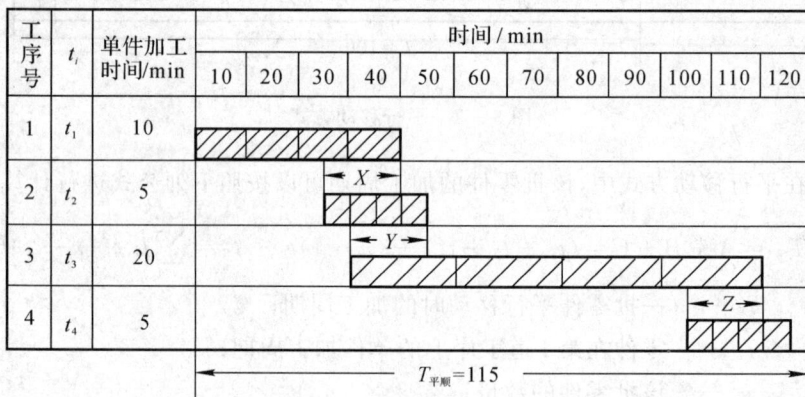

工序号	t_i	单件加工时间/min	时间 / min											
			10	20	30	40	50	60	70	80	90	100	110	120
1	t_1	10												
2	t_2	5			X									
3	t_3	20				Y								
4	t_4	5										Z		

$T_{平顺}=115$

图 3 - 3　平行顺序移动方式

当采用这种移动方式时,会由于前后工序的单件加工时间的不同,而产生不同的安排方式。单件加工时间的不同,则表现有两种情况。

(1)前工序的单件加工时间小于或者等于后工序的单件加工时间,即 $t_i \leqslant t_{i+1}$。此时,每加工完一个零件就应该立即送往后一道工序去进行加工;也就是说,这时应该按照平行移动方式进行移动。如图 3 - 3 中第二道工序与第三道工序之间的零件移动情况。

(2)前工序的单件加工时间大于后工序的单件加工时间,即 $t_i > t_{i+1}$。此时,把前工序上加工完毕的零件积累到能够保证后工序连续加工的数量,再立即送往后工序去进行加工;或者是,在这种情况下,要使前一道工序加工完最后一个零件,恰好供应后一道工序就开始加工该批零件的最后一个零件,而其余零件则向前推移到$(n-1)t_{i+1}$的时刻才开始转入后工序加工。

由图 3-3 可知,在平行顺序移动方式下,该批零件的加工周期可以按照下列公式进行计算:

$$T_{平顺} = T_{顺} - (X+Y+Z) = n\sum_{i=1}^{m} t_i - [(n-1)t_2 + (n-1)t_2 + (n-1)t_4]$$

式中　$T_{平顺}$ —— 一批零件平行顺序移动时的加工周期;

　　　　n —— 该批零件的数量;

　　　　m —— 零件加工的工序数;

　　　　t_i —— 零件在第 i 道工序上的单件加工时间。

由上式可知,所有相邻两工序加工时间的重合交叉部分,即 X,Y,Z 都是该批零件数减 1,然后乘以相邻两工序中加工时间较短的工序加工时间。若用 $t_{i短}$ 表示相邻两工序中加工时间较短的工序加工时间,则上式可以表示为:

$$T_{平顺} = n\sum_{i=1}^{m} t_i - (n-1)\sum_{i=1}^{m-1} t_{i短} \qquad (3-3)$$

若将图 3-3 中各工序时间数值代入式(3-3)中,可得其加工周期为:

$$T_{平顺} = n\sum_{i=1}^{m} t_i - (n-1)\sum_{i=1}^{m-1} t_{i短} = 4 \times (10+5+20+5) -$$
$$(4-1) \times (5+5+5) = 115 \text{ min}$$

采用平行顺序移动方式时,克服了平行移动方式中后工序的停歇现象,同时又可以将分散的工作地的停歇时间集中起来加以利用,保证了工人和设备都能够有充分的负荷,并且也能够保证前、后两道工序均能够连续地进行加工。一般来讲,在工序单件加工时间不相等的情况下,这种移动方式更为适用。其缺点是比平行移动方式的加工周期长,且在制品有积压现象。

总而言之,在一批零件的移动方式中,从工艺加工周期来看,平行移动方式最短,平行顺序移动方式次之,顺序移动方式最长。在具体应用时,还需要根据企业的具体情况考虑以下因素:

(1)企业的生产类型。在大量大批生产条件下,生产单位一般都是按产品专业化来组织,运输距离短,均采用平行移动或者平行顺序移动方式;当组织流水生产时,更应该采用平行移动方式。在单件小批量生产条件下,生产单位一般按照工艺专业化来组织,因为同一品种零件数量少、运输路线较长而又往返交叉,所以适于采用顺序移动方式,以减少运输工作量;并且由于数量少,等待的时间也会不长。

(2)生产单位的专业化原则。按照对象专业化原则组织的生产单位,由于工作地是按照产品的工艺过程排列的,所以适用采取平行移动或者平行顺序移动方式;按照工艺专业化原则组织的生产单位,由于考虑到运输条件的限制,以采用顺序移动方式为宜。

(3)零件的重量及工序劳动量。如果零件重量轻,宜采用顺序移动方式;这样,有利于组织零件的运输,节约运输费用。如果零件重量大,工序劳动量大,且需要逐件地进行加工,则宜采用平行移动或者平行顺序移动方式。

(4)加工对象改变时调整设备所需要的劳动量。如果设备变换工序时,调整设备所需要的劳动量小,则应考虑采用平行移动或者平行顺序移动方式;如果调整设备所需要的劳动量大,且需要的时间长,则考虑采用顺序移动方式。

(5)生产任务的缓急程度。如果生产任务较急,应采用平行移动方式;如果生产任务不急,则应考虑采用顺序移动方式。

上述因素需要全盘考虑,综合平衡,以期达到合理组织生产的目的。

3.2　生产计划与物料需求计划

计划管理是企业管理的首要职能,企业内部的分工、协作十分精细,需要通过统一的计划来组织、指挥协调各部门的生产活动。

3.2.1　企业生产计划构成

在一定规模的企业中,生产计划工作由一系列不同类别的计划所组成。这些计划按计划期的长度分为长期、中期、短期计划三个层次。他们之间相互紧密联系,协调配合,构成企业生产计划工作的总体系。图3-4表示了这三层计划的组成以及各种计划之间的联系关系。

下面将对企业生产计划体系作一个详细的说明:

(1)长期计划的计划期长度一般为3~5年,也可长达10年。它是企业在生产、技术、财务等方面重大问题的规划,提出了企业的长远发展目标以及为实现目标所制定的战略计划。它包括产品与市场发展计划、资源发展计划及生产战略计划和财务计划等几种计划。

(2)中期计划的时间期一般为1年,或更长一些时间。它就是通常的年度生产计划。中期计划主要包括两种计划:生产计划大纲和产品出产进度计划。

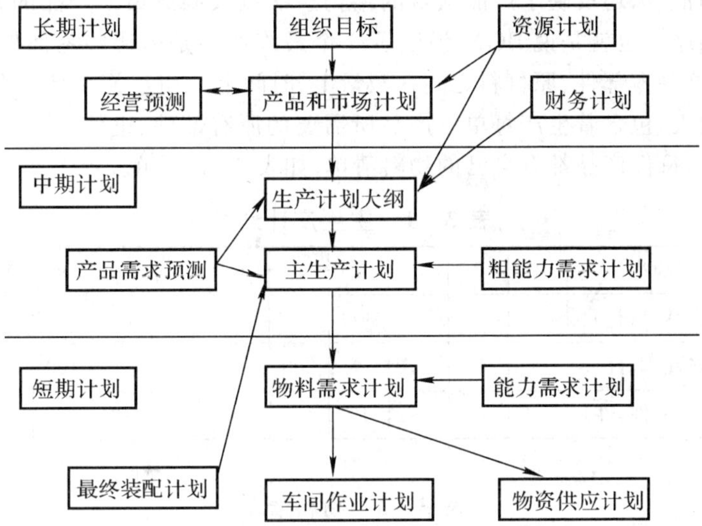

图 3-4 企业生产计划体系

(3)短期计划的计划期长度在 6 个月以下,一般为月或跨月计划,它包括物料需求计划(MRP)、生产能力需求计划、总装配计划以及在这些计划实施过程中的车间内的作业进度计划和控制工作。

3.2.2 物料需求计划

物料需求计划(Material Requirement Planning,MRP),是 20 世纪 60 年代末发展起来的一种将库存管理与生产进度计划结合为一体的计算机辅助生产管理系统。它可以用来计算物料需求量和需求时间,从而降低库存量。

MRP 的输入有 3 个部分:主生产计划、产品结构文件和库存状态文件。

1. 主生产计划

主生产计划(Master Production Scheduling,MPS),即产品出产计划,它规定企业在计划时间(年、月等)内每一生产周期(旬、周)向外界提供的产品(零部件)的计划生产量,如表 3-1 所示。第 4 周需要 300 台产品 A,第 5 周需要 200 台产品 B,等等。

主生产计划是 MRP 的基本输入,MRP 根据主生产计划展开,导出构成这些产品的零部件、原材料等再各周期的需求量。

2.产品结构文件

　　产品结构文件又称为物料清单文件(Bill of Mefials,BOM),它不只是所有元件的清单,还反映了产品项目的结构层次以及制成最终产品的各个阶段的先后顺序。也就是说 BOM 说明了一个最终产品是由哪些零部件、原材料构成的,这些零部件、原材料之间在数量上、时间上的相互关系是什么。BOM是一张列表,包含着生产每单位产品所需要的所有部件、组件、零件与原材料等。因此,每件产品都有自己的物料清单,如表 3-2 所示。

表 3-1　主生产计划表

周次	1	2	3	4	5	6	7	8	9	10
产品 A(台)				300				500		
产品 B(台)					200				100	
L 型配件(件)		10		10			10		10		10

表 3-2　物料清单

物料号:10000　　　　计量单位:件　　　批量:10　　　　现有量:8
物料名称:X　　　　　分 类 码:08　　　提前期:2　　　　计提前期:28

层次	物料号	物料名称	计量单位	数量	类型	生效日期	失效日期	成品率	累计提前期	ABC 码
1	11000	A	件	1.0	M	19990101	99999999	1.00	26.0	A
2	11100	C	件	1.0	M	19990101	99999999	1.00	15.0	B
3	111101	O	m²	1.0	B	19990101	99999999	0.90	12.0	C
2	12001	D	件	4.0	M	19990101	99999999	1.00	22.0	C
2	1210	P	m³	0.2	B	19990101	19990123	0.90	20.0	B
1	12000	B	件	4.0	M	19990101	99999999	1.00	17.0	C
3	12100	R	m³	0.2	B	19990101	99999999	1.00	10.0	C
1	13000	E	套	1.0	B	19990101	99999999	1.00	5.0	B

　　　　　　　　　M——自制件　　　　　　　B——外购件

3. 库存状态文件

库存状态文件是一个不断变动的文件,MRP 每运行一次,它就发生一次变化。MRP 系统关于订什么,订多少,何时发出订货等重要信息,都存在库存状态文件中。

库存状态文件保存所有产品、零部件、在制品、原材料的库存状态信息,主要内容包括:

(1)当前库存量,指企业仓库实际存放的、当前可用的库存量。

(2)计划入库量,是指根据正在执行中的采购订单或生产订单,在未来周期项目的入库量。在这些项目入库的周期内,把它们视为可用库存量。

(3)提前期,是指执行某项作业从开始到完成所需要的时间。对采购件来说,是从供应商提出对某项的订货,到该项目到货入库所消耗的时间;对制造或装配件,是从计划下达工作任务到制造或装配完毕消耗的时间。

(4)订购(生产)批量,是指在某个订货周期一次向供应商订购(或要求生产部门生产)的数量。

(5)安全库存量,是为了预防需求或供应方面不可预测的波动,在仓库中经常要保持的最低库存数量。

4. MRP 的输出

MRP 系统可以提供多种输出信息,通常被分为主报告与二级报告,前者是主要报告,后者是可选输出。

主报告包括:

(1)计划订货——指明了未来订单的数量与时间的时间进度安排。

(2)订单发布——授权执行计划订货。

(3)计划变更——包括预计日期、订货数量的改变与取消订单。

二级报告包括:

(1)计划执行情况报告——评价系统运作状况,帮助管理者衡量实际偏离计划的程度。如送货遗漏与缺货。

(2)计划报告——帮助预测未来库存需求,包括采购约定以及其它用于评价未来物料需求的信息。

(3)例外报告——唤起人们对重大差异的注意,包括最新订单与到货延迟、过多的残次品率、报告失误、对不存在部件的需求等。

3.2.3　制造资源计划和企业资源计划

1. 制造资源计划

20 世纪 70 年代末，MRP 已推行了将近 10 年，一些企业提出了新的要求，要求系统在处理物料信息的同时，同步地形成并处理财务信息。为了做到这点，人们在 MRP 的基础上加入了财务及成本管理、营销管理、作业监控等功能模块，形成了一个能覆盖企业全部生产资源的管理信息系统。1987 年，美国人怀特倡议给这个系统一个新名字——MRP II（制造资源计划）。MRP II 的主线是对物料、成本和资金的计划与控制。MRP II 通过集成物料流动与资金流动的信息，进行财务和成本分析，控制和指导物流业务，形成一个完整的经营生产信息化管理系统。

2．MRP II 的功能和特点

（1）生产作业和财务系统整合在一起，使用同一套数据，同步处理各种管理事务。财务数据是生产作业的扩展。

（2）具有"模拟能力"。即利用 MRP II 系统中现有的运作数据来分析某种方案和决策的可能后果，依次做出决策和方案选择。

（3）MRP II 是整个企业的运作系统。它不再是生产作业人员的专有工具，而变成了整个企业的规则。所有部门、所有人员都要根据 MRP II 的规则来开展自己的业务。传统计划方式各部门沟通不够，而 MRP II 可做到计划统一。

（4）计划对象和时段不同。传统计划多按台套下达生产任务，而 MRP II 按零件最佳批量组织生产。此外，传统计划方式多按月、旬下达生产任务。而 MRP 却可根据需要精细到按周、日直到按小时安排生产。

3．企业资源计划

企业资源计划（Enterprise Resource Planning，ERP）是 20 世纪 90 年代初由美国 Gartner 公司首先提出来的。Gartner 公司于 1990 年 4 月发表了一篇题为《ERP：下一代 MRP II 的远景设想》的报告，首次提到了 ERP 的概念，后又陆续发表了一系列的分析和研究报告，并给 ERP 下了简明的定义：ERP 是制造资源计划（MRP II）的下一代，它的内涵主要是"打破企业的四壁，把信息集成的范围扩大到企业的上下游，管理整个供需链，实现供需链制造"。

就功能方面，Gartner 公司除了提出 ERP 要能适应离散、流程和分销配送等不同生产条件，采用图解法处理和分析各种经营生产问题外，在信息集成方面，该公司提出了两个集成。

（1）内部集成，即实现产品研发、核心业务和数据采集的集成。

（2）外部集成，即实现企业与供需链上所有合作伙伴的集成。

ERP 除 MRP II 包含的功能以外，还包含金融投资管理、法规与标准、市场信息等等功能。此外,它主要吸收了供应链的管理思想和敏捷制造技术,使全供应链从采购、生产、销售各环节的资源无间断的集成。ERP 是企业物流、信息流、资金流的集成。

3.3 网络计划技术

3.3.1 网络计划技术概述

网络计划技术是一种关于生产组织与管理的数学方法,是一项用于工程项目的计划与控制的管理技术。它是以工序所需的工时作为时间因素及运用圆圈与箭线绘制成的网络图为基本技术,来表示整个工程或者计划方案的状况,通过数学的计算方法,确定关键路线和关键工序,筹划对资源的分配与利用,力求以最少的时间和资源消耗来达到预期的管理目标。

网络计划技术的应用范围很广。不仅适用于单件小批生产类型和新产品试制,而且适用于大量大批生产类型中的生产技术准备、维修等工作,还可以应用于制定长远规划、编制工程预算、组织物资供应、安排生产系统试运行等工作。同时它特别适用于一次性的大规模工程项目,如建设电站、开发油田等。

网络计划技术的主要形式有关键路线法(CPM)与计划评审技术(PERT)等两种方法,这两种方法均出现于 20 世纪 50 年代后期。

CPM 和 PERT 的两种方法十分相似,其基本原理是一致的,都是用网络图来表示计划实施过程,而且均是以消耗时间最长的路线作为"关键路线",将这条路线作为对项目的计划和控制的基础;并且利用网络时间的计算和优化,来达到能够有效地进行计划管理的目的。这两种方法的不同之处在于,计划评审技术网络中的作业时间是不确定的,它有三个估计时间:乐观时间、最可能时间和悲观时间;而在关键路线法网络中的作业时间是确定的唯一时间。关键路线法更突出地把费用的概念引入到计划和控制过程中,重点在于成本控制;而计划评审技术则侧重于时间控制。当时间能估计得相当适合,费用能预先计算得相当准确时,则关键路线法比计划评审技术更优越。然而当不确定因素达到最大程度时,控制完成时间的重要性超过控制费用的情况下,选择计划评审技术则更合适些。

网络计划技术的工作步骤如下:

(1)确定目标,进行计划的准备工作;任务分解,列出全部工序逻辑关系明细表;确定各个工序的作业时间,并且绘制出网络草图。

(2)进行网络时间的计算,即计算各事项的最早开始和最迟结束时间,各个工序的最早开始、最早结束、最迟结束和最迟开始的时间;计算工序总时差、单时差、事项时差和路线时差;最后确定出关键工序和关键路线。

(3)在满足既定要求的条件下,按照某个衡量指标(时间、成本、资源等)寻求最优方案,保证在计划规定的期限内,用最少的人力、物力和财力完成任务;或者在人力、物力和财力限制的条件之下,以最短的时间完成计划。

(4)在计划执行的过程,通过信息反馈,不断地收集、传送、加工和分析信息,使决策者有可能实现最优抉择,进行有效控制与监督,及时对计划进行必要的调整。

3.3.2 网络图

为了编制网络计划,首先需要绘制网络图。而网络图是由节点、箭线、虚箭线及权所构成的有向图。

(1)节点表示一个事项或者事件。它是一个或若干个工序的开始或结束,是相邻工序在时间上的分界点及它们之间的相互关系,即表示前面工序结束,后面工序开始的一种符号。节点用圆圈和里面的数字表示,数字表示节点的编号,如①,②等。在网络图中,节点要统一进行编号,其顺序一般由小到大,采用连续或非连续编号法,这样以便于识别、检查和计算。在整个网络图中,第一个节点称为始点事项,最后一个节点称为终点事项,介于始点与终点事项之间的节点称为中间事项。节点不占用时间,也不消耗资源。

(2)箭线。用箭线"→"表示一个工序,工序是指为了完成工程项目,在工艺技术和组织管理上相对独立的工作或活动,一项工程由若干个工序组成。工序需要一定的人力、物力和财力等资源及时间。箭线所指的方向表示工序前进的方向,箭尾表示工序的开始,箭头表示工序的结束,从箭尾到箭头表示一个工序的过程,其内容可多可少,范围可大可小。

(3)虚箭线。用虚箭线"‐‐‐→"表示作业时间为零的一个工序,其作用是把前后工序连接起来,表明它们之间的逻辑关系,并且指明工序前进的方向。在网络图中,把作业时间为零的工序称之为虚工序,它不占用时间,也不需要人力、物力和财力等资源。

(4)权表示为完成某个工序所需要的时间或资源数据,通常标注在箭线水平部分的下面或者其它合适的位置上。而在箭线水平部分的上面,一般标明工序的代号或名称。

工序箭线一般不按比例绘制,它的长度原则上可以是任意的,方向只要指向右方即可,但在网络图上它们必须按照完成的先后顺序排列。

在网络图中,用一条箭线和两个节点来表示一个确定的工序。例如,②$\xrightarrow{b}$⑦表示一个确定的工序 b。工序开始的节点常以 ⓘ表示,称为箭尾节点;工序结束的节点常以 ⓙ表示,称为箭头节点。ⓘ称为箭尾事项,ⓙ称为箭头事项,工序的箭尾事项与箭头事项则称为该工序的相关事项。在一张网络图上,只有始点和终点两个节点,分别表示工程的开始和结束,其它节点既表示上一个(或若干个)工序的结束,又表示下一个(或若干个)工序的开始。在下面,利用例题来说明网络图的绘制方法和过程。

例 3.1 某项研制新产品工程的各个工序与所需时间以及它们之间的相互关系如表 3-3 所示,要求编制该项工程的网络计划。

表 3-3 某新产品的工序时间表

工 序	工序代号	所需时间/天	紧后工序
产品设计与工艺设计	a	60	b,c,d,e
外购配套件	b	45	l
工装制造 1	d	20	g,h
木模、铸件	e	40	h
机械加工 1	f	18	l
工装制造 2	g	30	k
机械加工 2	h	15	l
机械加工 3	k	25	l
装配调试	l	35	

根据表 3-3 的已知条件和数据,绘制出的网络图如图 3-5 所示。

在图 3-5 中,箭线 a,b,…,l 分别代表 10 个工序。箭线下面的数字表示为完成该工序所需要的时间。节点①,②,…,⑧分别表示某一或者某些工序的开始和结束。例如,节点②表示 a 工序的结束和 b,c,d,e 等工序的开始,即 a 工序结束之后,后面四个工序才能开始。

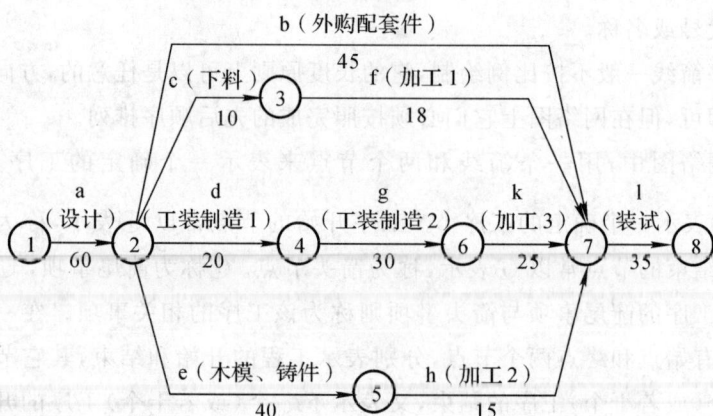

图 3 - 5　例 3.1 的网络图

3.3.3　网络时间的计算与关键路线的确定

一、路线和关键路线

在网络图中,从始点开始,按照各个工序的顺序,连续不断地到达终点的一条通路称之为路线。

在各条路线上,完成各个工序的时间之和是不完全相等的,其中,完成各个工序需要时间最长的路线称之为关键路线,或称为主要矛盾线。关键路线可能有一条,也可能有多条。组成关键路线的工序称为关键工序。如果能够缩短关键工序所需要的时间,那么就可以缩短整个工程的完工时间。而缩短非关键路线上的各个工序所需要的时间,却不能使整个工程的完工时间提前。即使在一定范围之内,适当地拖长非关键路线上各个工序所需要的时间,也不至于影响整个工程的完工时间。编制网络计划的基本思路就是在一个庞大的网络图中找出关键路线,对各关键工序,优先安排资源,挖掘潜力,采取相应措施,尽量压缩所需要的时间。而对非关键路线上的各个工序,只要在不影响整个工程完工时间的条件下,抽出适当的人力、物力和财力等资源,用在关键工序上,以达到缩短整个工程工期,合理利用资源等目的。

二、网络时间的计算

为了编制网络计划和找出关键路线,以及为网络计划技术的优化、调整和执行提供具体数据,需要计算网络图中各个事项和工序的有关时间,称这些时间为网络时间。

1. 确定工序作业时间 $T(i,j)$

完成某一工序所需要的时间称为该工序 ⑤→⑤ 的作业时间,用 $T(i,j)$ 表示之。确定作业时间通常有三种方法,即一点时间估计法、三点时间估计法和平均值法。

2. 事项时间的计算

事项或者节点本身并不占用时间,它只是表示某个工序或者工作应该在某一时刻开始或者结束。因此,事项时间有两个:最早开始时间和最迟结束时间。

(1) 事项最早开始时间 $T_E(j)$。一个事项的最早开始时间是指从始点事项到该事项的最长时间之和,在此之前这个事项是不能开始的。这样的时间称之为事项最早开始时间,用 $T_E(j)$ 表示。

1) 始点事项最早开始时间。由于工程或计划是从相对时间零开始的,因此,始点事项的最早开始时间等于零,即 $T_E(1)=0$。

2) 中间或终点事项最早开始时间。从始点事项到某一中间事项可能有几条路线,每条路线路都有一个时间和,这些时间和中的最大值就是该事项的最早开始时间。计算公式如下:

$$T_E(1)=0$$
$$T_E(j)=\max\{T_E(i)+T(i,j)\} \qquad (i=2,3,\cdots,n) \qquad (3-4)$$

式中　$T_E(j)$——箭头事项的最早开始时间;

$T_E(i)$——箭尾事项的最早开始时间;

$T(i,j)$——工序的作业时间;

n——终点事项。

例如,利用公式(3-4)计算网络图 3-5 中各事项的最早开始时间。计算结果标注在各事项左下角的□内,如图 3-6 所示。

(2) 事项最迟结束时间 $T_L(i)$。一个事项的最迟结束时间,其意义是指在这段时间里,无论有多少工序,最迟必须在这段时间里全部结束,否则就会影响到它的紧后各工序按时开工。这样的时间称之为事项最迟结束时间,用 $T_L(i)$ 表示。

1) 终点事项最迟结束时间。当有规定期限时,终点事项的最迟结束时间就等于规定期限。当没有规定期限时,考虑到为了尽量缩短工程完工时间,终点事项最迟结束时间就等于终点事项最早开始时间。

2) 中间或始点事项最迟结束时间。计算各事项的最迟结束时间应从终点事项开始,从右向左,逆着箭线方向逐个计算,直至始点事项为止。当从事项 ⑤ 发出的箭线只有一条时,则该箭尾事项 ⑤ 的最迟结束时间就等于箭头事项

⑦的最迟结束时间减去对应的工序 ⑦→⑦ 的作业时间。当从箭尾事项 ⑦同时引出两条以上箭线时,就会有两个以上的箭头事项 ⑦。这时应分别计算每一个箭头事项 ⑦ 的最迟结束时间,并且减去其相应工序的作业时间,然后从中选取一个最小值作为该箭尾事项 ⑦ 的最迟结束时间。之所以选择最小值,是由于紧前工序必须保证其各个紧后工序能够最早开工的需要。计算公式如下:

$$T_L(n) = T_E(n)$$
$$T_L(i) = \min\{T_L(j) - T(i,j)\} \qquad (i = n-1, \cdots, 2, 1) \qquad (3-5)$$

式中 $T_L(n)$——终点事项最迟结束时间;

$T_L(i)$——箭尾事项最迟结束时间,$(i = 1, 2, \cdots, n-1)$;

$T_L(j)$——箭头事项最迟结束时间,$(j = 2, 3, \cdots, n)$。

例如,利用公式(3-5)计算网络图 3-5 中各事项的最迟结束时间。计算结果标注在各事项右下角的△内,如图 3-6 中所示。

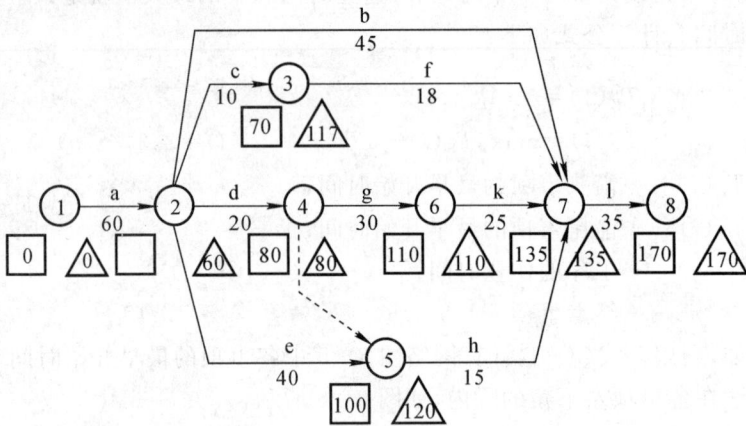

图 3-6 例 3.1 的网络事项时间计算图

3. 工序时间的计算

工序时间的参数共有 4 个,即工序最早开始时间、最早结束时间、最迟结束时间和最迟开始时间。在计算出事项时间之后,工序时间的计算就比较简单了。

(1) 工序最早开始时间 $T_{ES}(i,j)$。工序最早开始时间是指各个工序最早可能开始工作的时间。即在此时间之前,工序不具备开工的条件。因为任何一个工序都必须在其紧前工序结束后才能开始,因此,其紧前工序最早结束时间即为该工序的最早可能开始时间,简称之为工序最早开始时间,用 $T_{ES}(i,j)$

表示。它等于该工序箭尾事项的最早开始时间,即

$$T_{ES}(i,j)=T_E(i) \tag{3-6}$$

(2) 工序最早结束时间 $T_{EF}(i,j)$。工序最早结束时间是指各个工序按最早开始时间开工,所能够达到的最早可能结束时间,简称之为工序最早结束时间,用 $T_{EF}(i,j)$ 表示。即在此时间前,工序不可能完工。它等于工序最早开始时间加上该工序的作业时间,即

$$T_{EF}(i,j)=T_{ES}(i,j)+T(i,j) \tag{3-7}$$

(3) 工序最迟结束时间 $T_{LF}(i,j)$。工序最迟结束时间是指各个工序最迟必须完工的时间,用 $T_{LF}(i,j)$ 表示。即在此时间内若不能够完工,将影响其紧后工序的按时开工。它等于该工序箭头事项的最迟结束时间,即

$$T_{LF}(i,j)=T_L(j) \tag{3-8}$$

(4) 工序最迟开始时间 $T_{LS}(i,j)$。工序最迟开始时间是指各个工序按最迟结束时间完工所必须具备的最迟开始时间,用 $T_{LS}(i,j)$ 表示。即在此时间内若不能按时开工,将影响到该工序的最迟结束时间,也会影响到其紧后工序按期开工。它等于该工序最迟结束时间减去该工序的作业时间,即

$$T_{LS}(i,j)=T_{LF}(i,j)-T(i,j) \tag{3-9}$$

例如,利用公式(3-6),(3-7)计算网络图 3-5 中各工序的最早开始时间和最早结束时间;计算结果分别标注在各工序水平箭线上方左、右两边的□内。利用公式(3-8),(3-9)计算各工序的最迟结束时间和最迟开始时间;计算结果分别标注在各工序水平箭线下方右、左两边的△内。如图 3-7 中所示。

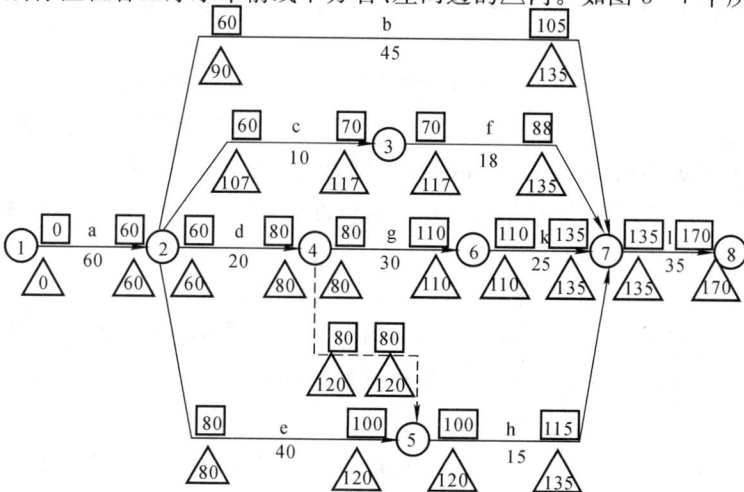

图 3-7　例 3.1 的网络工序时间计算图

4. 时差的计算

时差是指在不影响整个工程完工时间的条件下,某个工序从最早开始到最迟开始这一时间过程中,可以推迟的最大延迟时间。它的产生是由于工序的紧前工序在最早结束时间完工,而它的紧后工序又是在最迟开始时间开工,即该工序可以在最早开始时间开工,而在最迟结束时间完工,这两个时间之差如果大于该工序的作业时间,就会产生时差。

时差表明有些工序在时间上有一定的机动性,有些工序在时间上则没有机动性,这个机动性时间,就称为时差。时差越大,表明工序的机动时间就越多,说明时间的潜力也就越大。时差既为计算进度提供可供选择的可能性,又是决定关键路线的科学依据,同时可以使管理人员明确整个工程或计划中的关键工序。利用时差可以进一步挖掘时间潜力,求得计划安排和资源分配的较优方案。计算和利用时差,是网络计划技术的核心。在利用时差时,应该先利用单时差,因为它不影响后续工序的最早开始时间,避免了对后续工序的调整。在用单时差不够时,则只好使用总时差,这时就必须调整有关后续工序的开始时间。时差分为工序总时差、工序单时差、事项时差和路线时差。

(1) 工序总时差 $TF(i,j)$。工序总时差是指在不影响整个工程总完成期限的前提下,工序的结束可以推迟多长的时间。总时差可以储存在一条工序线中,相互关联的工序也可以串用。利用总时差可能会影响到下道工序的开始时间,但不会影响整个工程的总完成期。在一条路线中,可能有好几个总时差,但是作为该路线的总时差,并不是各项工序总时差的和,而是取其中的最大值,用 $TF(i,j)$ 表示。

工序总时差等于工序最迟开始时间减去该工序最早开始时间;或者等于工序最迟结束时间减去工序最早结束时间;或者等于工序最迟结束时间减去工序最早开始时间,再减去工序作业时间,即

$$TF(i,j) = T_{LS}(i,j) - T_{ES}(i,j) \tag{3-10}$$

$$TF(i,j) = T_{LF}(i,j) - T_{EF}(i,j) \tag{3-11}$$

$$TF(i,j) = T_{LF}(i,j) - T_{ES}(i,j) - T(i,j) \tag{3-12}$$

工序总时差也可以利用事项时间来计算。某工序的总时差等于其箭头事项最迟结束时间减去其箭尾事项最早开始时间,再减去该工序作业时间,即

$$TF(i,j) = T_L(j) - T_E(j) - T(i,j) \tag{3-13}$$

工序总时差越大,表明该工序在整个网络中的机动时间也就越大。可以在一定范围内把该工序的人力、物力和财力资源调整并且利用到关键工序上去,以便于达到缩短整个工程结束时间的目的。

(2) 工序单时差 $FF(i,j)$。工序单时差是指在不影响其紧后工序最早开始时间的前提下,该工序结束时间的机动时间,用 $FF(i,j)$ 表示之。某工序的单时差并不会影响或者干扰其它工序,只能该工序自己享用。

工序单时差等于该工序的紧后工序最早开始时间减去该工序最早结束时间;或者等于该工序的紧后工序最早开始时间减去该工序最早开始时间,再减去该工序作业时间,即

$$FF(i,j) = T_{ES}(j,k) - T_{EF}(i,j) \tag{3-14}$$

$$FF(i,j) = T_{ES}(j,k) - T_{ES}(i,j) - T(i,j) \tag{3-15}$$

式中,$T_{ES}(j,k)$ 为工序 ⓘ→ⓙ 的紧后工序最早开始时间。

工序单时差也可以用事项时间来计算。某工序单时差等于该工序箭头事项最早开始时间减去其箭尾事项最早开始时间,再减去该工序作业时间,即

$$FF(i,j) = T_E(j) - T_E(i) - T(i,j) \tag{3-16}$$

(3) 事项时差 $S(i)$。事项时差等于事项上的最迟结束时间减去其最早开始时间,用 $S(i)$ 表示之,即

$$S(i) = T_L(i) - T_E(i) \tag{3-17}$$

(4) 路线时差。路线时差是指在一个网络图中,非关键路线延续时间与关键路线延续时间之差。例如,在网络图 3 - 5 中,经确定,关键路线为①→②→④→⑥→⑦→⑧,延续时间为 170 天。在该网络图中,其中有一条非关键路线①→②→④→⑤→⑦→⑧的延续时间为 130 天。那么该路线时差为 170 - 130 = 40(天),即在该路线上有 40 天的机动时间。

5. 网络时间的计算方法

进行网络时间的计算,通常有图上计算法、表格计算法和矩阵计算法三种。

下面结合例 3.1 网络时间的计算,介绍前两种计算方法。

(1) 图上计算法。就是根据网络时间计算的基本原理和公式,在网络图上直接进行计算。并且利用□和△符号,把计算结果标注在网络图相应的位置上,如图 3 - 6,图 3 - 7 中所示。

(2) 表格计算法。就是预先制定一张合适的表格,把各个事项的编号、工序作业时间等工程或计划的有关参数填入表内,然后在表上计算网络时间,如表 3 - 4 就是例 3.1 网络时间表格计算法的具体应用。

表 3－4　网络时间的表格计算法

事项	工序	工序作业时间	事项最早开始时间	工序最早结束时间	工序最早开始时间	事项最迟结束时间	工序最迟开始时间	工序最迟结束时间	事项时差	工序总时差	工序单时差	关键路线	备注
①	①→①	$T(i,j)$	$T_E(j)$	$T_{EF}(i,j)$	$T_{ES}(i,j)$	$T_L(i)$	$T_{LS}(i,j)$	$T_{LF}(i,j)$	$S(i)$	$TF(i,j)$	$FF(i,j)$		
①	①→②	60	0	60	0	0	0	60	0	0	0	①→②	
②	②→③	10		70	60		107	117		47	0		
	②→④	20	60	80	60	60	60	80	0	0	0	②→④	
	②→⑤	40		100	60		80	120		20	0		
	②→⑦	45		105	60		90	135		30	30		
③	③→⑦	18	70	88	70	117	117	135	47	47	47		
④	④→⑤	0	80	80	80	80	120	120		40	20		
	④→⑥	30		110	80		80	110		0	0	④→⑥	
⑤	⑤→⑦	15	100	115	100	120	120	135	20	20	20		
⑥	⑥→⑦	25	110	135	110	110	110	135	0	0	0	⑥→⑦	
⑦	⑦→⑧	35	135	170	135	135	135	170	0	0	0	⑦→⑧	
⑧			170			170							

图上计算法比较简单,适用于工序项目较少的网络图。但当事项和工序增多时,计算时容易出差错和遗漏。表格计算法比较方便,弥补了图上计算法的不足,是目前实际工作中采用较多的一种方法。

三、关键路线和总工期的确定

计算时差,是为了寻找关键路线。在网络图中,时差等于零的事项是关键事项。总时差等于零的工序,开始和结束的时间没有一点机动的余地,由这些工序所组成的路线就是关键路线,而这些工序就是关键工序。关键路线就是从始点到终点,沿箭头方向把关键工序和关键事项用粗实线连接起来的路线。例如,例 3.1 网络图的关键路线是①→②→④→⑥→⑦→⑧。

3.3.4　网络计划的优化

工程项目经过工序分解,绘制出网络图,计算时间参数和确定关键路线之后,就可以得到一个初始的计划方案。但在初始计划方案中,还没有考虑到时间、资源和成本的限制条件。当考虑这些限制条件时,需要求得一个时间短、进度快、资源耗费少和成本低的计划方案。所谓优化,就是根据预定目标,利用时差,在满足既定的要求条件下,不断调整网络计划的最初方案,按照某一衡量指标寻求最优方案。

目前,网络计划优化有多种理论和方法,但是至今仍然缺少一个能够全面反映这些指标的实用的综合优化方法。而只能根据不同的具体目标,分别采用不同的对策,这样,就有所谓的时间优化、时间 - 资源优化和时间 - 成本优化。虽然不同的优化目标有着不同的优化方法,但是优化的核心是向关键路线要时间,向非关键路线要资源。优化的具体做法是逐次减少时差,以至使其部分或者全部消失。下面仅以时间优化为例,来说明网络优化的特点。

时间优化,就是在人力、材料、设备和资金等资源基本保证的前提下,寻求工程的最短工期,或者使工期符合期望的工期,以争取时间,迅速取得和发挥投资效果。

网络计划工期的长短,决定于关键路线时间的长短。因此,要缩短工程工期,就是要求设法缩短其关键路线上的作业时间,这就是时间优化的基本出发点。

例 3.2　某一工程的网络图如图 3 - 8 所示,根据计算可得,其工期为 160 天,在其它条件基本保证的前提下,要求在 130 天内完成该工程。问应如何进行?

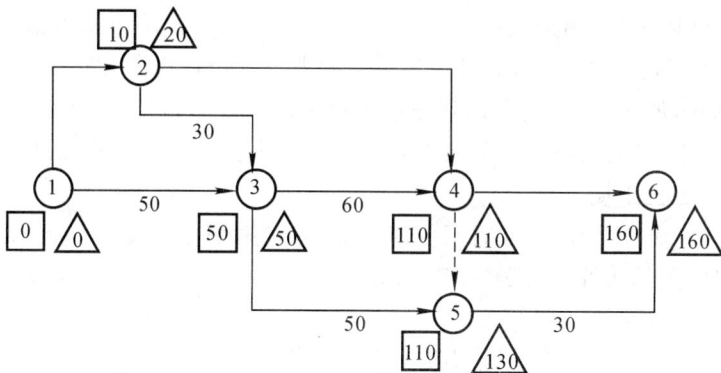

图 3 - 8　例 3.2 的网络图

时间优化步骤:

(1)计算图 3 - 8 的各时间参数,确定出关键路线。计算结果参见图 3 - 8 中所示,关键路线为①→③→④→⑥。

（2）计算关键工序应该缩短的时间：

①→③：(160－130)/160×50≈9 天

③→④：(160－130)/160×60≈11 天

④→⑥：(160－130)－(9＋11)＝10 天

（3）利用缩短后的工序作业时间，重新计算图 3-8 中的各时间参数，并且重新确定关键路线。通过计算，关键路线仍为①→③→④→⑥，如图 3-9 所示。这样，就达到了规定工期的要求。

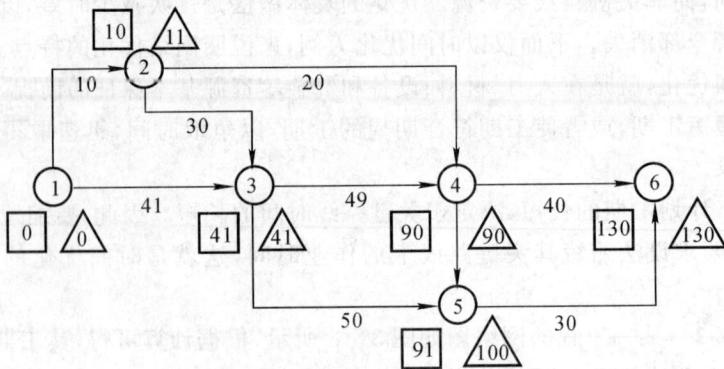

图 3-9　时间优化后的网络图

在实际应用中，缩短关键工序作业时间，一般应该采取下列措施：

（1）在可能的情况下，通过增加投入的人力、材料、设备和资金，采用新工艺和新技术，加快工序进度，达到缩短工程工期的目的。

（2）利用非关键路线上的时差，把非关键路线上的资源调配到关键路线上，来缩短工程工期。

（3）在不缩短工序作业时间的前提下，多采用平行和交叉作业等方式，完成关键路线上的工序，使工程工期缩短。

3.4　现代生产管理方法简介

3.4.1　当今生产方式与世界级制造

近 20 年来，随着世界经济和技术的发展，市场对产品的质量和特性要求变得更高，消费需求也呈多样化，产品周期变得更短，因而多品种、中小批量混合生产方式成为当今生产方式的主流。同时计算机和自控技术的发展及在企业领域中的广泛应用,也使一些反传统的生产管理方式成为可能,从而带来了生产管理上的新变化。因此,人们提出了世界级制造方式(World Class Manufacturing,WCM)的概念。这一概念有 4 个特点:

(1) 无缺陷的全面质量管理新技术。

(2) 准时生产方式。

(3) 充分授权的工人自主管理。

(4) 满足用户要求的柔性制造系统。

世界级制造方式是一个相对概念,不同经济技术发展时代赋予了不同的含义,它代表当今世界生产与作业管理水平的发展和方向。一般认为,目前,精细生产和计算机集成制造系统是最有前途的生产系统。

3.4.2　精细生产

精细生产(Lean Production)方式是 20 世纪 90 年代初,人们对日本"柔性生产系统"进行概括和总结后提出的全新的生产方式。它由四项关键技术组成:并行工程、成组技术、全面质量管理、准时生产方式。

一、并行工程

并行工程(Concurrent Engineering)又称为同步工程,是相对于传统的"串行工程"而言的。它是指产品的设计和制造及其相关过程的多项任务交叉进行,在设计阶段同步地实现设计与产品生产周期有关的过程。这就要求产品开发者在设计阶段就要考虑到包括设计、工艺、制造、装配、检验、维护、可靠性、成本、质量等在内的产品生命周期中的所有因素。

实施并行工程首先要组建一个多学科、多功能的开发小组,小组成员包括企业中上层管理者及产品生命周期有关各部门——设计、财会、制造、物资、计划、质量、销售、服务,有可能的话用户代表也参加。一般 8~12 人。其次要有集成化计算机辅助工程环境支持。最后还要采用新的设计技术。

该工程实施后可使开发周期缩短 40%～60%,使产品成本降低 30%～40%,而使产品的质量大大提高,确保用户满意。

二、成组技术

成组技术(Group Technology)是组织多品种、中小批量生产的一种科学方法。它将企业生产的各种品种,以及组成产品的各种部件、零件,按结构和工艺上的相似性原则进行分类编组,并以"组"为对象组织技术工作和生产。成组技术不反对扩大零件生产批量,对提高生产效率具有重大意义,而且它的应用也超出工艺制造的范围,扩展到产品设计、生产计划、设备布置等整个生产系统。

三、准时生产方式

准时生产方式(Just-In-Time,JIT)是精细生产的核心。经是 20 世纪 50 年代由丰田公司的大野耐一创立的,其基本含义是:在需要的时候,按所需要的数量,生产必要的产品(零部件)。其特点是:

1. 后工序领取在制品

在 JIT 生产方式中,采用月计划、日计划。月计划在两个月之前提出,计划中给出了大致的生产品种和数量计划,作为安排作业的参考基准。月计划确定后,可将产量平均分配至每个工作日,形成每日平均日产出量,并可按实际需求调整日计划。JIT 生产方式除向总装配工序提出顺序计划外,不向其它工序提供计划。而是在需要的时候通过"看板",由后工序顺次向前工序传递生产指令。

2. 各工序生产同步化

JIT 生产方式的宗旨就是要尽量使工序间的在制品储存接近于零。要做到这一点,JIT 在很多生产环节上作了改进,下面仅介绍几种主要的改进措施:

(1)设备布置上采用 U 形布置。在 JIT 生产方式中,设备常按图 3 - 10 所示的 U 形成组加工单元形式布局,在一个加工单元中往往包括多种工艺设备。这种布局由于设备距离近,工人一般可操作多台设备,工件易于在设备间小批量运送。

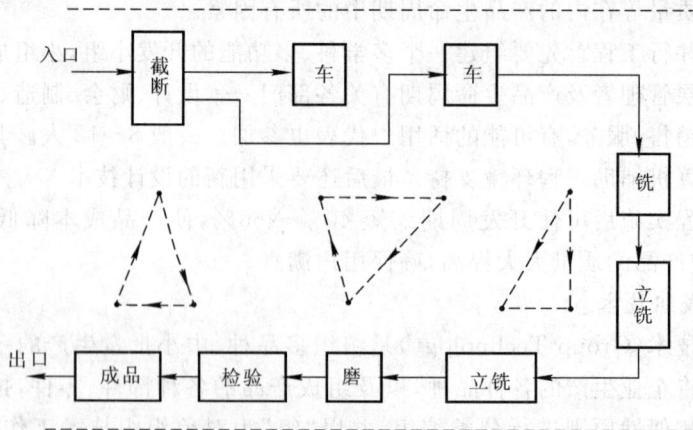

图 3 - 10　U 形成组加工单元

　　(2)缩短准备结束时间。周转在制品的形成是由于加工批量太大,而加工批量大的原因是准备时间长和准备成本高。为了缩小批量,JIT 生产方式通过用模具代替工夹具,将内部工装调整转变为外部工装调整,实现自动化调整等措施来尽量缩短准备结束时间。

　　(3)追求"零废品"的质量控制。JIT 追求"零库存",而要达到零库存并能稳定生产,首先要消除不合格品。JIT 生产方式中,用设计能自动检出不合格品的机器,而且,当不合格品或不正常情况发生时,能自动停机。此外,还通过操作人员自检,强调设备预防维修,用 SPC(统计工序质量控制)进行事前控制等,来尽量达到零废品。

　　3. 利用"看板"进行生产现场管理

　　所谓"看板"是一种作为信号性或指令性的传递长片(信号看板有时可用信号灯或塑料球)。它用于生产过程的各个环节,是控制和掌握零部件在各生产环节间的生产时间、数量、进程的一种凭证依据。它是由下道工序(要货单位)根据看板规定的品种、数量、时间到上道工序领取原材料、零部件,是可确保各生产环节准时、合理、协调地进行生产的控制方法。

　　(1)看板类型有:

　　1)在制品看板,指示前道工序加工制造一定数量在制品时用的看板。一般用于车间之间或作业组之间;

　　2)信号看板,表示正在按计划批量进行生产的各种可作为指令性的东西(如信号灯、塑料小球等)。一般适用于生产线内部或相邻工序之间;

　　3)外协看板,是在主机厂(订货厂)与外协厂(供应厂)之间运行,指导外协厂送货的指令。

　　(2)看板管理的作用在于:

　　1)能实现生产稳定化、标准化和准时;

　　2)由于不见看板不生产,不见看板不运送,所以,可防止过多生产,减少不必要的在制品;

　　3)看板在一定范围内能自动进行计划微调,不至于造成计划的僵化;

　　4)看板上记载着产品零部件的放置场所等情况,能反映出库存、工作程序、搬运作业的进展状况。看板进入生产线,则能揭示生产线的负荷、节拍、程序、标准在制品量等情况,使生产过程控制方向明确。

3.4.3　计算机集成制造系统

　　计算机集成制造系统(Computer Integrated Manufacturing System,

CIMS)是在自动化技术、信息技术及制造技术的基础上,通过计算机及其软件将制造工厂全部生产活动所需的各种分散的自动化系统有机地集成起来,形成一种高效率、高柔性的智能制造系统。在功能上,CIMS 包含了一个企业全部生产经营活动的功能,即从市场预测、产品设计、加工制造,直到产品售后服务的全部活动。制造企业的 CIMS 由以下几个分系统组成:

(1)管理信息分系统——包括经营管理、生产计划与控制、采购管理、财务管理等功能(与制造资源计划系统 MRP Ⅱ 相似)。

(2)技术信息分系统——包括计算机辅助设计、计算机辅助工艺规程编制、数控程序编制等功能,用以支持产品的设计和工艺准备,处理有关产品结构方面的信息。

(3)制造自动化分系统(又称为计算机辅助制造分系统)——包括各种不同自动化程度的制造设备和子系统,如数控机床、柔性制造单元、柔性制造系统、设备维修系统等,用来实现信息流对物流的控制和完成物流的转换。

(4)计算机辅助质量管理分系统——具有制定质量管理计划、实施质量管理、处理质量方面信息、支持质量保证等功能。

CIMS 从管理技术和方法上看,它将管理信息系统 MIS、制造资源计划 MRP Ⅱ、并行工程 CE、成组技术 GT、准时生产方式 JIT 等技术部分或全部集成起来。

思考练习题

1. 试述产品生产过程及其组成。
2. 试述工业企业生产类型的概念及其划分的标志。
3. 试述大量和大量大批、批量、单件和单件小批量生产类型的技术经济特性。
4. 试述生产过程空间组织和时间组织的概念。
5. 试述生产过程空间组织原则、优缺点及其适用范围。
6. 试述生产过程时间组织方式、优缺点及其适用范围。
7. 试根据下列资料绘制在制品在工序间的三种移动方式图,并且计算整批在制品的工艺加工周期。

(1) 在制品的批量为 3 件;

(2) 该在制品经历 5 道工序,其工序顺序及其单件工序时间分别为 $t_1 = 10$ min,$t_2 = 15$ min,$t_3 = 5$ min,$t_4 = 8$ min,$t_5 = 10$ min($T_顺 = 144$ min,$T_平 =$

78 min，$T_{平顺}$＝88 min）。

8. 什么是网络计划技术？绘制网络图时应该遵循哪些基本规则？

9. 什么是关键路线？怎样确定关键路线？

10. 什么是事项最早开始时间、最迟结束时间，工序最早开始时间、工序最早结束时间、工序最迟结束时间、工序最迟开始时间？

11. 什么是时差、工序总时差、工序单时差、事项时差和路线时差？

12. 按照表 3－5 所列资料，完成以下要求：

（1）绘制网络图；

（2）计算各工序的最早开始、最早结束、最迟结束、最迟开始时间以及总时差；

（3）确定关键路线和工程总工期。

（关键路线有两条：分别为：

I ①$\xrightarrow{a}$②$\xrightarrow{c}$③----→④$\xrightarrow{d}$⑥$\xrightarrow{h}$⑧$\xrightarrow{j}$⑨，

II ①$\xrightarrow{a}$②$\xrightarrow{c}$③----→④$\xrightarrow{e}$⑤----→⑥$\xrightarrow{h}$⑧$\xrightarrow{j}$⑨ 。

工程总工期 $T_{总}$＝19 天）

表 3－5　某产品的工序时间表

工序	紧前工序	工序时间/天数	工序	紧前工序	工序时间/天数
a	—	3	f	c	8
b	a	4	g	c	4
c	a	5	h	d，e	2
d	b，c	7	i	g	3
c	b，c	7	j	f，h，i	2

第4章　新产品开发与技术改造

提高自主创新能力,是全面贯彻落实科学发展观的重要环节,是保证我国各项事业持久永续发展的必由之路。自主创新能力的培养要以提高企业创新能力为中心环节,建立健全技术创新体系。谁能够以更快的响应速度获取知识并开发新产品,谁就能获取时间上的优势,在市场竞争中处于优势地位,因此企业的新产品开发已成为企业运作的基础和核心,也是使企业不断提升自主创新能力的重要手段。技术改造则是采用国内外先进的、适用的新技术、新设备、新工艺、新材料,对现有设施、生产工艺条件及辅助设施进行改造,从而保证生产出质优价廉、适销对路的新产品。技术改造是整个新产品开发中一个及其重要的子系统。

4.1　新产品开发

4.1.1　产品概念

产品是工业企业中生产经营的核心,也是企业生存和发展的基础。在当今社会里,高新科学技术发展日新月异,市场竞争异常激烈,产品更新换代十分迅速。一个企业的兴衰,关键在于是否有性能优良的适销对路产品,这就需要依靠企业不断开发新产品来得到实现。

为了使企业在新产品开发的领域中取得成功,首先应该加深对产品的认识,更加全面地理解产品这个概念。

1. 产品

所谓产品,是指通过人的劳动生产出来的有用物品。劳动者通过使用劳动资料,如厂房、设备或土地,有目的地去加工劳动对象,如原料、材料或种子等,最终所取得的有用物品,称为产品。凡是未经过人类劳动加工的自然物,如原始森林、地下矿藏等都不能称做产品。

产品是人类生存和发展的物质基础。人类离不开产品,尤其是在商品经济阶段,市场只选择适销对路的产品。因此可以说,产品决定企业的兴衰。企业要兴旺,行业要发展,人类迫切地需要提高生活水平,而所有这些都要依靠产品和产品开发。

产品还有一个特征,不是供生产者自己消费的,而是供消费者消费的。因此,人类社会出现了社会分工,以及生产资料和劳动产品属于不同所有者时,人们就必须相互交换其产品,这时产品便转化成商品。

2. 产品的整体概念

在商品经济中,产品的概念已经在内涵和外延上进行了扩展。例如通常人们理解的产品是一种具有某种特定物质形状和用途的物体,已经发展到产品应包含更加广泛的内容,即产品是指消费者通过购买或者租赁所获得的某种需要的满足。在这个意义上来讲,服务这类非物质形态的内容也可以被看做为产品。它虽然不是物质,但是可以满足人们的某种需要。从市场经营销售的角度上来看,提出产品的整体概念,就能够包括一切可以满足消费者某种需求和利益的物质产品和非物质形态的服务,如实物产品、服务、场所、思想或主意等等。作为产品的整体概念,应包括三层意思:一是产品的核心,即顾客需求的中心内容。如顾客购买彩电,并非为了买能有图像的箱体,而是为了能够获得信息和娱乐的享受,所以称为核心产品。二是产品的形体,如电冰箱、自行车或衣服等都是具有形状的实物,称为有形产品。有形产品在市场上表现为品质、品牌、式样、包装、外观装潢等内容。如果是服务,则表现为服务的有形方式及其质量。三是产品的附加服务和利益,即带给顾客在购买产品时所获得的全部附加服务和利益,称为附加利益产品。它包括销售前服务,销售后服务,提供信贷、送货、安装设备、顾客咨询等内容。市场竞争必然会促使企业要把产品送到用户手中,并且提供其附加利益,以便于促进销售,提高产品的竞争能力。从表面上来看,企业生产的是供出售的产品,而实质上却是为消费者提供服务。因此,企业必须把这种服务贯穿到生产和消费的全过程中去。

4.1.2　产品生命周期

市场对于一种产品的需求,常常会随着时间、竞争情况以及自然条件的不同而有很大变化。在市场中,产品有一个诞生、成长、成熟,直至最后衰亡的过程。产品的生命周期是指产品从进入市场开始,直至最后被市场淘汰,企业不再生产为止的全部持续时间。

　　产品生命周期一般地可以描绘成如图4-1所示的曲线形状。可分为投入期、成长期、成熟期和衰退期四个阶段。该图所示为典型的产品生命周期曲线。实际上各种不同产品在共性之中还存在着许多相异的个性。各种不同的产品不仅周期长短不同,而且发展过程也可能不一样。有的产品经历了生命周期的全过程,有的则中途夭折;有的产品投入期短,有的则较长,有的成长急剧,有的则发展缓慢;有的成熟期较长,有的衰退迅速;还有些产品在成熟期之后经过改进又再次进入成长期等。不同产品生命周期的差异除了与产品本身有关之外,还与消费者的收入、产品价格等市场和促销因素等有着密切的关系。

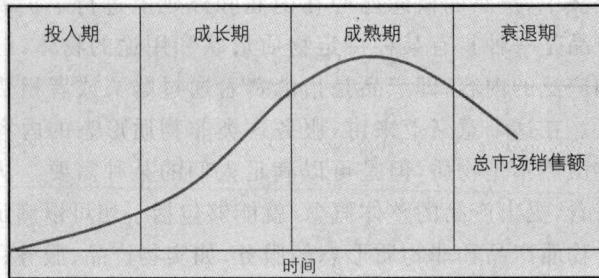

图4-1　产品生命周期曲线图

　　(1)投入期特点是市场对产品的情况还不了解,企业应该投入一定数量的资金支持产品的销售。此时,新产品往往不为消费者所认识,大多数人持怀疑和观望态度,而只有少数勇敢者首先购买,因此销售量呈现缓慢增长的特点。若销售量能够持续增长,则不管利润高低,均应该继续支持。若增长率不稳定,甚至停滞或者下降,就要查明原因,必要时中止投入。如果产品确实好,并且得到试用者的好评,声誉日增,购买者就会越来越多,销售量和利润呈现明显增长的态势,于是进入成长期。

　　(2)成长期特点是产品已经被市场所接受。这时,企业应该在设备与投资方面加大投入并对销售给予有力的支持,不断提高其市场占有率。同时,决策重点应该是考虑该产品创造利润的大小。如果利润率过低,甚至无法收回投资时,也应该查明原因,必要时应中止投入。随着产品普及率日益提高,市场趋于饱和,成长速度减缓,销售量日趋稳定;此时,企业盈利最多,这时就到了成熟期。

　　(3)成熟期特点是产品已经在市场上畅销,但是销售额增长率下降。此时应该支持下一代产品的开发,并且研究如何延长产品的成熟期。随着市场上出现性能更加优良、款式更加新颖、价格更加合理的产品,且能够引起消费者新的兴趣,使越来越多的消费者逐渐转向购买更新的产品,原来的产品就会渐渐地无人问津,从而进入衰退期。

(4)衰退期特点是市场已经达到饱和,销售额逐步下降。此时,企业应该逐步撤出老产品,而转向支持新产品销售,直至老产品最终退出市场,这是产品发展过程的必然结果。这一过程周而复始地进行着,推动着产品不断地更新换代。

随着科学技术的进步,市场需求不断变化,商品竞争日益加剧,产品发展总的趋势是其生命周期的不断缩短,新技术、新产品层出不穷。一种产品出现不久,紧接着就会导致另外一种替代产品处于孕育之中,一代接着一代,一代胜过一代。

4.1.3　新产品和新产品开发

一、新产品

企业中的新产品存在不同的创新程度,"新"字归结起来有两层含义:①对于企业来说是新的,企业从来没有制造或销售过该类产品;②对于市场来说是新的,该类产品第一次进入市场。通过新产品对于企业的创新程度和对于市场的创新程度两个维度交叉来分析,可以将新产品分成 6 种不同的类型,如表4-1所示。

表 4-1　新产品分类

对于市场的创新程度	高	—	—	全新产品
	中	重新定位的产品	产品品种的补充	—
	低	降低成本的产品	已有产品的改进	新产品线
不同创新程度的产品类型		低	中	高
		对于企业的创新程度		

这 6 种不同创新程度的新产品分别为:

（1）全新产品。这类新产品是其同类产品的第一款，并创造了全新的市场。著名的例子有索尼的随身听和小型家用随身放碟机。

（2）新产品线。这些产品对市场来说并不新鲜，但对于有些企业来说是新的。企业凭借这类产品初次进入一个久已建立的市场。佳能并不是第一个做商用激光打印机的，惠普是第一个用激光打印机来打开市场的企业。当佳能第一次推介激光打印机时，它确实代表了企业的一个新产品品种。

（3）产品品种的补充。这些新产品属于企业已有的产品系列的一部分。对市场来说，他们是新产品。在市场里这样的产品较多。例如，上海通用为了迎合市场的需求在推出三厢凯越轿车后，又推出两厢凯越轿车，取得了较好的市场成绩。通常新产品的补充有着不同的目的：涉及更多的细分市场、维护或提高产品线的竞争能力、通过改变风格延长产品的生命周期以及加宽产品的吸引面等等。

（4）已有产品的改进。这些新产品从本质上说是老产品品种的替代。它们比老产品在性能上有所改进，提供更多的内在价值。肯南麦特是一家世界知名的耐磨刀具制造商，提供诸如钻头之类的产品，对产品不断进行改进和提高，以满足顾客不断变化的需求，以对抗同行的竞争挑战。

（5）重新定位的产品。实际上就是老产品在新领域的应用，包括重新定位于一个新市场，或应用于一个不同的领域。长期以来，阿斯匹林是治头疼脑热的标准用药。由于竞争者引入新的更安全的药剂，阿斯匹林曾一度陷入困境。但有医学证据表明，阿斯匹林还有其它的功效，还可以被用做抗凝血剂，治疗中风及心脏病。

（6）降低成本的产品。将这些产品称做新产品有点勉强。这些产品被设计出来替代老产品，在性能和效用上没有改变，只是成本降低了。从市场的角度来看，这些产品并不算新产品。但从设计和产品角度看，这些产品给企业带来了明显的经济效益和利润增长。

二、新产品开发

1. 新产品开发是技术开发的一项首要任务

通常的技术开发可以认为是为了满足生产和经济发展以及社会进步的客观需要，在定向基础研究和应用研究的基础上，通过开发、研究或者研制，使科研成果的潜在生产能力变成现实的生产能力，即技术开发是把知识性科研成果转化为产品的研究活动。技术开发的范围很广，除了新产品开发之外，还包括新技术、新工艺、新设备、新能源等的开发。这些是新产品开发的基础和先导。任何重要的新产品开发，都需要提出先行的科研项目，对产品的关键技术进行研究,否则新产品就开发不出来。因此卓越的企业都十分重视技术开发,把研究开发作为企业保持活力和占有市场的重要方法。这些企业都设有新产品开发部门,集中人才、资金和设备,进行各种形式的研究和试验活动,不断地研制新产品。但是技术开发最终需要落实到发展产品品种、提高产品水平和质量上。新产品的诞生是技术开发的结果或者结晶。总之,技术开发是以新产品开发为中心,新产品开发是技术开发的一项首要任务。

2. 新产品开发的特点、性质和动力

(1) 新产品开发的特点。

1)新产品的开发是一个过程。它从市场需求的调查开始,经过产品研制、试产和试销阶段,直至批量生产之前。但是从广义上来讲,新产品开发过程也应该包括批量生产、销售和服务等阶段。

2)新产品开发是技术和管理密切结合的活动。涉及管理密集型活动,包括研究、设计、试验、试制、批量生产和试销等工作的管理。

3)新产品开发是一项综合性活动。它既涉及技术又涉及经济,而且还与社会环境和自然环境密切相关。社会环境包括制度和体制,自然环境包括生态平衡和环境污染。新产品开发既是一种科技活动又是一种经济活动,因而获得经济效益和社会效益是新产品开发的重要目的。

(2) 新产品开发的性质和动力。新产品开发和其它技术开发一样,是一项有计划、有组织,且同经济直接有关的研究活动,而且还是一项具有具体目标的经济活动。新产品开发并不是纯技术的研究活动,它必须从投资与效益的角度出发,来进行综合平衡与全面衡量。决定投资效益的一项重要因素是市场机制中的供求关系,市场需求程度决定着新产品开发的投资大小、积极性以及产品被接受和扩散程度,这是投资回收的必要条件,同时也是支持新产品开发的必要条件和经济基础。因此可以这样说,社会需要及生产的发展是技术开发的根本动力。当然,除了社会经济发展对产品开发不断地提出新的需要,而产生的外部动力之外,也还有来自科技进步本身客观规律所形成的内部动力,新产品开发就是在这两种动力的作用下不断地得到发展。因此,对于产品开发课题的选择,不能只从技术角度,由科技人员来选择,而且还必须从技术经济等角度,由科技人员和管理人员来共同选择。

总而言之,新产品开发既要受到科技发展规律的制约,又要受到经济发展规律的制约。既要求考虑到技术上的可行性,又要求考虑到市场价值、适应性和经济效益等。

3. 促进新产品开发的直接原因

由上面所述新产品开发的动力可知,促进新产品开发的根本原因是科学技术的不断进步、市场需求的不断发展和变化、国际范围内商品竞争的日益加剧。与此相对应地,促进新产品开发的直接原因是:

(1) 市场上存在着尚未被满足的需要;

(2) 用户对现有产品普遍不满意;

(3) 企业的现有产品很难与竞争对手的产品进行竞争,需要赶上或者超过其竞争对手;

(4) 企业存在着还未被充分利用的生产潜力;

(5) 生产现有产品的原材料和能源消耗过多或某些资源的枯竭;

(6) 现有产品在生产或者使用过程中所引起的环境污染较严重;

(7) 应主机厂的要求,需要开发配套产品等。

4. 新产品开发的战略

从企业在整个新产品领域中的地位和作用以及企业的市场领域两个维度出发将企业新产品开发战略分为以下四类:开拓型(Prospectors)、分析型(Analyzers)、防守型(Defenders)以及反应型(Reactors)。

(1)开拓型企业。这类企业是行业的创新者,不论是对于新产品、市场还是技术方面,都非常重视成为"第一"。开拓型企业会首先采用新技术,即便是存在危险,即使有些开发活动可能不会赢利。这类企业对于各种机会产生的信号能做出快速的反应。在汽车行业,本田汽车公司和戴姆勒-克莱斯勒美国汽车公司被认为是开拓型企业。

(2)分析型企业。这类企业的新产品很少以"第一"的身份进入市场。但是这类企业会异常关注其主要竞争者的动作,并常常是一个快速的跟随者,非常迅速地为市场带来新产品。通过认真观测主要竞争对手的行动并作出快速反应。分析型企业常常能够向市场推出比开拓型企业的产品更加优秀、更节约成本或具有更好性能的产品。福特公司就属于这样的汽车企业。

(3)防守型企业。这类企业试图在一个相对稳定的产品或者市场领域中定位,保持在一个安全的位置或者细分市场中。防守型企业通过提供更高质量的产品、出色的服务或者更低的价格来保护自己的领域范围。这类企业不理会那些对它们当前的经营没有直接影响的行业变化。在汽车行业中通用汽车公司和尼桑汽车公司就是这样的企业。

(4)反应型企业。这类企业在维护建立起来的产品或者市场活动方面不像其它竞争者那样积极进取,在产品和市场方面与对手的竞争通常处于被动的局面,而且这类企业只有在面临巨大的环境压力时才做出反应。在汽车行业中斯巴鲁公司就是这样的企业。

　　这种分类方法已经得到广泛的认同,如图 4 - 2 所示。

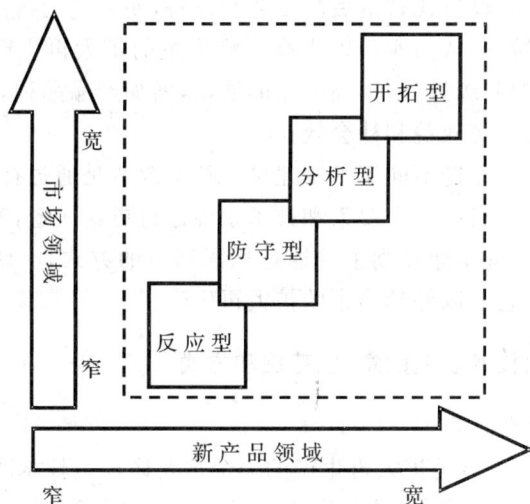

图 4 - 2　企业创新战略分类示意图

4.2　企业技术改造

4.2.1　企业技术改造的概念

　　新产品试制成功以后,要想迅速形成批量生产的能力,这常常取决于新的、先进的生产条件的形成,因此技术改造必须以新产品开发为先导,全面地带动企业技术和设备、工艺、工装及刀量具等技术和生产要素的改造与更新。

　　对于新产品开发而言,技术改造直接涉及新产品的研制与生产技术的衔接。科学技术是生产力,但又不等于生产力,其间有一个转化的过程。产品创新与生产之间必须作好衔接,防止二者脱节,否则新产品研制之后,就会迟迟不能投产,只能是展品和样品。必须看到,在试制车间或者实验室条件下制成的样机是一回事,成批生产则是另一回事。在研究尽快地把经过试制成功的新产品成批地推向市场时,就必然地会涉及技术改造,涉及其中的硬件和软件两个方面。硬件是指工艺装备、专用设备和生产线的设计与制造;而软件则包括工艺技术、生产组织、操作规程和检验标准等一切生产过程中所需要的技术。

　　企业技术改造是在坚持技术进步的前提下,用先进的技术改造落后的技术,用先进的工艺和设备代替落后的工艺和设备,使先进的科技成果运用到企业生产的各个领域中,从而实现以提高内涵为主的扩大再生产。技术改造的目的是促进产品的升级换代,提高产品的质量,增加产品品种,降低消耗,保护环境,提高企业的经济效益和社会效益。

　　在性质上,技术改造不同于基本建设。技术改造是通过补偿基金的方式,对企业原有的生产设备、生产要素和技术条件进行更新改造,实现以内涵为主的扩大再生产。而基本建设则主要通过积累基金的方式,上新建项目以及企业扩建或者改建,它是以外延为主的扩大再生产。

4.2.2　企业技术改造的意义、范围和方式

　　1. 技术改造的意义

　　(1) 企业技术改造是扩大再生产的一个重要途径。技术改造是内涵上的扩大,这是指改进生产技术、提高劳动生产率和原材料利用率,也就是企业本身的革新、改造和挖潜,它有投资少、见效快和效益高的优越性。一般技术改造项目与基本建设项目相比较能达到事半功倍的效果。

　　(2) 企业若要适应社会市场发展的需要,保持对外界环境高度的应变能力,就必须坚持技术进步,不断提高开发新产品的能力,并不断地采用新工艺、新技术,以便于迅速形成批量生产的能力,并不断地降低生产成本,提高企业素质。

　　(3) 要实现我国企业现代化,就必须改造大量技术落后的老企业。当然新与旧是相对的,新的企业建成投产之后,也需要适时地进行技术改造。对于国家而言,企业的技术改造也是提高经济效益、增加财政收入、提供积累的战略性措施。

　　综上所述,技术改造对于企业来讲,是不断开发新产品,迅速形成批量生产的能力,是提高企业经济和社会效益的重要措施。对于国家而言,这也是实现总的战略目标的根本保证。只有搞好企业的技术改造,才能走出一条投资省、见效快、效益好的经济建设新路子。

　　2. 技术改造的范围

　　(1) 设备和工具的改革,包括设备的更新和改造。用先进设备代替原有落后设备就是设备更新,对原有设备进行局部更新和局部调整就是设备改造,例如对原有设备增加一些功能,增加一些控制和测试装置等。工具改革是指

改进工具的性能和结构或者用先进工具替代原有的落后工具。

（2）工艺的改革。工艺改革就是根据提高产品水平、保证质量、减少消耗的要求，积极地改进旧工艺，并且采用新的工艺方案、工艺流程和操作方法。工艺改革与设备、工具改革之间是密切相关的，先进的工艺经常要求使用先进的设备和工具。

（3）节约能源和降低原材料消耗。

（4）改善劳动条件，减少以至消除环境污染。

3．技术改造的方式

一般来讲，技术改造有两种基本方式：第一种方式是在原有产品的老工艺、老设备的基础上进行改造，改造成具有先进工艺的设备，以便于提高生产率，降低成本，提高产品的性能价格比；第二种方式是为了加快新产品形成批量生产的能力，引进或者采用先进的工艺和设备，全面地进行技术改造。在商品经济的形势下，对于大多数企业来说，上述两种技术改造方式是相互结合进行的。即一方面采用先进技术对原有的工艺和老设备进行改造，提高自动化程度和劳动生产率，节约原材料，改善劳动强度；另一方面，采用先进设备，迅速形成批量生产能力，确保新产品试制成功后，立即投向市场，占领市场。同时也应该注意到，在技术改造的过程中，大多数企业主要是增添或者更新少数关键设备，不可能搞大规模的设备更新，而大量的工作则是对于现有设备进行现代化改造。

4.2.3　企业技术改造的基本原则

总的来说，企业技术改造应该贯彻以内涵为主的扩大再生产的方针，以坚持科技兴厂、技术进步为前提，目标是提高经济效益和社会效益。

1．技术改造要围绕市场

技术改造应围绕主导产品的升级换代、批量生产和引进技术的消化来进行改造。对于多数企业来说，不宜搞全方位的改造，而要以较少的投入达到生产较多、较先进产品的目的。

不宜搞全方位的技术改造，就是要围绕产品上档次、升等级，重点解决关键的技术、设备和生产测试手段来进行技术改造。对于国内无法解决的关键技术、设备和测试手段可以有重点地引进，并且最好选择能与企业现有基础进行嫁接的先进技术。对于个别企业，在条件许可的情况之下，也可以进行全面的技术改造。

2．技术改造要以提高企业和社会的经济效益为目标技术改造是保持技术进步的重要途径和手段,而不是工业本身发展的目的。技术改造和技术进步的最根本目的就是要全面地提高经济效益。假若只有技术上的先进性,却没有经济上的合理性,就从根本上脱离了采用先进技术的目的,失掉了技术改造的价值。因此对于技术改造项目,一定要充分地进行技术经济分析。例如对于技术改造过程中所采用的设备,一定要经过充分的论证,在认为确实能够发挥作用的条件之下,才去购置;而买来的设备闲置不用或者使用率低则都是很大的浪费。

3. 技术改造要从国情和厂情出发,量力而行,按自己的独特方式来进行

在选择先进技术改造落后技术时,不要单纯地追求技术的先进性,而应该适当地考虑国情和厂情,选择能给社会和企业带来良好经济效益的先进技术。当然,考虑国情和厂情,与参与国际市场竞争而引进先进技术,进行技术改造是并不矛盾的。

总而言之,企业技术改造的一般原则是:技术上先进,生产上可行,经济上合理。

4.2.4　企业技术改造的决策

企业的技术改造是一项涉及面广、影响大和技术性强的工作。如果技术改造有问题,不仅仅会使企业的生产和技术发挥不了作用,更严重的会造成巨大损失,贻误战机,因此必须重视技术改造的决策。

技术改造的决策就是科学地确定企业技术改造的方向和目标。这就需要通过调查研究,根据社会需要和技术进步原则,从产品结构调整和新产品开发的规划出发,正确地确定企业技术改造方向。即运用各种技术经济手段,选择一个优化的技术改造方案,达到用最小的代价取得技术改造的最大经济效果。

技术改造的决策程序可以分为以下六个阶段:

1. 分析生产和技术现状,发现存在的问题并且选择突破口

在进行系统而全面调查的基础上,分析国内外和企业内外的技术和生产现状以及发展趋势,研究企业的产品结构调整和产品开发规划,找出技术改造存在的问题和差距,发现企业技术以及生产的薄弱环节和改造的重点,也就是说,把该重点作为技术改造的突破口。

2. 确定技术改造目标

根据国内外市场要求和企业的产品发展规划,结合技术调查所得到的现状,提出在一定时期内的技术改造规划、方向、重点、范围、项目和水平。同时在工艺、设备和技术等方面规划出具体的改造项目及其应该达到的要求。

3. 提出方案

根据对外部环境、内部条件和预定目标三者之间的全面分析研究之后,明确技术改造目标和先后次序,同时提出几种具体的改造方案。

4. 选择方案

根据设备的技术可靠性及其精度,研究每个方案的技术可靠性,评价各个方案的技术先进性。对每个方案进行技术经济分析,计算改造项目的投资回收期等技术经济指标,评价各个方案的预期经济效果。

5. 可行性研究

为了使初步选定的技术改造项目是现实可行的,在作投资决策以前,首先需要对这个项目的社会、经济和技术等各个方面进行综合分析研究。对各种可能的方案进行对比,从技术和经济的两个方面作出全面的分析论证和综合评价,预先估计可能实现的经济效益。一个技术改造项目只有通过切实的可行性研究,确认在生产上是可行的,在技术上是先进和适用的,在经济上是合理的,才可以决策采纳。

在一般情况下,按照下列四个步骤来进行技术改造项目的可行性研究。

(1) 对方案进行最原始的评价。通过对项目各方面调查材料的分析,鉴定该项目是否有必要进行下一步的可行性研究。

(2) 初步可行性研究。在对市场、原料和工艺等方面作进一步的调查摸底后,应该搞清楚该项目的概貌,然后评价其总的经济指标。

(3) 详细可行性分析。这是决策之前所进行的较详细的技术经济论证,它包括下列内容:

1)调查市场近期和长远的需要;

2)搞清楚资源、能源和技术协作等落实情况;

3)论证优化的工艺流程及其所需要的设备;

4)选定生产布局;

5)组织并安排设计人员培训;

6)预计项目的改造期限和进度;

7)计算项目的投资费用;

8)落实资金来源及其偿还办法;

9)估算生产成本;

10)评价投资效果。

在详细可行性分析的基础上,提出一项完整的技术改造项目方案。

(4) 提出可行性研究报告。在对技术改造方案评价的基础上,提出可行

性研究报告,报告内容包括以下四个方面:

1)项目上马的必要性与可能性;

2)项目具体实施计划;

3)项目的财务分析和经济评价,包括资源、成本、集资计划以及可以获得的经济效益等;

4)总结整个可行性研究,列出主要优缺点,最后作出是否上马的结论。

6. 技术改造方案的决策

通过综合评价选出最好的技术改造方案。

4.2.5 企业技术改造方案的评价

一、基本要求

从有利于国民经济发展的角度出发,在技术、经济和社会等方面,对于不同的技术改造方案进行全面考核、综合评价,选取技术上先进、经济上合理、建设中可行、运行中可靠的最优方案。

二、经济评价

对于技术改造方案进行评价的一个重要方面就是经济评价,许多因素最终都会反映到各类经济指标上。

1. 经济评价的内容和要求

经济评价是对技术改造方案的经济效益进行综合评价,包括企业经济评价和国民经济评价两部分。企业经济评价是从企业的角度,利用一组经济指标,来估算技术改造方案所产生的经济效益,同时对此经济效益进行分析和评价。国民经济评价则是从国家的角度,对技术改造方案所产生的经济效益进行估算、分析和评价。

企业经济评价和国民经济评价是局部与整体之间的关系。在进行经济评价的过程中,应当采用正确的评价方法,坚持定性和定量分析相结合、静态与动态分析相结合的原则。由于动态分析更能够准确地模拟技术改造过程中的实际经济活动,因而运用动态分析的方法,能够获得较正确的评价结论。

比较是评价的重要手段。在经济评价的过程中,不仅仅需要对方案进行改造前和改造后的纵向比较,而且还需要对不同方案之间进行横向比较。只有通过比较才能鉴别出方案的优劣。

2. 经济评价的指标

技术改造方案经济评价的指标范围很广、内容很多,应该根据具体方案的类型、内容和要求,选用有关的经济评价指标。

（1）纵向比较指标。在评价改造后比改造前的经济效益提高的程度时，通常采用纵向比较指标。常用的纵向比较指标有以下四种：

1）成本降低率。

$$C=(1-C_1/C_0)\times100\% \tag{4-1}$$

式中　C——改造后成本降低率；

　　　C_1——改造后单位产品成本；

　　　C_0——改造前单位产品成本。

2）收入增加量。

$$S=\sum_{i=1}^{n}Q_iP_i-S_0 \tag{4-2}$$

式中　S——改造后年销售收入增加量；

　　　P_i——第 i 种产品的单价；

　　　Q_i——第 i 种产品年产量；

　　　S_0——改造前的年销售收入。

3）劳动生产率的提高率。

$$R=[Y_1/(n_1R_0)-1]\times100\% \tag{4-3}$$

式中　R——劳动生产率的提高率；

　　　R_0——改造前的劳动生产率；

　　　Y_1——改造后的总产值；

　　　n_1——改造后的平均职工人数。

4）合格率提高带来的单位产品节约额。

$$G=[r_0/(1-r_0)-r_1/(1-r_1)](C_0-L) \tag{4-4}$$

式中　G——合格率提高带来的单位产品节约额；

　　　r_0——改造前的废品率；

　　　r_1——改造后的废品率；

　　　C_0——单位废品的平均成本；

　　　L——单位废品的残值。

（2）横向比较指标。在评价同一项目不同方案的经济效益时，通常采用横向比较指标。常用的横向比较指标有以下 5 种：

1）投资回收期。这是一项技术改造项目建成投产后，从投入生产的时间起，到把全部投资收回所需要的时间。这个时间一般是以年为单位计算的，也称为返本期。其计算公式为：

$$投资回收期=\frac{固定资产投资+流动资产投资}{年净利润+年折旧} \tag{4-5}$$

2)净现值。这是指技术改造项目自建成投产之日起,在未来整个寿命期内,现金净流入量按一定的贴现率折算为现值,然后减去它的原始投资的差额,即效益现值与成本现值的差额。

3)技术改造工期。这是指技术改造项目自开始改造时起,到全部建成投产时止,所经历的时间。

4)达到设计能力年限。这是指技术改造项目自建成投产之日起,到预计年产量达到设计能力时为止所经历的时间。

5)出口创汇率。

$$R = S/K \times 100\% \tag{4-6}$$

式中　R——出口创汇率;

　　　S——预计投产后年出口创汇额;

　　　K——技术改造的总投资。

除了以上所列举的之外,纵向和横向比较指标还有很多。它们从不同的角度和不同的方面,所反映的经济内容是各不相同的。把这两类指标结合起来运用,就更能够比较全面地反映出实际情况。纵向和横向比较指标是根据通常的用法来划分的,并不是绝对的,横向比较指标也可以用于改造前和改造后的比较。

三、综合评价

各方案的具体指标经常是不一致的。例如,甲方案的投资回收期短,乙方案的治理"三废"效果好;甲方案的能源利用率高,乙方案的出口创汇能力强。为了防止对某些重要指标的偏废,应该全面考察方案的综合效果,这就必须进行综合评价。

所谓综合评价,既不能对指标有所偏废,也不能绝对平均。目前所采用的一些综合评价方法,有其特定的使用条件和局限性。较常见的综合评价方法有评分法,运筹学方法等。

4.3　价　值　工　程

价值工程是一种研究产品设计和产品改进的管理技术。它利用一整套较科学的思维方法和工作程序,通过功能分析,把各方面的知识、技能和力量,包括设计、制造工艺、经营管理和市场销售等各方面因素,都充分地调动起来,综合地、多方面地提高产品的技术经济效果,达到在实现产品功能的同时,降低产品成本。

产品设计的是否合理会直接影响到产品的制造和使用的技术经济效果。产品的成本主要是设计出来的,而不是财务部门计算出来的。开展价值工程活动就是要采取事先算账的办法,在产品设计阶段,就把人员、设备、材料和工艺等要素,转化为产品成本。同时进行相应的技术经济分析,在众多的设计方案中择优实施。要想达到这个目的,在企业内部就应该打破传统的部门分工观念,实现技术与经济的直接结合。

对于设计工作本身来说,价值工程既是一种管理方法,也是一种设计方法。开展价值工程活动,可以消除产品中零件的过剩功能和不必要的成本。价值工程并不单纯强调降低成本,也不片面追求功能,而是要求提高功能与成本的比值。

4.3.1　价值工程的基本原理

价值工程的应用范围很广,诸如新产品的开发设计;现有产品结构或者零部件的改进;加工制造工艺方法的选择;工艺装备设计、制造和改进;设备的选择和维修等,以及改进工作方法、作业流程和管理等方面均可以应用价值工程。完全可以这样说,凡是具有功能要求并且需要付出代价,即需要付出费用或者时间的地方,都可以利用价值工程的原理来进行分析与研究。

一、功能和价值的概念

(1)用户购买产品,是为了获得该产品所具有的功能。例如顾客购买电视机是要买它所提供的声音和图像的功能,而并不是要买它的具体元器件和线路。对于不同的对象其功能有着不同的含义:对于产品而言,其功能就是它的用途或者效应;对于作业或者方法而言,其功能就是它们所起的作用或者要达到的目的;对于工业企业而言,其功能就是它应该为社会提供产品和劳务。总而言之,功能就是对象能够满足某种需要的一种属性。

价值工程中所指的"价值",有着其特定的含义,是作为一种衡量"尺度"提出来的,即评价事物有益程度的一种尺度。价值高就说明该事物的有益程度大、效益高和好处多;价值低则说明该事物有益程度小、效益低和好处少。

价值工程中的价值,可以用下列公式表示:

$$V = F/C \tag{4-7}$$

式中　V——价值;

　　　F——功能;

　　　C——成本。

上式说明了功能与成本之间的相互关系:产品价值与产品功能成正比,与成本成反比。

如果一个产品的价值低,就需要改进;若一个产品的价值高,就认为是较好的产品。如果一个产品技术水平再高,但是成本更高,而价值却不高,则就不是好产品;同样地,若一个产品成本再低,但是技术水平更低,而价值却不高,则也不是好产品。

价值工程这种从产品功能和成本两个角度来衡量产品价值的观点,同用户的购物观点是相一致的,是以用户是否愿意购买产品为依据的。价值工程要求企业从用户的角度出发,来建立产品的价值观念,评价产品价值的高低。企业只要挖掘自身内涵,降低生产成本和提高产品功能,就会给企业和用户双方都能带来好处,因此价值就是产品给企业和用户双方都带来经济效益的综合性指标。

(2)提高价值的途径。提高价值的途径有两大类:第一类是以降低成本为主要途径,在降低成本的基础上使功能保持不变或提高或者略有降低;另一类是以提高功能为主要途径,在提高功能的同时,寻求成本不变或降低或者略有提高。其中功能提高的同时,成本降低是开展价值工程活动的最理想途径。具体地来讲,提高产品价值有以下五种途径。实际上,这些途径也是企业内涵发展的道路。

1)提高功能,降低成本。这是运用价值工程的最理想状态。随着科学技术的进步,新原理、新技术、新材料和新方法的不断涌现,以及价值工程活动的日益深入,企业在研制开发新产品或者改进原有产品时,就会着眼于同时提高产品功能和降低成本。其关键是在技术和管理的两个方面都要有所创新,有所突破。

提高功能有两方面的含义:一是从质的方面,改进和完善产品的功能结构,增加原有产品所不具备的功能;二是从量的方面,提高原有产品的功能水平,使功能与成本之间的相互关系更趋合理。

2)成本略有提高,功能有更大提高。在通常的情况下,提高产品功能时,往往会引起其成本的相应提高;但是只要功能提高的幅度远远地大于成本提高的幅度时,产品价值仍然会得到提高。在开展价值工程活动时,企业应该通过市场调查以及研究用户心理,有效地应用这一途径来提高产品的价值,并且注意大力提高产品与众不同的功能。

3)功能不变,成本降低。这一途径主要用于对现有产品的分析与改进。例如对现有产品的结构简化、工艺优化和材料代用等,以便于达到在保证产品功能不变的条件下,降低产品成本的目的。成本降低应该以不损害用户的需求功能为原则。如果采取损害用户需求功能的偷工减料的做法,这就违背了价值工程的基本原则。

4)成本不变,提高功能。成本不变,产品的价格就可以保持不变,企业也就能够保持原有的利润率。提高产品的功能,也就提高了产品的竞争能力。用户花同样的钱,却能够买到功能更好的产品,可以使企业扩大产品销路,增加收益。这是一条企业和用户均能够受益的途径。

5)功能略有下降,而成本却大幅度下降。这是指为了适应各种层次用户的需求,开发研制一些价廉而低档的产品。这样做,也可以取得良好的经济效益。所谓功能略有下降,决不是不顾产品的基本功能要求;而是在认真进行功能分析的基础之上,并且在确保产品的主要功能的前提之下,略微降低一些次要功能,或者减少部分过剩功能,从而达到产品成本有较大幅度下降的目的。在新产品开发时,为了满足购买力较低用户的要求,往往采用这种途径。

二、价值工程的概念

价值工程就是以最低寿命周期费用,保证实现产品的必备功能,并且着重于产品的功能分析,是一项有组织有领导的技术经济活动。同时价值工程既是一门管理科学,又是一种设计方法,是开发新产品、提高产品价值的重要手段。

价值工程的核心是对产品进行功能分析。通过功能分析,能够确定出产品的必要功能,防止和排除过剩的不必要功能。利用功能分析,可以从许多种实现功能的方式中,选择出能够最经济地实现该项功能的方式。在开发新产品时,通过功能分析,还能够发现尚未采用的功能,那么采用这种功能所开发的产品就是新产品。

公式(4-7)是价值工程的基本公式,它表达出产品功能、成本和价值三者之间的相互关系和相互作用。对于价值工程原理的研究而言,正是围绕着这三个基本要素来进行展开。

4.3.2　价值工程的活动程序

根据价值工程对象的不同,其活动程序也并不完全相同。一般来讲,价值工程的活动程序可以分为下列八个步骤:建立组织、选择对象、搜集信息、功能分析、功能评价、方案创造、方案评价和组织实施。

一、建立组织

价值工程的组织机构,一般可以分为领导组织与课题组织两类。企业建立价值工程领导小组,是由企业领导人担任组长,设置办事机构,负责价值工程的计划、组织与协调,重大项目的审批、试验、鉴定、应用和推广等。为了分析改进某一产品或者某项功能时,企业下面需要建立价值工程课题小组。课题小组由那些具有各种业务专长的人员组成,指定或者选举出组长,有切实可行的工作方法和规章制度,并且经常开展活动。

二、选择对象

正确地选择价值工程活动的对象,是关系到价值工程活动的成效大小和成功与否的关键。对一个企业来说,不可能对其全部产品一次性地实施价值工程。对一种产品而言,也不可能将其所有零部件一次性地纳入价值工程活动。在深入调查研究、对比筛选、力求重点突出的基础之上,确定出价值工程的活动对象。在实际工作中,必须从设计、制造、销售和成本等方面进行综合考虑和分析,采用科学方法确定出价值工程的活动对象。在表 4 - 2 中,列出选择价值工程活动对象时,需要综合考虑的主要因素。

表 4 - 2 选择价值工程活动对象综合考虑的主要因素

因　素	产　品（零部件）特　征
设计方面	结构复杂、零部件数量多
	体积大、质量大、用料多
	设计水平落后,明显存在过剩设计
	使用、维修不方便
制造方面	生产批量大
	工艺难度大、工序数目多、制造工作量大
	质量差、废品率高
成本方面	制造成本高于本企业其它产品
	寿命周期成本明显高于同类产品
销售方面	市场需求量大、竞争激烈、利润低
	用户有减价要求或同类产品已经减价

1. 选择对象的一般原则

对于刚开始从事价值工程的企业而言,对象选择本着先易后难、先小后大的原则,并且应该先从熟悉且有可能改进的地方着手,待取得经验后,再逐步扩展。

在具体选择时,应当优先选择符合下列原则的项目:同企业发展关系密切,符合国家政策,适应社会需要并且急需改进的项目;具有明显的改进余地、潜力较大的项目;预计在短时期内不需要投入大量的人力和物力,即可以见到成果的项目;资料齐备,有发展前途的项目;具备某方面的专业人才,估计成功率较高的项目等。根据以上原则,再从设计、制造、成本、经营销售和产品市场寿命等不同角度,寻找问题,列出清单,按照轻重缓急的顺序,作出进一步的统筹安排。

2. 选择对象的方法

选择价值工程活动对象的方法比较多,常用的有 ABC 分析法、用户评分法和强制确定法等。在这里,仅叙述一下 ABC 分析法。

所谓 ABC 分析法,即重点分析法。在选择对象产品或者零件时,为了便于抓住重点,可以采用 ABC 分析法,把产品或者零件按照成本大小顺序分成为 ABC 三类。计算出成本占 75%～80%,品种数占 10%～15% 的产品或者零件作为 A 类;成本占 15%～20%,品种数占 20%～30% 的产品或者零件作为 B 类;成本占 5%～10%,品种数占 60%～65% 的产品或者零件作为 C 类。最后则应该选择 A 类产品或者零件作为价值工程活动的对象。

三、搜集信息

所谓搜集信息就是围绕价值工程的活动对象,搜集有关的信息资料。其中包括产品设计与研究方面的、工艺与制造方面的、市场和用户方面的、原材料和能源方面的,以及相关的新技术、新工艺、新材料和新产品等领域的信息资料。从中获得借鉴和启迪,开拓改进的思路。

四、功能分析

通过功能分析可以加深对于分析对象的理解,明确功能的类别,从而能够科学地确定出分析对象合理的功能系统。对于新产品开发的对象而言,因为这时尚不存在对象的实体,所谓的功能分析本质上就是进行功能设计。可以事先确定出它应该所具备的功能,然后再根据该项功能的要求和各种制约条件,来构思实现这些功能的手段和方法。

在功能分析的过程中,应该遵循下列原则:首先从总体功能开始,然后再分析为实现总体功能所应当设置的功能子系统,最后分析构成各功能子系统的功能单元。

1. 明确功能要求

在分析对象一旦确定之后,首先就要明确它们应该具备的功能项目和应当达到的功能水平,即各种技术性能指标,以便于鉴别功能的情况,例如哪些功能过剩,哪些功能不足等。既需要根据用户的要求,又需要考虑到企业内部条件和社会制约等因素,进行全面的考察、综合的平衡,来明确功能要求,如图4-3所示。

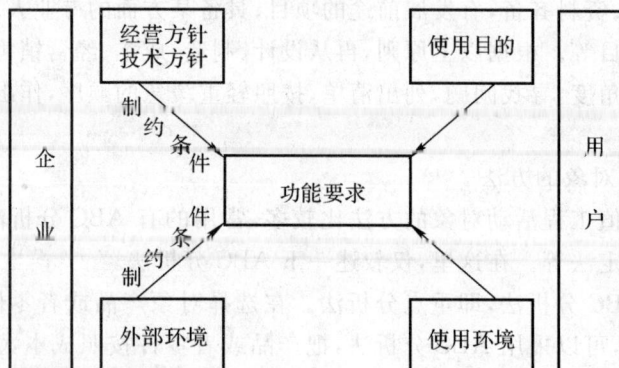

图 4-3　明确产品功能要求的示意图

从用户方面来考虑,一是使用目的,二是使用环境。根据使用目的来确定功能,鉴别功能水平。目的不同,功能要求也不同。使用环境不一样,也会形成一些制约条件,会对产品的功能要求也不一样。

从企业的方面来看,主要考虑是否符合企业的经营方针和技术方针。此外,还应当考虑到设计能力、试验条件、供应条件、产品价格水平以及目标盈利等制约因素。

企业的外部环境主要是指国家的有关政策、法令和社会等其它方面的要求以及国际环境、科学技术、工艺技术和材料科学的发展水平等制约因素。

在综合考虑了上述各种因素后,把确定下来的要求项目列出来,以便于改进或者规划,为以后的功能分析和方案评价提供参考依据。

2. 功能定义

任何产品都具有特定的功能。功能定义就是使用简明而准确的语言,对分析对象所具有的功能加以描述。价值工程把所有分析对象都看成是某种功能的"载体",例如一个产品或者一道工序等。如果分析对象不能够提供必要的功能,那么它就失去存在的意义。

(1) 给功能下定义的目的。

1)功能是设计的依据。用户购买产品,其出发点是功能。只有明确产品的功能及其构成,才能够使设计不偏离用户的要求。

2)开阔设计思想。在设计产品时,不能只从已经有的设计方案出发,而应当研究功能。进行功能定义能够帮助设计人员扩大思路,把对产品本身的分析转移到功能分析上来,这样做才有可能找到产品价值高的方案。

3)便于实现功能评价。为了对功能进行定量评价,就必须明确功能定义。这样就可以限定功能概念的范围,明确功能的本质,在评价时,才能够按照功能定义对每个功能的重要性进行打分。

(2)给功能下定义的方法。为了使用简明准确的语言描述功能的本质内容,通常使用一个动词加一个名词来定义一个功能。例如承受重力、传动扭矩、提供图像、记录声音、减少摩擦、供给能量、保护表面以及改变速度等。手表的功能是显示时间,暖水瓶的功能是保持水温,放像机的功能是显示图像和提供声音。一个产品或者一项作业往往包含有多种功能。除了总体功能之外,每个零部件以及每道工序的各个环节也都具有其各自的功能。

(3)功能的种类。根据重要程度,功能可以分为基本功能和辅助功能两大类。

1)基本功能是指产品及其零部件达到使用目的所不可缺少的功能。如果不具备这种功能,则产品及其零部件就失去了使用价值。例如电视机的基本功能就是显示图像和播送声音。

2)辅助功能是指为了实现基本功能而起辅助作用的功能,或者是为了更有效地实现基本功能而附加的功能。例如一般洗衣机的基本功能是洗涤衣物,其辅助功能有半自动的、漂洗和脱水等。对于全自动洗衣机而言,自动洗涤则成为其基本功能。

在开展价值工程的活动中,产品的基本功能往往需要保持和加强。由于产品的辅助功能可以随设计方案的改进而有可能改变,而且实现辅助功能需要较大的成本,因此改进辅助功能是开展价值工程活动的一个重点,具有降低成本的潜力。

按照可以满足要求的性质,功能可以分为使用功能和美学功能。

1)产品的使用功能是指它的使用价值而言的,使用功能通过基本功能和辅助功能反映出来。

2)产品的美学功能是指产品的外观功能而言的。

对于不同的产品,其使用功能和美学功能的重要程度不会一样。有些产品不太要求外观功能,几乎全是使用功能,例如汽油、型砂等;有的只有美学功能,例如各种装饰品等。但是对于大多数产品而言,两种功能兼而有之。

3. 功能整理

功能整理就是把上述定义的功能,按照它们之间的逻辑关系进行系统的整理,最后形成一个功能系统图,从而可以比较客观地看出分析对象所具有的功能类别、各类功能之间的关系和位置以及原来的设计思路。这样做有利于产品功能的全面分析,寻找改进目标和明确改进范围。

五、功能评价

通过功能分析,虽然已经掌握了分析对象所具有的功能及其实现手段,但是还需要通过功能评价,来解决下列尚未解决的问题:用于实现功能的手段是否合理;实现各项功能的最低成本应该是多少;各项功能的价值高低;是否需要改进等。

功能评价就是对分析对象原来的设计和状态,按照功能区域或者功能单元逐一地进行评价,决定出它们的优劣和价值的高低。运用定量方法来描述通常采用定性方法所阐述的问题,以便于采取相应的措施,提高分析对象的价值。

1. 功能评价的目的

(1) 找出低价值功能区域或者功能单元。缩小分析对象范围,选定价值工程的重点对象。为此需要在实现同一功能的多种手段以及实现同一手段的多种途径中,根据各个部分价值的高低,发现那些急需改进的部位,确定出需要改进的具体课题和先后次序。

(2) 定出目标成本。在分析对象得到改进之后,应该降到的成本值,或者为功能而设立的成本目标值,均称为目标成本,也可以称之为预计成本。在确定目标成本时,需要考虑许多制约条件,例如市场情况、竞争对手状态以及企业内部的综合水平等。通过功能评价,可以给出目标成本的大致范围。

在一般情况下,把实现功能的最低成本作为目标成本,但是目标成本应该规定得现实和合理才行。如果最低成本由于种种原因暂时无法全部实现时,也可以分阶段实现。当开发新产品或者价值工程对象的功能不足,并且又准备根据竞争和市场等情况,大幅度提高对象功能时,这一最低成本是指在功能大幅度提高情况下的目标成本。如果其它企业的成本高于本企业的目前成本时,可以把本企业的目前成本作为目标成本,应当把工作重点放在提高功能上。

2. 功能评价的方法

功能评价的核心是计算各项功能的价值,并且根据价值或者价值系数,判断各部分价值的高低。计算价值的公式仍然是 $V = F/C$,其中关键在于定量计算。

成本 C 的度量单位是金额。按照价值工程的概念,成本 C 应当是寿命周期成本 C_{1m},即 $C_{1m}=C_1+C_2$。其中 C_1 是生产成本, C_2 是使用成本。使用成本发生在产品出厂后的使用阶段,计算起来比较复杂,需要长时期的数据积累才行。因此在当前情况下,在实际计算价值时,多数企业暂时仍以生产成本为主。

功能 F 的度量就比较复杂,例如一个产品的总体功能可能包括度量单位不同的分功能。为了使各功能之间能够进行运算,并且使功能与成本之间具有可比性,就必须统一它们的度量方法。

根据功能度量方法的不同,功能评价方法可以分为如下两大类:

(1) 功能成本法。由于任何功能的获得或者实现,都要付出一定的费用,因此可以把所有的功能都转化为费用或者成本,即用金额来表示功能。这就是功能成本法的特点。这里所指的费用是获得这一项功能的最低成本。

这样,价值工程基本公式中的分子和分母都可以用金额表示。若用 C_m 表示实现某一项功能的最低成本,用 C_p 表示实现该项功能的目前成本,则价值工程的基本公式就可以转化为下列形式:

$$V=C_m/C_p \tag{4-8}$$

按照下列表达式,可以计算出各个功能单元的价值系数,即

$$V_i=C_{mi}/C_{pi} \tag{4-9}$$

式中的下标 i 表示功能单元, $i=1,2,\cdots,n$。

经过这种转换之后,对于价值系数公式的含义,可以作这样的理解:实现功能的目前成本越接近最低成本时,则该项功能的价值系数就越高,反之则价值系数就越低。

利用功能成本法求得的价值系数,其最高值等于 1。如果说在功能评价中存在什么匹配费用的话,这就是价值工程中的本来意义上的匹配。若计算得到的价值系数越小于 1,则说明改进的潜力就越大,而且越有必要改进;反之,现行方案价值系数已经很高,则改进潜力就不怎么大。

(2) 功能系数法。这类方法的特点是利用功能系数来表示功能。所谓功能系数,是指某一功能单元在总体功能中所占有的比例或者百分数,以表示某个功能单元的重要和复杂程度。实际上就是功能单元的权重。把用来表示功能单元重要程度的数值,称之为该项功能单元的评价系数或者功能系数。功能系数既可以用小数表示,也可以用百分数来表示之,各项功能系数之和等于 1 或者 100%。

在功能系数法中,目前成本 C 也不用金额表示,而利用成本系数表示之。

所谓成本系数就是某项功能的目前成本占总体目前成本的比例,其表示方法类同于功能系数,即可以利用小数或者百分数表示之,各项功能的成本系数之和等于 1 或者 100%。采用功能系数法时,价值系数 V_i 可以按照公式(4-10)计算:

$$V_i = F_i / C_i \qquad\qquad (4-10)$$

式中　　F_i ——功能系数;

　　　　C_i ——成本系数。

在式(4-10)中,由于分子和分母都同时转化成为小数或者百分数等相对数值,因而也就具有了可比性。

在利用功能系数法分析问题时,有个重要的观点:当某一个对象的功能系数与它的成本系数相接近,即其价值系数 $V_i \approx 1$ 时,则被认为是合理的。这是因为当 $V_i \approx 1$ 时,表明该对象在功能中所占有的比例与它在成本中所占有的比例相同,可以不作为重点改进的对象。

应该指出的是,利用这类方法所求得的价值系数并没有最高限额。例如某项功能很重要,占总体功能的比例达 30%(功能系数),但是它所消耗的费用却很少,占总成本的 5%(成本系数),则这项功能的价值系数 $V_i = 6$。当然,功能之间的价值系数之差,也能够反映出它们之间的相对差距。

六、方案创造

方案创造就是对所确定的价值工程活动对象,拟订出提高功能、降低成本的计划设想。事物在不断发展,改进是没有止境的。从事价值工程的人员应该有勇于创新、善于创新的精神。除了鼓励个人提出合理建议外,主持价值工程的负责人更要着重发挥组织的作用。要充分利用所收集到的信息资料,运用创造技法,广开思路,使各种优异的改进及评价方案能够不断地脱颖而出。更需要制定多种不同的改进方案,以便于分析和比较,从中择优选用。

七、方案评价

在对多种不同的方案进行评价时,如果各个被比较方案的功能都相等,但是成本不一样,在这种情况下,则应该取成本最低的方案为最优方案;如果各方案的成本相同而它们的功能不同时,则取功能最大者为最优方案;如果各个方案的功能和成本都不相同时,则应当取功能与成本的比值为最大者来作为最优方案。如果一个产品具有多项功能,各个方案对各项功能的满足程度而又不相等时,则首先应该需要确定出各个方案对产品功能的综合满足程度,再根据各个方案成本的高低来选取最优方案。

八、组织实施

改进方案经过审查批准之后,即开始着手付诸实施。在实施过程中,应该不断地改进完善,直到实现预期的效果为止。评价价值工程成果的指标,主要有以下几种:

全年净节约额＝(改进前成本－改进后成本)×年产量－价值工程活动费用(4－11)

节约百分率＝(改进前成本－改进后成本)/改进前成本×100%　　　　(4－12)

节约倍数＝全年净节约额/价值工程活动费用　　　　　　　　　　(4－13)

除了计算经济指标和物质成果之外,还应该总结经验教训和统计精神成果。例如促进企业民主管理,调动职工的积极性,发展企业文化,提高企业素质等,以便于不断地推动价值工程深入、持久地得到发展。

思考练习题

1. 试述产品和新产品的概念。

2. 产品的生命周期有哪些?

3. 新产品开发的特点、性质和动力是什么?

4. 简述新产品的分类。

5. 新产品开发有哪几种方式,各有何优缺点?

6. 企业新产品开发的战略有哪些?

7. 新产品开发的一般程序有哪些?

8. 工业企业为什么必须有步骤、有重点地进行技术改造? 进行技术改造应该坚持哪些基本原则? 技术改造的范围和方式是什么?

9. 企业技术改造的决策程序是什么?

10. 如何进行技术改造项目的可行性研究?

11. 企业技术改造方案评价的基本要求是什么?

12. 论述企业技术改造方案经济评价的内容、要求和指标。

13. 功能、价值和价值工程的基本概念是什么?

14. 提高价值的途径有哪些?

15. 论述开展价值工程的活动程序。

16. 选择价值工程活动对象的原则什么?

17. 试述选择价值工程活动对象的 ABC 分析法。

18. 论述功能分析、功能要求、功能定义、功能整理的概念和作用。

19. 什么是功能评价? 它有什么作用? 功能评价的方法有几种? 都有哪

些特点？

20. 论述方案创造和方案评价的基本概念。

第5章 质量管理

质量管理贯穿整个企业管理的始终。企业经营活动中各环节、各项工作以及各种产品都离不开质量,都要讲求质量,质量是企业的生命。以质量求生存,以品种求发展,走质量效益型道路是成功企业经验的总结,已在企业界得到共识。

质量管理发展至今已成为一门独立的学科,内容十分丰富。本章从质量的基本概念入手,介绍了质量管理的发展历史,全面质量管理的基本理论和特点,质量保证体系及运转方式;概要地阐述了《质量管理和质量保证》国际标准(即 ISO 9000 族标准)的产生、结构及其使用价值;最后讨论了质量管理中常用的统计方法。

5.1 质量及其保证体系

5.1.1 质量及特性

一、质量

质量的定义为:产品或服务满足规定或潜在要求(需要)的特征和特性总和。

其中:产品指成品、半成品、在制品。过程指产品质量形成过程,包括设计、制造、检验、包装等过程。规定要求指政府有关的法令、法规、合同、设计任务书、技术协议等。潜在要求指用户的需求。

企业必须将用户对产品质量的要求,设计为产品的特性、特征,经过技术上的转化变成产品的质量特性和特征。

二、产品的质量特性

产品质量特性是衡量产品某项特性的具体要求,也是产品为满足使用要求而必须具备的属性。通常有以下几种：

（1）可用性，也称为有用性，即产品在规定条件下完成规定功能的能力，如汽车的载重量、速度等。

（2）安全性，即产品在制造、储存和使用过程中保证人身安全与环境免遭危害的程度。如振动、噪声、污染是否超过规定，是否有爆炸和漏电的可能等。

（3）可靠性，即产品在规定的条件下和规定的时间内完成规定功能的能力，常用的指标有可靠度、故障率等。

（4）维修性，即产品在规定的条件下和规定的时间内，按规定的程序和方法维修时，保持或恢复到能完成规定功能的能力。

（5）经济性，即产品在生产及使用过程中花费的经济代价的大小。如产品的设计加工、用料等费用和产品在使用过程中的动力、燃料等消耗的维持费用等。

三、真正质量特性，代用质量特性与技术标准

直接反映用户对产品要求的质量特性称为真正质量特性。例如，车辆轮胎的真正质量特性是使用寿命长。但是，在多数情况下，真正的质量特性是很难直接定量反映的，而为了便于生产，又必须用标准来衡量产品质量，为此就要根据真正质量特性确定一些数据和参数，间接反映它，这些数据和参数称为代用质量特性。例如，汽车轮胎的真正质量特性是使用寿命，它的代用质量特性就是耐磨度、抗压、抗热强度等。

把代用质量特性用技术经济参数明确规定下来，作为衡量产品质量的尺度，就形成产品的技术标准。符合技术标准的产品称为合格品，不符合的称为不合格，不合格品中又包括可修复的返修品和不可修复的废品。

由于产品所依据的技术标准有先进的也有落后的，所以合格品不一定就是高质量的产品。

5.1.2　全面质量管理

一、质量管理的发展阶段

质量管理的发展可分为三个阶段：

1. 质量检查阶段

质量检查阶段指 20 世纪 20 年代到 40 年代这段时间。这一阶段质量管理的特点是把检查作为质量管理的职能，把产品的质量检查列为专门的一道

工序,由检验人员负责对产品逐一检查,这就意味着质量管理已脱离了操作者自发质量管理阶段,进入了科学管理阶段。但是,这一阶段的检查仅仅为了把关,而不能防止不合格品的产生,缺乏预防和控制职能,是一种事后检验。

2. 统计质量控制阶段

生产中采用统计质量控制的方法,是在第二次世界大战初期由美国在军工企业军火生产中首先采用的。它是在加强质量检验的同时,运用概率论和数理统计方法,找出影响产品质量优劣的各种因素,以防止不合格品的出现。它的特点是检验加控制,由"事后检验"向"预防为主"转变。但它也存在着缺陷:一是仅靠制造部门和检验部门对产品的质量检验,忽视了其它部门对产品质量的作用;二是过分强调数理统计方法的作用,忽略了组织管理工作。

3. 全面质量管理阶段

60 年代初,美国通用电气公司工程师菲肯鲍提出了全面质量管理(Total Quality Control,TQC)。该阶段的质量管理工作,除利用统计方法控制制造过程外,还需要组织管理工作,对生产全过程进行质量管理,而且明确指出执行质量职能是企业全体人员的责任。全面质量管理符合生产发展和质量管理发展的客观要求,很快被人们接受,并在世界各地逐渐普及和执行,一直延续至今。

二、全面质量管理的基本特点

全面质量管理的特点如下:

1. 管理内容的全面性

全面质量管理的内容是全面的,不仅对产品质量进行管理,同时也对相应的工作质量,如生产工作、技术工作和组织工作进行全面管理。因为离开了工作质量的改善,提高产品质量是不可能的。

2. 管理范围的全面性

管理范围的全面性即要求实现全过程的质量管理,它表现在两个方面:

(1)从管理生产制造过程扩大到管理市场调查、研制、物资供应、工艺技术、劳动人事、设备维修、销售服务各环节。

(2)从事后检验转向事前控制。做到预防为主,防检结合,把影响产品质量的因素消灭在它的形成过程中。

3. 参加管理的全员性

产品质量是企业职工素质、技术素质、管理水平、领导素质的综合反映,涉及企业各部门和全体职工。提高产品质量单纯依靠质量检验部门和专职质管人员是不够的,它必须依靠企业全体人员来共同参加质量管理,树立强烈的"质量第一"的观念,人人重视产品质量,不断运用科学质量管理的理论和方法,做好自己的本职工作。

5.1.3　质量保证体系及运转方式

一、质量保证体系的概念和内容

质量保证体系指企业以保证和提高产品质量为目标,运用系统的原理和方法,设置统一协调的组织机构,把各个部门、各个环节的质量管理职能严密地组织起来,形成一个有明确任务、职责、权限并能相互协作、相互促进的质量管理有机整体。

质量保证体系的内容有:

(1)设置专职的质量管理部门。为了使质量保证体系有效地运转,使企业各部门的质量职能都能充分发挥,就需要建立一个负责组织、协调、督促、检查、指导等工作的专职的质量管理部门,作为质量保证体系的组织保证。

(2)要规定各部门质量管理方面的职责、任务和权限。真正做到,保证产品质量,人人有责。

(3)建立一套质量管理标准和工作程序。这是质量保证体系的重点内容,也是重要的基础工作。

(4)设置质量信息反馈系统。质量信息系统是质量保证体系的神经系统,是体系正常运转的必要条件。只有保证信息反馈系统准确、及时、全面地进行信息传递和反馈,才能使质量保证活动时时处处都有可靠的依据,从而使质量保证活动顺利开展。

(5)组织外协厂的质量保证工作。随着生产的发展,专业化分工协作日趋加强,应把外协厂的质量保证活动纳入到中心厂的质量保证体系之中,才能全面保证产品质量。

(6)开展质量管理小组活动。所谓质量管理小组是指在企业岗位上从事各项工作的职工,围绕企业的方针目标,运用全面质量管理的理论和方法,以改进产品质量、工程质量、工作质量为目的,自愿或按行政指令组织起来的小组。质量管理小组是企业建立健全质量保证体系的群众基础。

(7)要有一个明确的质量目标。

二、质量保证体系运转的方式

质量保证体系的基本运转方式有质量信息反馈和 PDCA 工作循环两个内容。

（一）质量信息反馈

所谓质量信息反馈，就是在质量保证体系的各环节、各工序之间，按反工艺方向输送质量信息，也就是后续生产过程对前面环节或前道工序出现的质量问题，除迅速现场处置外，还把信息反馈给前道工序，作为改进产品质量的依据。

质量信息反馈按其来源以及信息流转的范围来看，可分为"厂内反馈"和"厂外反馈"。

（1）厂内反馈主要来自于工序质量测试、生产现场动态、出厂成品检验、质量基础资料、群众的技术革新和合理化建议等 5 个方面。

（2）厂外反馈主要来自于外协厂信息、竞争对手的信息、主管部门的信息、国内外市场的信息等。

（二）质量管理工作的循环

质量管理工作的循环是按计划（Plan）—执行（DO）—检查（Check）—处理（Action）四个阶段的次序不断循环进行质量管理的一种方法，简称 PDCA 工作循环。它是由美国质量管理专家戴明归纳出来的，故也称为"戴明环"。

1. PDCA 循环的 4 个阶段和 8 个步骤

（1）计划阶段。经过调查，分析研究，确定质量管理目标、项目、拟订相应的措施。其工作内容分为 4 个步骤：

1）分析现状，找出问题。

2）分析产生质量问题的各种原因。

3）找出主要原因。

4）拟订措施和制订计划。

（2）执行阶段。就是将制订的计划和措施具体组织实施执行。即：

5）按预定计划认真执行。

（3）检查阶段。就是把执行的结果与预定目标相比，检查计划执行情况是否达到预期效果，及时找出问题。即：

6）检查效果，发现问题。

（4）处理阶段。总结成功的经验和失败的教训，并纳入有关标准、制度和

规定。巩固成绩,防止问题重新出现。同时,将本循环中遗留的问题提出来,以便转入下一循环中去解决。即:

7)总结经验,把成功的经验肯定下来,纳入标准。

8)把没有解决的遗留问题,转入下一个阶段。

PDCA 管理工作循环如图 5-1 所示。

2. 质量管理工作循环的特点

(1)整个企业的质量保证体系构成一个大的管理循环,而各级、各部门又有各自的 PDCA 循环。上一级循环是下一级循环的依据,下一级循环是上一级循环的组成部分和具体保证。大环套小环、小环保大环、一环扣一环、推动大循环。

(2)管理循环每转一周就提高一步,如同爬楼梯一样,逐级升高,不停转动,质量问题不断得到解决。管理水平、工作质量和产品质量就能达到新的水平,如图 5-2 所示。

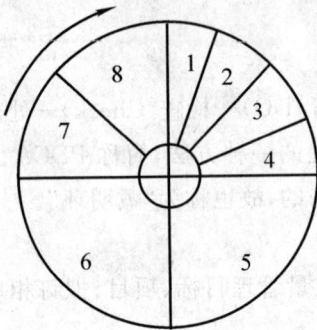

图 5-1　PDCA 循环示意图　　　　图 5-2　管理循环逐步提高示意图

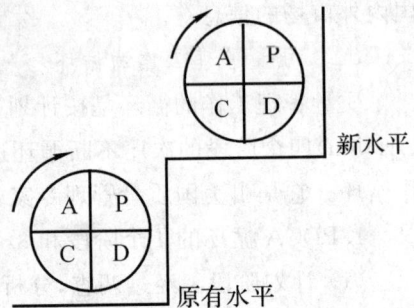

5.2　《质量管理和质量保证》国际标准

5.2.1　ISO9000 族标准的产生

20 世纪 70 年代后,随着国际间技术合作的深入发展,要求各国所依据的标准协调一致,便成为评定各厂商质量保证活动的统一尺度。国际标准化组织(ISO)于 1986—1987 年在总结各国质量保证制度的基础上,颁布了 ISO9000 质量管理和质量保证系列标准。标准组成如下:

ISO9000—1＝GB/T19000《质量管理和质量保证标准 第一部分：选择和使用指南》

ISO9001—1＝GB/T19001《质量体系——设计、生产、安装和服务的质量保证模式》

ISO9002—2＝GB/T19002《质量体系——生产、安装和服务的质量保证模式》

ISO9003—3＝GB/T19003《质量体系——最终检验和试验的质量保证模式》

ISO9004—1＝GB/T19004.1《质量管理和质量体系要素 第一部分：指南》

其中，ISO9000 是为该系列标准的选择和使用提供原则、指导；ISO9001、ISO9002、ISO9003 是三个质量保证模式；ISO9004 是指导企业内部建立质量体系的指南。

ISO9000 系列标准颁布后，得到了各国工业界的广泛认同和推广，并以其作为质量认证的依据。由于国际贸易和国际交流的发展，世界范围内市场竞争的加剧促进了 ISO9000 系列标准的发展与完善。后经修订产生了 ISO9000：2000 族标准。

5.2.2 ISO9000：2000 族标准的构成和特点

1.构成

ISO9000：2000 族仅有 5 项标准，原有的或并入新的标准，以技术的形式发布，或以小册子的形式出版发行，或转入其它技术委员会（TC）。5 项标准是：

（1）ISO9000：质量管理体系基本原理和术语。该标准是在合并原 ISO840 和 ISO9000—1 的基础上经修改后重新起草的，共 80 多条。

（2）ISO9001：质量管理体系要求。该标准是在合并原 ISO9001、ISO9002 和 ISO9003 基础上经修改后重新起草的。

（3）ISO9004：质量管理体系业绩改进。该标准是在合并原 ISO9004—1、ISO9004—2、ISO9004—3 和 ISO9004—4 的基础上经修改重新的。

（4）ISO19011：是在合并了 ISO91011 和 ISO14010、ISO14011、ISO14012 的基础上重新起草的。

（5）ISO10012：是在合并 ISO10012—1、ISO10012—2 的基础上从新起草的。

2.特点和原则

ISO9000：2000 族标准具有以下特点：

（1）标准加强了通用性。ISO9001：2000 标准中 1.2 条款指出："本标准规定的所有要求是通用的，旨在适合于各种类型、不同规模和提供不同产品的组织。"与 1994 年版标准相比，无论在结构上还是在内容上都消除了行业的偏向性，并允许在 ISO9001 标准的基础上增加特殊条款，从而适应各行各业。

（2）标准减少了对文件的要求。ISO9001：2000 标准中，仅有 6 项活动明确提出形成文件程序的要求，与 1994 版标准相比有大幅度的减少，但这并不意味着对组织质量管理体系文件要求的降低。

（3）标准增强了协调性。ISO9001 和 ISO9004 在 2000 版中是一对协调标准。ISO9001 旨在给出产品的质量保证并增强顾客满意，而 ISO9004 则通过使用更广泛的质量管理的观点，提供业绩改进的指南。

（4）标准强调了与 ISO14000 的相容性。ISO9000：2000 标准中 0.4 条款指出："本标准不包括针对其它管理体系的要求，如环境管理、职业卫生与安全管理、财务管理或风险管理的特定要求。然而本标准使组织能够将自身的质量管理体系与相关的管理体

系要求结或整合。"

（5）标准确立了八项质量管理原则。在总结 1994 年版的基础上，ISO9000：2000 标准中 0.2 条款明确了质量管理的八项原则，质量管理八项原则科学的总结了世界各国多年来理论研究的成果和实践的经验。

5.2.3　ISO9000：2000 版质量管理原则

2000 版标准突出体现了管理的八大原则，并作为主线贯穿始终。它们是：

（1）顾客为中心。"组织依存于顾客。因此，组织应理解顾客当前的未来的需求，满足顾客要求并争取超越顾客。"

（2）领导作用。"领导必须将本组织宗旨、和内部环境统一起来并创造使员工能够参与实现目标的内部环境。"组织最高层管理者（层）的高度重视和强有力的领导是组织质量管理取得成功的关键。

（3）全员参与。"各级人员是组织之本，只有的充分参与，才能使他们的才干为组织带来最大的收益。"全体员工是每个组织的基础，也是质量保证的基础。

（4）过程方法。"将相关的资源和活动作为过程进行管理可以更高效得到

期望的结果。"在应用于质量管理体系时,2000 版 ISO9000 族标准建立了一个过程。此模式把管理职责,资源管理,产品实现,测量、分析和改进作为体系的4 大主要过程。

(5)管理的系统方法。"针对设定的,识别、理解并管理一个由相互的过程所组成的体系,有助于提高组织的有效和效率。"这种建立和实施质量体系的方法,可用于新建体系,也可用于现有体系的改进。

(6)持续改进。"持续改进是组织一个永恒的目标。"持续包括:了解现状,建立、寻找、评价和解决办法,测量验证和分析结果,把更改纳入文件等活动。

(7)基于事实决策方法。"对数据信息的分析或直觉判断是有效决策的基础上。"以事实为依据做决策,可防止失误。

(8)互利的供方。"通过到互利的关系,增强组织及其供方创造价值的能力。"供方提供的产品将对组织向顾客提供满意的产品生重要影响因此处理好与供方的关系,影响组织能否持续稳定提供顾客满意的产品。

5.3　质量管理中的统计方法

质量管理中所用的统计方法很多,本书仅介绍常用的几种方法。

5.3.1　分层法

分层法又叫分类法。它是将数据根据使用目的,按其性质、来源、影响因素等分层分类,把杂乱无章的数据条理化和系统化,便于分清责任、找出原因和寻求解决的办法。运用分层法时,常用的分层标志通常有按操作人员分层、按使用设备分层、按操作方法分层、按使用原材料的情况分层等等。

5.3.2　因果分析法

因果分析法又称鱼刺图,是用来寻找某种质量问题所有可能原因的有效工具。如图 5-3 所示,它是从影响产品质量的材料、方法、设备、操作者、测量、环境等大的原因入手,按照因素之间的因果关系,从大到小,从粗到细,逐级分层地找出构成大原因的中原因、小原因、更小原因等,直到找出能直接采取有效措施的具体原因为止,据此采取对策。

作因果分析图时,应注意以下事项:

(1)影响质量问题的大原因,通常有人、机、料、法、测、环等六个方面。但不是仅局限于此,要具体问题具体分析。

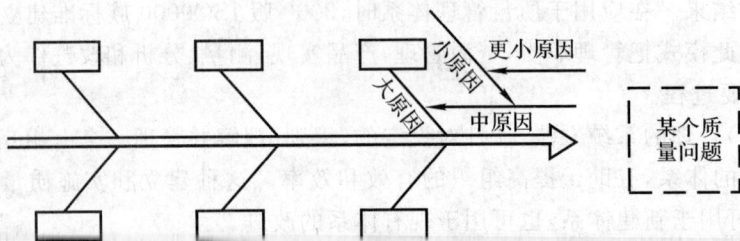

图 5-3 鱼刺图基本格式

（2）要充分发扬民主，各抒主见，求同存异，将各种意见都记录下来。

（3）大原因包括许多具体原因。因此，把大原因作为主要原因还不能解决问题，必须层层深入，找出具体的关键环节。

（4）探讨一个问题产生的原因要从大到小，从粗到细，寻根究底，直至能具体采取措施为止。

（5）画出因果分析图，定出主要原因后，还应到现场去落实主要原因的项目，再订出措施去解决。措施实现后，还应调查实际效果。

5.3.3 散布图法

在生产中常会发现某一因素（记为 x）对于质量特性（记为 y）有着一定的影响或作用。例如，在热处理时，钢的硬度与淬火温度的关系，喷漆时，漆料黏度与室温的关系，就可以用散布图法来进行研究。散布图又名散点或相关图，它是将实验或收集到的统计资料用点子在平面图上表示出来，即散布图。根据点子分布特点就可以判断出 x 与 y 的相关情况。图 5-4 所示的分布是几种比较典型的散布图。

进一步根据散布图的分布图形，我们还可以选择 x 与 y 之间合适的回归数学模型来进行分析。

5.3.4 排列图法

排列图法又叫巴雷特图法，它是找出影响产品质量主要因素的一种有效方法。它依据"关键的少数和次要的多数"这一原理而制作出图表，从诸多因素中找出主要因素，把它作为解决问题的突破口。

排列图中，横坐标表示影响质量的诸因素，按其影响程度的大小，从大到小，自左向右排列，画出若干直方形。直方形的高度，表示该因素影响的大小，可以用件数或金额表示，右边的纵坐标表示累计百分数。一般把累计百分比分为三类:0～80％为 A 类,是主要因素;80％～90％为 B 类,是次要因素;90％～100％为 C 类,是一般因素。

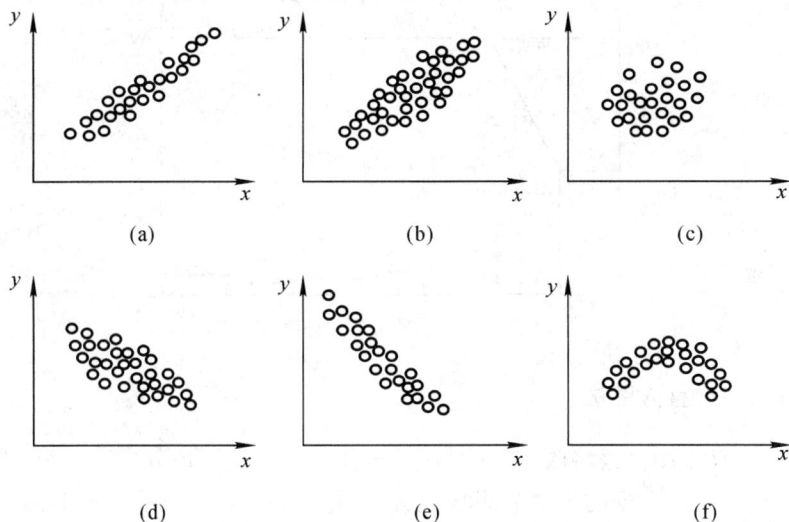

图 5－4 散布图的八种基本形式
(a) 强正相关(x 变大,y 也显著变大);　(b) 弱正相关(x 变大,y 也大致变大);
(c) 不相关(x 与 y 之间没有关系);　(d) 弱负相关(x 变大,y 大致变小);
(e) 强负相关(x 变大,y 显著变小);　(f) 非线性相关(不成直线关系)

例 5.1　某厂调查了一个月生产的产品,不良品及所经工序的统计见表 5－1。根据统计资料,可以画出它的排列图,如图 5－5 所示。从图中可以看出,夹杂和溅铁水的累计百分数达到 79.5％,因此是影响质量的主要因素。

表 5－1 铸件不合格数统计表

项 目	代号	缺陷数	百分数(％)	累计百分数(％)
夹杂	A_1	84	46.7	46.7
溅铁水	A_2	59	32.8	79.5
壁厚不匀	A_3	18	10.0	89.5
壁薄	A_4	7	3.9	93.4
裂纹	A_5	4	2.2	95.6
气孔	A_6	3	1.7	97.3
其它	A_7	5	2.7	100
合　计		180	100	

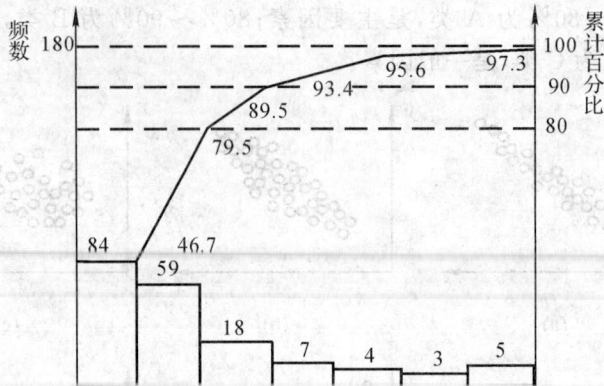

图 5 - 5   例 5.1 的排列图

5.3.5   直方图法

所谓直方图就是将收集到的数据,按其大小等间距地分成若干组,以组距为底边,以组内数据的个数为高作直方图块所连起来的一系列矩形图。直方图在质量管理中的用途主要有:判断已加工一批产品的质量;评价工序能力;验证工序稳定性等。

一、直方图的作法

通常可以通过以下几个步骤画出直方图。

(1)收集一定量的数据,一般取 100 个左右。例如,从生产现场取得实测的某零件 100 个外径的尺寸值,$n = 100$,按测量的顺序列出,如表 5 - 2。

表 5 - 2   某零件外径尺寸数据表   单位:mm

测量单位:0.01 mm

11.80	72	63	70	65	68	70	69	72	65
53小	69	76	62	69	63	74	66	60	78
64	63	69	66	58	70	68	76	68	66
72	67	56	76	72	59	65	63	56	84大
69	70	59	62	64	66	57	72	70	73
67	68	72	67	78	70	64	70	75	60
75	62	57	68	66	69	72	62	74	68
70	72	64	69	62	67	66	80	66	72
63	69	81	75	64	74	69	54	59	60
68	63	70	74	74	72	63	65	68	74

(2)确定这一定量的数据的分布范围(即极差),通常用 R 表示。$R=x_{max}-x_{min}$,x_{max} 和 x_{min} 分别是 100 个数据的最大值和最小值。本例中,$R=11.84-11.53=0.31$ mm。

(3)将这个数据的分布范围(R)划分若干区间(组),并计算出初步组距(h),组距就是组与组之间的间隔。通常把数据分为 10 组,即 $K=10$。组距计算公式为:$h=\dfrac{R}{K}=\dfrac{x_{max}-x_{min}}{K}$,本例中 $h=0.031$ mm。

(4)修正初步组距值。一般可把初步组距值修正成测量单位的整数倍,并取奇数。本例中,h 值可修正成 0.03。即直方图的组距取 0.03 mm。

(5)确定各区间(组)的边界值。首先,确定第一组的上、下边界值,一般用下式计算:第一组的上、下边界值$=x_{min}\pm\dfrac{h}{2}$。本例中,第一组的上、下边界值为 11.515~11.545 mm。

其余各组的上、下边界值为:第一组的上界值就是第二组的下界值,第二组的下界值加上组距就是第三组的上界限值,以此类推。本例中,第二组的上、下边界值为 11.545~11.575 mm。

(6)计算各组的中心值(x_i)。中心值是每组中间的数值。通常每组的中心值就表示该组的代表值。计算公式如下:

$$x_i=(该组的下边界值+上界值)\div 2$$

本例中,$x_1=11.53$ mm,$x_2=11.56$ mm

(7)统计落入各组的频数(f_i)。通常用"频数分布表"来反映,见表 5 - 3。

表 5 - 3　简化代表值的频数分布表

组号	组　界/mm	代表值 (x_i)/mm	f_i	u_i	$f_i u_i$	$f_i u_i^2$
1	11.515~11.545	11.53	2	-5	-10	50
2	11.545~11.575	11.56	4	-4	-16	64
3	11.575~11.605	11.59	7	-3	-21	63
4	11.605~11.635	11.62	12	-2	-24	48
5	11.635~11.665	11.65	16	-1	-16	16
6	11.665~11.695	11.68(a)	21	0	0	0
7	11.695~11.725	11.71	19	1	19	19
8	11.725~11.755	11.74	10	2	20	40
9	11.755~11.785	11.77	5	3	15	45
10	11.785~11.815	11.80	3	4	12	48
11	11.815~11.845	11.83	1	5	5	25
Σ			100		-16	418

（8）根据以上频数分布表中的数据，画出 100 个该零件外径尺寸的直方图，见图 5 - 6。

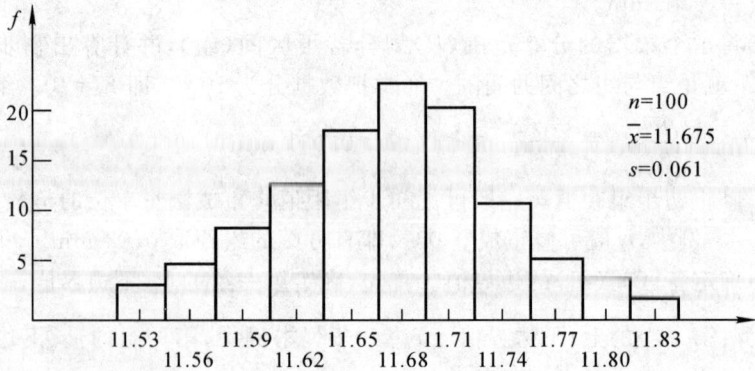

图 5 - 6　某零件外径尺寸直方图

（9）利用频数分布表，将各组的代表值（x_i）变换成简化代表值 u_i，计算公式为：

$$u_i = \frac{x_i - a}{h} \tag{5-1}$$

式中　a——频数最多一组的代表值。

本例中，$a=11.68$，$h=0.03$。然后分别计算出 $\sum f_i u_i$ 与 $\sum f_i u_i^2$ 的数值。本例结果见表5 - 3。

（10）根据下列简化计算公式求出平均值 $\bar{x}$ 与标准偏差 s。

$$\bar{x} = a + h\frac{\sum fu}{\sum fu} \tag{5-2}$$

$$s = h\sqrt{\frac{\sum fu^2}{\sum f} - \left(\frac{\sum fu}{\sum u}\right)^2} \tag{5-3}$$

二、直方图的观察分析

作直方图的目的，是通过观察图的形状，来判断生产过程是否稳定，预测生产过程的质量。观察和分析直方图时，首先要看图形本身的形状，然后用公差（标准）要求来与之比较，这样就可以得到大致的结论。

常见的直方图有以下 6 种，如图 5 - 7 所示。

（a）为对称形。直方形的中间处为顶峰，而左右对称，是理想的图形。

（b）为锯齿形。多是由于分组过多或由于测量读数有误等原因造成的。

（c）为孤岛形。多是由于短期内不熟练工人替班操作或测量出错等原因造成的。

（d）为双峰形。往往是由于两种不同的分布混在一起造成的,如从两个协作厂交来的同种产品作直方图时,就会出现这种状态。

（e）偏峰形。直方图的顶峰偏向一侧,这是由于加工习惯而造成的,如加工外圆时,有意识使加工尺寸偏大;加工内孔时,有意识使加工尺寸偏小的缘故。

（f）峭壁形。是由于在生产过程中通过检查后,剔除了不合格品的数据而造成的。

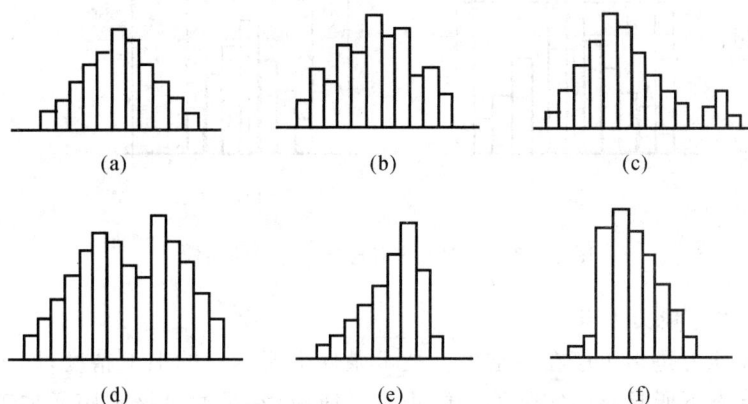

图 5-7　常见直方图的分布形状

用直方图与公差进行对比,看直方图是否在公差要求之内。通过比较,可以掌握工序加工质量的情况。常见的有五种情况,如图 5-8 所示。图中 B 为实际尺寸的分布范围,T 是公差的范围。

图（a）B 在 T 中间,两边均有适当余量。平均值与公差中心重合,是一种理想状态。

图（b）B 虽在 T 范围内,但平均值偏离公差中心,有超过可能,应设法使平均值的偏离量减少。

图（c）B 和 T 的分布范围正好一致,虽平均值处于公差中心,但由于分布较分散,仍存在着两边都可能出现废品的潜在危险,应设法缩小实际分布的范围。

图（d）B 超过 T 的范围,两边已出现废品,应设法缩小分布范围。若公差限定不合理,则可重新审定公差。

图（e）B 远小于 T,分布过于集中,应注意检查和考虑加工的经济性。

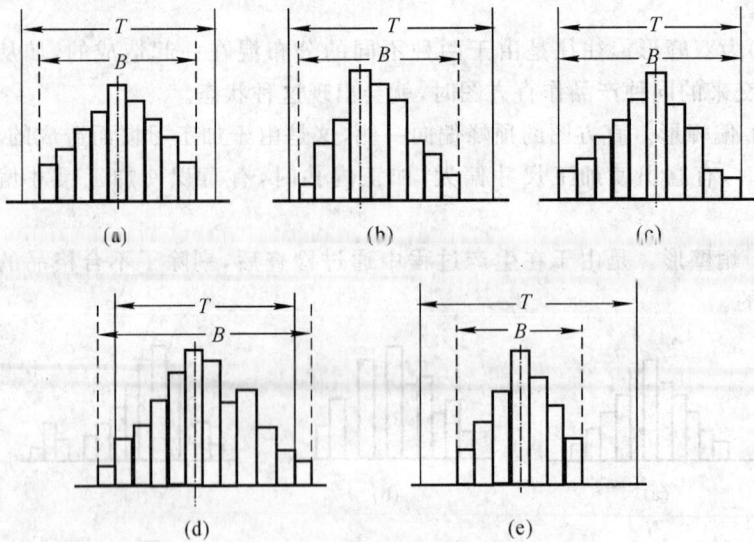

图 5-8 直方图分布与公差范围的比较

三、工序能力系数

工序能力是指工序在一定生产技术条件下所具有的加工精度,即工序处于稳定状态下所具有的实际加工能力。一般说,它是通过该工序所加工的产品的质量特性测量所反映的质量波动(一致性),间接地对工序的质量能力进行评价,因而,可以把工序能力作为质量控制的主要手段。

由于生产处于稳定状态时,影响工序能力的偶然因素(随机因素)的综合作用结果近似地服从正态分布,因此,可采用正态分布的特征参数标准(σ)作为工序能力的定量单位,一般用"6σ"表示。若取 8σ 或 10σ,尽管精度高,但要求的设备精度、操作水平高,相应的制造成本也会大大增加。

工序能力指数是指该工序的加工精度能满足公差要求程度的大小。数值上,工序能力指数是技术要求或产品公差(T)与工序能力(P)的比值。即

$$C_P = \frac{T}{P} = \frac{T}{6\sigma} \tag{5-4}$$

由于母体标准差(σ)一般很难找到,通常用样本的标准差(s)代替,因此

$$C_P = \frac{T}{6s} \tag{5-5}$$

式中 $s = h\sqrt{\dfrac{\sum f_i u_i^2}{\sum f_i} - \left(\dfrac{\sum f_i u_i}{\sum f_i}\right)^2}$。

　　此式是在要求尺寸分布与公差中心重合的前提下得到的。当尺寸分布与公差中心有偏离时,如图 5-9 所示,应对 C_P 值进行修正,修正办法是乘一个修正值 K。

$$K = 1 - \frac{|M - \bar{x}|}{T/2} = 1 - \frac{2\varepsilon}{T} \qquad (5-6)$$

式中　K ——修正值;

　　　M ——公差范围中心值;

　　　$\bar{x}$ ——实际尺寸分布范围的中心值;

　　　ε ——分布中心与公差中心的绝对偏移量。

　　修正后的工序能力指数　　　$C_{PK} = \dfrac{T}{6s}\left(1 - \dfrac{2\varepsilon}{T}\right)$ 　　　　　$(5-7)$

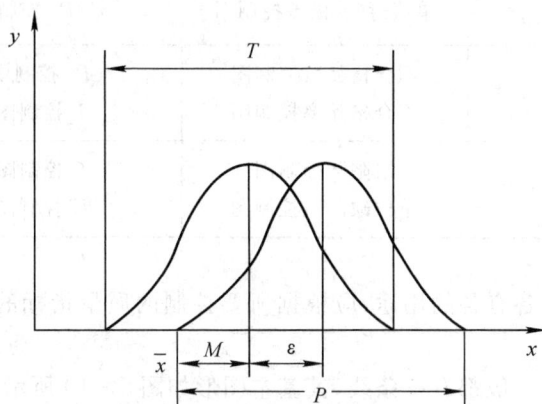

图 5-9　分布中心与工差中心不重合的情况示意图

　　工序能力指数的判断见表 5-4。

表 5-4　工序能力评价与判断

C_P 值的大小	判　　　断
$1 \leqslant C_P < 1.33$	能力尚可,但当 C_P 接近 1 时,则可能产生超差危险,应加以控制
$C_P = 1.33$	理想状态
$C_P < 1$	尺寸分布不能满足公差要求,应立即采取措施,改变工艺条件或严格进行全数检查,也可考虑放宽标准
$C_P < 0.67$	已产生大量废品,应立即采取措施

5.3.6　控制图法

控制图又叫管理图,它是用来分析和判断工序是否处于稳定状态所使用的带有控制界限的一种图表。

一、控制图的格式

在生产中常用的控制图有以下几种,见表 5 – 5。

表 5 – 5　常见的控制图形式

数　据		控制图名称	简　记
计量值		平均值-极差控制图	$\bar{x}$ R 控制图
		中位数-极差控制图	$\tilde{x} – R$ 控制图
		单值-移动极差控制图	$x – R_s$ 控制图
计数值	计件	不合格品数控制图	P_n 控制图
		不合格品率控制图	P 控制图
	计数	缺陷数控制图	C 控制图
		单位缺陷数控制图	U 控制图

以上控制图各有各的用途,应根据所要控制的质量指标的情况和数据性质加以选择。

各种控制图一般都有三条线,其基本图形如图 5 – 10 所示。这三条线是:中心线 CL(Central Line)用细实线表示;上控制界限 UCL(Upper Control Limit)用虚线表示;下控制界限 LCL(Lower Control Limit)用虚线表示。

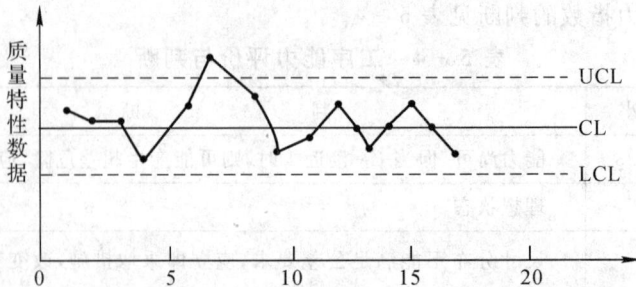

图 5 – 10　控制图的简单示意图

我们把要控制的质量特性值变为点子描在图上。若点子全部落在上、下控制界限内,并且点子的排列无异常状况时,就可以判断生产过程处于控制状态。否则就认为生产过程中存在异常因素,应查明原因并设法消除。

二、控制图的原理

在任何情况下,按照某一产品规格加工出来的一批产品,其质量(特性值)不会完全相同。产品之间总是或多或少存在着质量上的差别,我们把它叫做质量特性值波动。

质量特性值波动的原因概括地说是由于材料、方法、设备、测量、操作者和环境等六个因素的变异。在控制状态下,质量特性值波动是由影响小的许多偶然性原因(随机原因)造成的,例如在机床加工零件时,刀具的正常磨损、机床的振动、工人操作的微小变化等都是偶然原因。一般说,偶然因素不影响产品质量。对于数量大的一批零件来说,在偶然因素作用下,其质量特性值的变化规律是:计量值服从正态分布,计件值服从二项分布,计数值服从泊松分布。但在失控状态下,不仅偶然原因起作用,同时还有系统原因起作用,如刀具过度磨损、不合格材料混入、操作者失误等。这种原因造成波动大,容易识别,能够避免且必须消除,否则就会产生不合格品。在这种原因作用下,质量特性值不服从典型分布。这就为建立控制图提供了理论依据。

我们把只有偶然原因起作用的质量特性值分布作为依据,把中心线确定在被控制对象(如平均值、极差、中位数等)的平均值上,也就是说,以平均值(被控制对象的平均值)为中心线值,然后再以中心线为基准向上或向下量 3 倍标准差,就确定了上或下的控制界限值。当测得的质量特性值超出了控制界限时,说明制造过程失去控制,出现了异常,有系统原因存在。应及时采取措施使制造过程恢复正常。

三、控制图的作法

本书仅讨论($\bar{x}$ - R)图的作法,其它控制图的作法大同小异。

$\bar{x}$ - R 图是建立在正态分布基础上的。它由 $\bar{x}$ 控制图和 R 控制图组成,前者用来观察分布平均值的变化,后者用来观察分布分散情况的变化。

作图步骤为:

(1)收集数据。应注意必须在相应条件下随机取样,样本大小通常取 4~5 个,数据最好在 100 个以上。

(2)计算各组平均值和总平均值,其中

$$\bar{x}_i = \frac{\sum\limits_{i=1}^{n} x_i}{n} \qquad \bar{x} = \frac{\sum\limits_{j=1}^{m} \bar{x}_{ij}}{m} \qquad (i=1,2,\cdots,n;j=1,2,3,\cdots,m) \qquad (5-8)$$

式中　n——子样本容量大小(一般取 4~5 个数据);

　　　m——样本总数;

　　　$\bar{x}_i$——小组平均值;

　　　$\bar{x}$——总平均值。

　　(3)计算各小组极差和极差平均值。其中,小组极差 R_i＝组内最大值－

组内最小值;极差平均值 $\bar{R}=\dfrac{\sum\limits_{i=1}^{m}R_{ij}}{m}$。

　　(4)计算中心线和控制界限。

$\bar{r}$ 图　　　　　　　　　　　　　$CL=\bar{x}$

　　　　　　　　　　　　　　　　$UCL=\bar{x}+A_2\bar{R}$　　　　　　　　(5－9)

　　　　　　　　　　　　　　　　$LCL=\bar{x}-A_2\bar{R}$

式中　A_2——是由样本大小 n 确定的系数,可由表 5－6 查得。

R 图　　　　　　　　　　　　　$CL=\bar{R}$

　　　　　　　　　　　　　　　　$UCL=D_4\bar{R}$　　　　　　　　　　(5－10)

　　　　　　　　　　　　　　　　$LCL=D_3\bar{R}$

式中　D_3 和 D_4——由样本大小 n 确定的系数,可从表 5－6 查得,表中 D_3 的
　　　　　值当 $n\leqslant6$ 时记做 0。

表 5－6　控制图用系数表

系数 n	A_2	D_3	D_4
2	1.880	—	3.267
3	1.023	—	2.575
4	0.729	—	2.282
5	0.577	—	2.115
6	0.483	—	2.004
7	0.419	0.076	1.924
8	0.37	0.136	1.864
9	0.377	0.136	1.816
10	0.308	0.223	1.777

　　(5)画出控制图。注意:在作图时,应检查控制图中的控制界限是否在设计公差范围内,如果不在,就必须调整制造过程,使控制界限在设计公差范围内。

思考练习题

1. 全面质量管理有哪些基本特点？

2. 说明 PDCA 循环工作程序、步骤和特点。

3. 全面质量管理中常用的几种统计方法是什么？它们的作用是什么？

4. 什么是质量保证体系？其内容是什么？

5. 什么是工序能力？什么是工序能力指数？

6. ISO 9000 系列标准是什么标准？其结构如何？按其用途应如何分类？

7. 表 5 - 7 为某厂柴油机气缸的现场生产测量值，图纸要求为 $\phi 59.050^{-0.230}_{-0.250}$ mm，绘制直方图，画出公差界限。

表 5 - 7　气缸直径测量值　测定单位：0.001 mm

9	12	14	0	7	12	19	12	4	10	9	9	11	15	12	13	12	7	7	12
5	23	6	2	7	12	4	12	14	10	11	6	16	18	6	7	11	5	13	15
9	3	8	10	10	12	4	14	−2	17	17	16	11	4	25	4	6	7	11	9
15	15	5	11	9	10	13	10	18	12	7	20	1	18	9	6	10	12	12	−2
12	13	11	9	11	14	9	2	7	8	5	8	23	18	15	6	7	15	5	7

（参考答案：组距 $h=0.003$　$s=0.005\ 2$　$\bar{x}=58.810\ 33$）

8. 设零件的抗拉强度要求不小于 $800\ \text{N/mm}^2$，通过随机抽样，计算子样强度平均值 $\bar{x}=900\ \text{N/mm}^2$，子样标准偏差 $s=30\ \text{N/mm}^2$，求工序能力系数 C_p 等于多少？

第6章 市场营销

市场是社会分工和商品经济发展的产物。每一企业都生存于 定的市场环境中。市场营销(Marketing)就是企业通过积极主动地参与市场的活动,将其产品有效地送达消费者或用户手中的经营过程,具体地包括以下几方面:第一,通过市场营销环境分析,使企业发现面临的机会和威胁;第二,通过市场细分化研究,确定企业目标市场;第三,根据目标市场,选择适宜的市场营销策略,从而有效地引导消费者的欲望,影响消费者的行为,以最少的费用获得最大的销售效果。

关于前两方面在第1,2章已有涉及,本章着重介绍市场营销观念的演变;市场营销的基础性工作——市场调查与预测;市场营销策略,即产品策略、价格策略、销售渠道策略和促销策略。

6.1 市场营销观念的演变

市场营销观念是指企业在组织谋划市场营销活动时所依据的指导思想和行为准则,是对于市场和顾客的根本态度和看法,是一切经营活动的出发点。随着社会生产力的发展,市场营销观念也在不断地演变和更新,形成了几种典型的营销观念。

6.1.1 生产观念

生产观念认为,企业能生产什么,就销售什么。企业的主要任务就是全力提高生产和流通的效率,以量取胜。

生产观念是一种以生产为导向的观念,是在卖方市场条件下产生的。它的存在是以产品供不应求、不愁无销路为条件,以大批量、少品种、低成本的生产更能适应消费需求为前提。

在 20 世纪 20 年代以前,以及第二次世界大战以后一段时间内,由于物资匮乏,需求旺盛,总体上处于卖方市场状态,所以企业普遍奉行生产观念。我国改革开放前的计划经济时期,企业也普遍奉行生产观念。

6.1.2　产品观念

产品观念认为,顾客欢迎质量上乘、性能优良、富有特色的产品,只要产品好自然有人要,所以企业必须全力于产品的不断改进上,以质取胜。

产品观念仍然立足于生产者的角度,主张"酒香不怕巷子深",只要产品好,就不怕卖不出去。生产者只是按照自己的想法努力改进产品,而看不见顾客的真正需要,最终可能会导致营销上缺乏远见。

这种观念本质上看仍然是以生产为导向,生产什么就销售什么。但与生产观念相比,产品观念多了一些竞争的色彩,考虑到了顾客对产品质量、性能、特色和价格的需求。

6.1.3　推销观念

推销观念认为,企业必须大力开展推销和促销活动。只要企业努力推销,顾客就会更多地购买企业的产品。如果听其自然,消费者通常不会购买企业太多的产品。

当经营者不是担心能否大量生产,而是担心能否将生产出来的产品全部卖出去时,便随之产生了推销观念。奉行推销观念的企业非常重视各种推销术,重视顾客的购买心理,提高了销售工作在企业经营中的地位。

推销观念从本质上来看仍然是以生产者为本位的,强调的是将既有的东西卖给顾客,生产什么就推销什么,其目的是推销成功,而不在于顾客购买后是否满意。

6.1.4　市场营销观念

市场营销观念认为,要想实现企业的目标,关键在于识别并满足目标市场顾客的需求。消费者需要什么产品,企业就应该生产并销售什么产品。信奉市场营销观念的企业主张"顾客至上","哪里有消费者的需要,哪里就有我们的机会","以需定产"。

奉行市场营销观念的企业以市场为中心,以顾客为导向,考虑问题的顺序不是以现有的产品去吸引或寻找顾客,而是颠倒过来,从市场需求出发,根据目标市场顾客的需求组织生产和销售。

　　市场营销观念是在生产和科技飞速发展的今天,许多产品供大于求,市场竞争异常激烈,消费者权益运动的兴起和日益高涨的情况下,必然产生的现代经营理念。

6.1.5　社会营销观念

　　社会营销观念认为,企业在向目标顾客提供产品,满足消费者需求的同时,还要关心和增进社会福利,兼顾消费者和社会的长远利益。企业应生产经营那些"顾客需要的、企业擅长的、符合社会整体利益的产品"。

　　单纯的市场营销观念提高了人们对需求的期望和敏感,加剧了眼前需要和长期社会福利之间的矛盾,导致产品很快就过时,使环境更加恶化,严重损害和浪费了资源。正是在这样的背景下,人们提出了社会营销观念,是市场营销观念的进一步的发展和完善。

　　根据企业立足点、着眼点的不同,上述五种营销观念大致可以分为两大类。一类是以企业为出发点,立足于企业的既有产品,主张通过扩大生产和销售实现企业的获利目标,可称为传统市场营销观念,包括生产观念、产品观念、推销观念。另一类,则是以顾客的需要为着眼点,以市场为导向,主张运用综合的市场营销活动,通过满足顾客需要来实现企业目标,可称为现代市场营销观念,包括市场营销观念和社会营销观念。

　　五种营销观念的出现是历史的产物,各有其存在的必然性和合理性。但我们必须认识到,如果在一定时期,一定条件下某一营销观念对于实现企业的目标曾经是有利或有效的,则在环境条件发生变化后,这种营销观念就有可能成为企业发展的障碍和桎梏。因此,任何企业都应顺应时代的发展,力求体现新型市场营销观念的要求。

6.2　市场调查与市场预测

6.2.1　市场调查与预测的含义

　　市场调查运用科学的方法,迅速地、系统地、有目的地搜集和整理有关市场的各种信息和资料,为企业开展市场预测、制定经营战略、进行经营决策提供依据。广义的市场调查又称营销调研,它除了要对某一特定市场进行调查研究外,还必须对企业的外部环境、消费者的需求及企业内部资源和条件等内容进行调查,即对企业的产品从生产者到消费者的全部营销活动进行系统的调查分析,是企业获得市场信息的重要而有效的途径。

市场预测是以商品(或产品)市场为研究对象,借助历史统计资料和市场调查,运用科学的技术和方法,把定性分析和定量计算结合起来,对商品(或产品)在未来一定时间和一定范围内的供求变化趋势,作出预计或判断。市场预测可以为企业经营决策及计划工作提供科学依据,有利于企业了解市场产品供求状况、消费者需求的变化、市场竞争状况,从而促进产品销售,提高企业经济效益,有助于企业掌握最新技术及产品发展趋势,促使企业开发新产品,提高竞争能力,更好地满足市场及社会的需求。

市场预测和市场调查之间有着密切的关系。市场调查是市场预测的基础和前提,而市场预测又是市场调查的继续和扩展。一般地,市场调查和预测都是同时进行的,但两者还是有明显的差别,比如:

(1) 研究的侧重点不同。市场调查侧重于对市场的历史和现状的认识,要求各种数据、资料准确可靠,符合客观实际。市场预测则是对市场未来的认识,要求考虑的因素更多、更复杂。

(2) 研究的方法不完全相同。市场调查的方法实际上就是获得市场客观信息资料的方法,如观察调查法、询问调查法、实验调查法。市场预测则是通过已有的信息去推断和估计市场未来的发展情况,因此,大量应用定量分析方法,如用数学模型分析预测。

市场调查与预测要想取得预期的效果,应遵循以下的基本原则:

(1) 客观性。市场调查与预测是对客观市场及其发展趋势的调研,要反映真实的市场状况,来不得半点虚假和臆造,否则将无助于决策甚至误导决策。

(2) 及时性。任何信息和资料都有时效性,过时的资料和信息会使人作出错误的选择。因此,市场调查与预测要及时进行,以便了解市场的变化。

(3) 针对性。市场信息数量大,涉及面广,要有针对性地调查与预测企业需要的、对企业有价值的信息。否则,不仅工作量大,而且可能陷入面对大量数据无从下手的陷阱。

(4) 经济性。市场调查与预测要有周密的计划、明确的研究范围和重点,以及合理的方法,以便用尽可能少的人力、物力和财力获得尽可能详实、有用的信息资料。

6.2.2　市场调查与预测的内容

市场调查与预测涉及的内容很多,最基本的应包括以下几个方面:

（1）市场环境。市场环境是社会政治、经济、文化环境和自然环境的集中反映。企业为了求得生存和发展，就必须对市场环境有深入的了解。

（2）市场需求。市场需求是指在一定时间、一定区域、一定市场环境内社会对某一商品现有的和潜在的需求总数，包括现有的和潜在的购买人数、需求量、市场需求的变化趋势、消费者的需求结构、消费者的购买动机和购买行为以及消费者对本企业产品的反映态度等。

（3）资源供应。

（4）技术发展。

（5）产品、价格、销售渠道、促销策略。

（6）市场竞争。

（7）销售与经济效益。

6.2.3　市场调查与预测的类型

一、市场调查的类型

1. 按调查方法划分

市场调查按调查方法划分为观察调查、询问调查和实验调查。

2. 按调查目的划分

市场调查按调查目的划分为试探性调查、描述性调查和因果性调查。

（1）试探性调查。指在小范围内或用较简单的方法收集一些初步数据，对环境作一般性了解，从而明确调查对象和调查重点，选择合理的调查方法。

（2）描述性调查。指对调查的问题，通过资料收集、归纳、整理、分析，从而对问题的性质、形式、变化等情况作出现象性和本质性描述。

（3）因果性调查。即调查研究所调查问题的各影响因素间的因果关系，从而找出调查对象产生的原因及其形成的结果。

3. 按调查对象的范围划分

按调查对象的范围划分为全面调查和非全面调查。

（1）全面调查，也称为普查。

（2）非全面调查，包括重点调查、典型调查以及抽样调查。

4. 按调查时间划分

按调查时间划分为经常性调查、定期性调查以及临时性调查。

5. 按调查区域划分

按调查区域划分为国内市场调查和国际市场调查。

国内市场调查又可分为城镇市场调查和农村市场调查等。

6. 按调查流通环节划分

按调查流通环节划分为批发市场调查和零售市场调查。

二、市场预测的类型

按不同的标准,市场预测可划分为不同的类型。这里我们从商品层次、空间层次、时间层次等三个方面对市场预测作一个粗略分类。

1. 商品层次

市场预测总是对一定商品的供需状况进行的预计或判断。按商品层次划分,市场预测可分为单项商品预测、分类商品预测和总量预测。

2. 空间层次

商品的供需预测总是针对一定的空间范围而言的。按空间层次划分,市场预测可分为国际市场预测、全国市场预测和区域性市场预测。

3. 时间层次

商品的供需预测总是针对一定的时间而言的。按时间层次划分,市场预测可分为短期预测、中期预测和长期预测。

6.2.4　市场调查与预测的步骤

1. 计划阶段

包括确定调查与预测的问题与目标,制定工作进程,选择方法,设计问卷,经费预算及人员选配等内容。

2. 实施阶段

收集资料、确定方法,实际开展调查与预测。

3. 处理阶段

对调查与预测的结果进行综合分析与判断,看是否反映、说明了实际和预报了未来走势,并撰写调查与预测报告等。

4. 追踪阶段

继续跟踪市场进行调查与预测,检验修订原调查与预测的结果。其主要任务是:检查所收集的资料是否真实? 分析预测偏差产生的原因,进一步修正预测模型和方法。检查所提出的结论(对策、建议)是否符合实际、切实可行。

6.2.5　市场调查与预测的方法

一、市场调查的方法

1. 观察法

这是由调查人员在商业街道、营业场所通过观察事情发生的经过,来了解消费者的兴趣和爱好、行为,产品的流行趋势等资料和数据。观察法用于市场调查主要有以下几种:调查人员直接观察法,调查人员亲身经历法,监听、监视仪器记录法,痕迹观察法等。

观察法通常是在被调查者没有意识到的情况下进行的,因此,所得资料较为客观和真实,但是无法解释事情发生的原因和消费者的动机。

2. 询问法

询问法指调查者直接与被调查者联系,提出问题搜集所需要的信息。具体方式有面谈调查、电话调查、邮寄调查等。

各种询问调查方法各有其优缺点。面谈调查可以直接听到被调查者的意见,并观察到他的表情,但调查者所花时间较多,费用较高。电话调查可在较短时间内调查较多的对象,但不能询问较复杂的问题,不易得到对方的合作。邮寄调查的优点是选择调查对象不受地理条件的限制,被调查者有比较充分的时间答复问题,缺点则是回收率很低,回收比例的差别影响调查的代表性。

3. 实验法

实验法是通过改变影响所调查问题的一个或几个因素来进行小规模试验,以观察这些因素对实验结果的影响,研究是否值得大规模推广的一种调查方法。具体的方法有试用法、试售法、模拟法、心理实验法等。

实验法方法科学,数据可靠,特别适合于因果关系的调查。但所需时间较长,成本较高,由于地区、行业、消费者的差异性,实际应用可能会遇到一定的困难。

二、市场预测的方法

由于市场预测的内容、对象、要求不同,所采用的方法也是多种多样的,习惯上分为定性预测方法和定量预测方法两大类。

(一)定性预测方法

定性预测方法又称为直观判断预测方法,主要依靠预测者个人的经验、知识和直观材料,综合各方面专家的意见来预测市场未来状况及发展趋势,分为直接调查预测法、集合意见预测法和专家预测法。

1. 直接调查预测法

直接调查预测法,即直接调查用户意见,分析用户需求,参照市场的变化趋势预测产品在某一时期的销量。了解用户需求最理想的做法是编制一份用户(包括潜在用户)名单,按名单用随机抽样调查或非随机抽样调查方法,询问抽样的每一个用户在未来某段时间内对本企业产品的需求量,据此进行销售预测。此法适用于对工业品或贵重耐用消费品的预测,用户提供的情报较准确可靠,预测未来销售量实现的可能性较大,但较费时,成本较高。

2. 集合意见预测法

集合意见预测法主要有三种方式:

(1)主管人员评议预测,即召集产品销售、市场研究、生产管理及财务部门的主管人员广泛交换意见,预测产品销售量。此法简单、快速。缺点是过分依赖企业各主管人员的主观判断,易受开会时乐观或悲观气氛的影响,因而具有一定的风险。此法应与其它预测方法结合使用。

(2)销售人员组合预测,即企业组织销售人员分别把自己分管的地区的销售额估计出来,由经理汇总、审核、平衡,最后作出预测。

(3)商业网点调查预测,即请商业批发和零售单位的主管和专家提供产品市场发展及变化趋势,市场潜力及市场占有率,产品生命周期,市场竞争形势及用户对产品质量、价格、服务等方面的意见,据此对产品未来销售量进行预测。

3. 专家预测法

专家预测法,即向有关专家进行调查,利用专家的经验和知识,对过去发生的事件和资料进行分析、综合,对未来的发展作出判断的一种预测方法。最常用的方式有3种:

(1)个别征求意见预测。个别征求意见能充分利用个人的能力,但容易受个人知识、经验、偏爱、成见等主观因素的影响,难免有片面性。

(2)召开专家会议预测。召开专家会议预测是我国最常采用的方法,这种方法可取长补短,集思广益,较快、较全面地集中各方面的意见,得出预测结论。但此法有时受权威影响,与会者不能畅所欲言,形成一边倒的局面,部分与会者受个人自尊心的影响,往往不能修改原来的意见,因而专家会议方式有时也会作出错误的预测。

(3)特尔菲(Delphi)法预测。此法是美国兰德公司创立的,是在个别征求意见和专家会议的基础上发展起来的一种直观预测方法。特尔菲法首先从企业内外选定若干专家,然后将预测目标及调查表、调查提纲及所需背景资料寄发给各位专家,由专家们背靠背地提出各自的书面预测意见寄回调查者。调查者将专家意见归纳整理,并将整理意见匿名反馈给各位专家。专家们再根据这些意见作进一步估计预测。上述过程反复多次后得出比较集中一致的预测意见。最后采用统计分析方法对预测结果进行定量评价和表述。

特尔菲法和其它专家意见法相比具有以下特点:

1)匿名性。专家们彼此互不相识,各种意见都可以得到充分的发表,并且可以不公开地改变自己的观点。

2）反馈性。专家们从多次反馈的信息中，进行反复比较，深入思考，利于提出更好的预测意见。

3）数理性。对预测结果采用统计分析方法，进行定量评价是特尔菲法的一个重要特点。

（二）定量预测方法

定量预测方法是一种趋势预测，它根据历史和现实数据资料，运用数学方法，结合市场变化的特点和以往的经验，对未来市场的发展趋势进行数量上的预测分析。主要包括时间序列法和回归分析法。

1. 时间序列法

时间序列法是把预测指标，如销售量等指标的实际历史数据按时间顺序排列（称为时间序列），应用数学方法进行分析，找出其中的变化趋势和规律性的一种定量预测方法。在市场预测中，经常用到的时间序列法有移动平均法、指数平滑法、趋势推测法、季节指数法等。

（1）移动平均法。移动平均法是在算术平均数的基础上，通过移动求得一个下期的预测值。其基本公式是：

$$F_t = \frac{\sum\limits_{i=t-N}^{t-1} S_i}{N} \qquad (6-1)$$

式中　F_t——第 t 期的预测值；

　　　S_i——第 i 期的实际值；

　　　N——移动所用的期数。

例 6.1　某企业 1993—1998 年的销售额如表 6-1 所示，现取 $N=3$，$N=4$，分别预测 1999 年的销售额，计算结果见表 6-1。

表 6-1　移动平均法例表

年　份	实际销售额 万元	预　测　值/万元	
		$N=3$	$N=4$
1993	40		
1994	44		
1995	48		
1996	46	44.00	
1997	49	46.00	44.50
1998	53	47.67	46.75
1999		49.33	49.00

一般来讲,随着 N 值的增大,预测就不太能反映近期的变化,也不会发生大的波动,预测反映"迟钝";反之,N 值如果选得太小,就会使预测过于敏感而产生过多的波动。所以选取 N 值时,要根据产品的市场变化特点来确定。

移动平均法使用简单,但此法是将算术平均值作为预测值,没有考虑近期数据的重要性,常常体现不出趋势。

(2)指数平滑法。指数平滑法是在移动平均法的基础上发展起来的,它考虑了数据的时效性,因此,应用广泛,其基本公式是:

$$F_t = \alpha S_{t-1} + (1-\alpha) F_{t-1} \qquad (6-2)$$

式中　F_t——第 t 期预测值;

$\quad$ S_{t-1}——第 $t-1$ 期的实际值;

$\quad$ F_{t-1}——第 $t-1$ 期的预测值;

$\quad$ α——加权系数,也称为平滑指数,$0 \leqslant \alpha \leqslant 1$。

例 6.2　某企业 1985—1995 年的销售额如表 6-2 所示,现取 $\alpha=0.1$,$\alpha=0.5$,$\alpha=0.9$,分别预测 1996 年的销售额,计算结果见表 6-2。

表 6-2　指数平滑法例表

年份	实际销售额 万元	预测值/万元		
		$\alpha=0.1$	$\alpha=0.5$	$\alpha=0.9$
1985	200.0			
1986	135.0	200.0	200.0	200.0
1987	195.0	193.5	167.5	141.5
1988	197.5	193.7	181.3	189.7
1989	310.0	194.0	189.4	196.7
1990	175.0	205.6	249.7	298.7
1991	155.0	202.6	212.3	187.4
1992	130.0	197.8	183.7	158.2
1993	220.0	191.0	156.8	132.8
1994	277.5	193.9	188.4	211.3
1995	235.0	202.3	233.0	270.9
1996		205.6	234.0	238.6

加权系数 α 是个经验数据，α 值小，说明近期数据对预测值的影响小，当 α $=0$，则 $F_t = F_{t-1}$，即每期预测值均相等；α 值大，说明近期数据对预测值的影响大，当 $\alpha=1$，则 $F_t = S_{t-1}$，即每期的预测值就等于上期的实际值。

（2）趋势推测法。趋势推测法是根据时间序列，分析预测对象随时间变化的规律，寻找恰当的拟合曲线，而推测出预测对象未来发展趋势的一种较为常用的预测方法。常见的拟合曲线有一次曲线、二次曲线、三次曲线、指数曲线、对数曲线、龚柏兹曲线等。

另外，当某种产品的市场呈明显的季节性波动时，则应考虑利用季节指数来进行预测。

2. 回归分析法

回归分析法也称为因果分析法，是借助回归分析这一数理统计工具进行定量预测的方法。它利用预测对象和影响因素之间的因果关系建立回归方程来进行预测。前面提到的趋势推测法即属于回归分析法，不过那里的影响因素是时间而已。而在更多的情况下预测对象的影响因素是时间以外的变量。

回归分析法在具体运用时，一般要经过五个步骤：① 确定预测对象（因变量）和影响因素（自变量）；② 绘制散点图，即绘制因变量随自变量变化的规律；③ 选择、建立回归方程；④ 进行相关检验；⑤ 预测。

回归分析法包括一元线性回归法、多元线性回归法和非线性回归法。这里介绍最基本的一元线性回归法。

一元线性回归法主要用来预测因变量只受一个因素影响的情况，而且要求预测对象的分布确有直线趋势。设回归方程为

$$Y = a + bX \qquad\qquad (6-3)$$

式中　Y —— 因变量，即预测对象；

　　　X —— 自变量，即预测对象的影响因素；

　　　a, b —— 回归系数。

则由最小二乘法可求得

$$\left. \begin{array}{l} a = \overline{Y} - b\overline{X} \\[2mm] b = \dfrac{\sum\limits_{i=1}^{n} X_i Y_i - \overline{X} \sum\limits_{i=1}^{n} Y_i}{\sum\limits_{i=1}^{n} X_i^2 - \overline{X} \sum\limits_{i=1}^{n} X_i} \end{array} \right\} \qquad (6-4)$$

式中　X_i —— 自变量 X 在第 i 期的实际值；

　　　Y_i —— 因变量 Y 在第 i 期的实际值；

　　　$\overline{X} = \dfrac{1}{n} \sum\limits_{i=1}^{n} X_i$；

$$\overline{Y}=\frac{1}{n}\sum_{i=1}^{n}Y_i;$$

n ——数据点个数。

在自变量为时间的情况下,使 n 取奇数,将 $X_i=0$ 置于时间序列的中间,则 $\sum_{i=1}^{n}X_i=0$,并且

$$\left.\begin{array}{l} a=\overline{Y} \\[2mm] b=\dfrac{\sum\limits_{i=1}^{n}X_iY_i}{\sum\limits_{i=1}^{n}X_i^2} \end{array}\right\} \tag{6-5}$$

例 6.3 已知某企业 1989—1995 年的销售额 Y_i 如表 6-3 所示,试预测 1996 年和 1997 年的销售额。

表 6-3 回归分析法例表

n	Y_i	X_i	X_i^2	X_iY_i
1989	3 500	-3	9	$-10\ 500$
1990	4 000	-2	4	$-8\ 000$
1991	2 500	-1	1	$-2\ 500$
1992	5 000	0	0	0
1993	4 500	1	1	4 500
1994	5 500	2	4	11 000
1995	6 500	3	9	19 500
Σ	31 500	0	28	14 000

我们只说明建立方程这一步。按给出的数据,可计算如下:

$$a=\overline{Y}=\frac{\sum\limits_{i=1}^{n}Y_i}{n}=\frac{31\ 500}{7}=4\ 500$$

$$b=\frac{\sum\limits_{i=1}^{n}X_iY_i}{\sum\limits_{i=1}^{n}X_i^2}=\frac{14\ 000}{28}=500$$

回归分析方程为

$$Y=4\ 500+500X$$

由此预测 1996 年的销售额为

$$Y＝4\ 500＋500×4＝6\ 500\quad（万元）$$

1997 年的销售额为

$$Y＝4\ 500＋500×5＝7\ 000\quad（万元）$$

6.3　市场营销策略

6.3.1　产品策略

关于产品、产品生命周期、新产品及其开发等概念在第 4 章 4.1 节中已作详细介绍,现只简述产品生命周期策略、产品组合策略,以及新产品开发策略。

一、产品生命周期策略

产品生命周期策略主要如下:

1. 更新换代策略

为避免单一产品生命周期各阶段销售收入和利润的大起大落,企业就应该在生产第一代产品的同时,试制第二代产品,研究试验第三代产品,构想第四代产品,从而保证新产品源源不断地投放市场,使企业保持稳定的销售收入和利润水平。

2. 延长产品生命周期策略

就是通过改进产品的设计、质量和功能,通过各种促销手段,增加销售量,推迟衰退期的到来,延缓产品衰老。

二、产品组合策略

为适应市场的多种需求,保持较为稳定的收入和利润,企业往往生产多种产品,因而就要考虑产品组合问题。产品组合是指一个企业生产和经营的全部产品的有机组合方式。产品组合策略就是根据企业的资源条件和外部市场环境合理地选择产品组合的深度、广度和关联度。有关内容参见第 2 章 2.2 节的战略规划。

三、新产品开发策略

新产品开发的主要策略有:

(1)产品生命周期策略中的更新换代策略。

(2)市场细分与产品组合策略。

(3)需求导向策略。

(4)抢先策略。企业抢先研制出市场上从未出现过的新产品,开发一个新市场并成为该市场上实力最强的经营者。实施抢先策略风险大,但如果成功利润可观,并且企业的领先地位使竞争者不易夺走市场。该策略要求"新"字当头,以"奇"制胜。

(5)紧跟策略。企业并不投资抢先研制新产品,而是走引进、改进的路子。该策略的好处是既不用投入巨额资金开发新产品,又可能使自己的产品比别人更先进,价格更低,竞争力更强。

(6)配角策略。如果企业无法在激烈竞争的市场环境中取得主导地位,就应甘当配角,开发和生产为领袖企业配套的产品。

另外在考虑产品策略时还要注重品牌、包装及服务等方面的策略。

6.3.2 价格策略

一、影响产品价格的主要因素

价格是市场营销中最活跃的因素,带有强烈的竞争性和多因素的综合性。企业市场营销活动开展得怎样,在很大程度上要看价格定得是否合理。价格的高低主要取决于市场供求状况,反过来价格调整又能在一定程度上控制和影响需求。合理的价格是营销的重要手段,也是开拓市场、战胜竞争者的重要武器。

从经济学的观点看价格是严肃的,价格是商品价值的货币表现,不可随意改变。从市场学的观点来看,价格是活泼的,价格会对市场作出灵活反应。因此,价格除了受价值变动的影响外,还要受市场的竞争和供求状况,产品质量、特性和消费心理,以及国家物价政策的影响,这些都是企业在定价中必须考虑的。

二、定价程序

1. 选择定价目标

不同企业、不同时期,甚至不同产品,经营目标都是不同的。为了实现企业的经营目标,制定价格也要有个目标。企业的定价目标一般有以下几种:

(1)以最大利润为定价目标。若企业在市场上处于绝对优势的地位,可以实行高价格政策,由于竞争的存在,这种高价格的局面不会持续不变。为了长期的利润,企业也可在短期内采取低价格政策,以求占领市场,待赢得市场后再逐步提价。

(2)以投资报酬率的大小为定价目标。一般来说,投资报酬率不能低于银行利息率。

(3)以保持或增加市场占有率为目标。一般来讲,较低的定价有利于提高市场占有率,较高的市场占有率可以保证企业产品的销路,以获得利润。

（4）以应付竞争为定价目标。在市场上,同行业竞争者对价格都比较敏感,因此,企业在定价之前应仔细研究对手的定价情况和有关产品的营销活动资料,决定自己的产品价格。可以以实力最强的竞争对手的价格为基础定价,以防竞争。实力较弱的企业为避免竞争,也可随大企业定价,与之比较接近。

2. 估算成本

成本是定价的基础,从长远看,任何企业的产品销售价格都必须高于成本费用,否则就无法经营。也有些企业根据消费者所能接受的价格并考虑市场其它因素制定出预期价格,然后据此来设计成本。这种逆向定价法改变了传统的定价程序。其好处是既考虑了市场的接受能力,又可严格控制成本。许多企业正是用此定价方法很快占领了市场而使企业获得效益。

3. 预测销售量和需求价格弹性

一般来讲,价格的变动会引起需求的变动。用需求的价格弹性系数来反映价格的变动对需求变动的影响程度,用公式表示为:

$$需求价格弹性系数(E_P) = \frac{需求变动的百分比(Q/\Delta Q)}{价格变动的百分比(P/\Delta P)}$$

因价格变动与需求变动方向相反 E_P 为负,所以一般用 $|E_P|$ 来分析,有三种情况:

（1）$|E_P| > 1$,市场需求变动幅度大于价格变动幅度,这种情况称为需求强弹性。

（2）$|E_P| = 1$,市场需求变动幅度等于价格变动幅度,这种情况称为单位弹性。

（3）$|E_P| < 1$,市场需求变动幅度小于价格变动幅度,这种情况称为需求弱弹性。

由此可得出结论:需求价格越缺乏弹性,则企业提价的可能性就越大;需求价格的弹性系数大,则企业可适当降低价格,以刺激需求,增加销量。

4. 分析竞争对手的价格和提供的产品

产品的最高价取决于市场的需求,最低价取决于成本费用。在最高和最低价格幅度内,企业把产品的价格定为多少,则取决于竞争对手的同类产品的价格和可能的价格水平。为此要了解竞争对手产品的质量和价格等情况,确定出本企业产品价格。如在质量上相接近的产品,价格水平大体一样,质量较低,则价格应低些,质量较高,则价格可高些。

5. 选择适当的定价方法

定价方法取决于企业定价目标和影响价格的主要因素,同时还要考虑到不同产品本身的特点。影响价格的主要因素是成本、市场需求和竞争三方面，所以定价方法也分为以成本为中心、以需求为中心和以竞争为中心等三类定价方法。

6. 确定最终价格

企业在确定最终价格时还要考虑政府的有关政策法令、消费心理、用户及中间商的要求，运用一定的策略调整价格，以取得最佳效益。

三、定价方法

1. 成本导向定价法

成本导向定价法就是以产品总成本为中心来制定价格。这类定价方法主要有：

（1）成本加成定价法。即按产品单位成本加以一定百分比的加成数来制定产品销售价格，这个加成数一般就是目标投资收益率。这种方法由于没有考虑产品市场需求弹性和市场竞争，故缺乏灵活性，是一种简单的定价方法。

（2）变动成本定价法。也称为边际贡献定价法，即在变动成本上加一定数量的边际贡献（总收入－变动成本）来确定产品价格的方法。公式为：

$$单位产品价格=\frac{变动总成本＋边际贡献总量}{产品数量}$$

2. 需求导向定价法

这类方法是根据消费者对产品价值的认识和需求程度来决定产品的价格。主要有下列几种：

（1）理解价值定价法。根据消费者对产品价值的理解程度，参照同类同档次的产品价格定价。

（2）区分需求定价法。即对同种产品或劳务根据具体需求情况制定出不同的价格。这种价格的差异主要产生于不同的折扣率、不同的产品样式、不同的季节、不同的地区以及不同的消费群体。

（3）反向定价法。即以零售价为基础，以加成率为根据，反向计算出批发价和出厂价。

3. 竞争导向定价法

在参考同类产品市场价格的基础上充分考虑本企业的实力状况和竞争能力，选择有利于增强竞争力量的定价方法。主要有：

（1）按领袖企业的产品价格定价。

（2）倾销定价。即定价低于同行业竞争者的产品价格。在激烈竞争的同类产品市场上，价格稍有出入，顾客就会选择同质而价廉的产品。

（3）投标价格。即采用招标的办法，由竞争者投标出价竞争，以最有利的价格拍板成交。

四、定价策略

1. 新产品定价策略

新产品定价策略主要有：

（1）高价策略。即企业在追求最大利润的定价目标指导下，将产品价格定得较高，要求尽快收回投资。特别是在独一无二的产品刚上市时，可以利用消费者或用户的好奇心理，以高价抬高产品的身价，突出产品的质量和特色。而当市场竞争激烈时，主动降价以巩固市场占有率。

（2）低价策略。该策略是利用低价渗透市场，打开销路，提高市场占有率，排斥竞争。

（3）温和价格策略。即企业在可以高价定价时采用一种让利定价的方法，吸引顾客。

2. 折扣让价策略

（1）数量折扣。根据不同的购买数量分等折扣，鼓励大量购买。

（2）现金折扣。对现金购买者给予折扣。

（3）功能折扣。即根据中间商在市场营销中所担负的不同功能给予不同的折扣。一般来讲，给予批发商折扣较大，给予零售商折扣较小，使批发商愿意大批购买，并有可能进行转批业务。

（4）季节折扣。对于季节性强的产品，生产企业利用季节折扣可以鼓励批发商、零售商早期进货，以减少企业的资金负担和库存费用，商业部门利用季节折扣可以鼓励消费者在淡季购买。

3. 心理定价策略

（1）尾数定价。这种定价是利用顾客的某种心理，如奇数比偶数小，奇数价格似乎比较便宜；零数比整数准确，价格定成整数，顾客会产生疑问；低一位比高一位好，如 4.98 元比 5.00 元便宜等。此种办法适用于一般中低档日用消费品。

（2）声望定价。对一些有声誉的名牌产品，其定价可以高些，低了反到影响消费者的购买欲望。

（3）心理性折扣定价。对于消费者不太了解的产品，采用心理折扣，使消费者在心理上形成一种感觉，认定已经降价。如先定一略高的价格，然后通过某种形式给予一定的让价，便可促进消费者的购买欲望。

（4）习惯定价。即对消费者已熟悉的产品应按消费者已习惯的价格定价,避免价格波动影响消费。

4. 差别定价策略

这就是企业按两种或两种以上有差别的价格出售产品,该策略可因顾客而异,因时空而异,因产品生命周期不同阶段而异等。

5. 促销定价策略

(1) 特价商品定价。企业有意将少数几种产品的价格定得低于市价,甚至低于成本,利用消费者求廉心理来吸引广大的购买者,并借机增加对其它产品的顺带购买,以达到扩大销量的目的。

(2) 扩缩差价定价。一般来说,消费者选购同一产品的不同档次的原因是,当档次相近而价格差别较大时,顾客倾向购买低档次的产品;当差价较小时,顾客倾向购买高档次的产品。因此,企业应根据自己的情况,若想多销低档次的产品,则差价大些,若想多销高档次的产品,则差价小些。

(3) 配套销售定价。即企业把连带性的产品配套定价出售。

6.3.3　销售渠道策略

一、销售渠道和中间商

销售渠道也称分销渠道,是产品从生产领域向消费领域转移时所经过的由各具有流通职能的企业环节连结而成的通道。销售渠道的起点是生产者,通过中间环节到达消费者手中。中间环节即中间商,是指专门从事商品贩运或促成交易,把商品从生产者那里转售给消费者的独立经营企业。中间商是社会分工和商品经济发展的产物。一般情况下中间商信息灵通、接触面广、熟悉市场、专业化和规模经营程度高,它们可给生产者提供许多便利,使生产企业的产品获得大规模的销售,节约生产企业用于直接销售而占用的资金,提高营销效率和投资收益率等。

销售渠道的基本形式可以概括为以下 4 种:

(1) 生产者——消费者;

(2) 生产者——零售商——消费者;

(3) 生产者——批发商——零售商——消费者;

(4) 生产者——代理商——批发商——零售商——消费者。

第一种形式,指生产企业直接把产品销给消费者,这种渠道也叫直接销售渠道。

第二种形式,指生产者通过零售商一个中间环节把产品销售给消费者的一种较短的分销渠道。

　　第三种形式,指生产者把产品销售给批发商,由批发商(可以有几道批发)再转给零售商,最后出售给消费者。

　　第四种形式,指在生产者和批发商中间,还要经过一道或几道受生产者委托的代理商。

　　上述四种销售渠道,第一种为直接渠道,后三种为间接渠道,是商品流通的主要形式。

　　按所有权来分,中间商可分为经销商和代理商。在商品交换过程中,如果仅担任中介服务获得佣金,促成交易而不持有商品所有权的称为代理商。通过买断持有商品所有权的称为经销商。经销商又分为批发商和零售商。批发商一般从生产者或其代理商手中购入大量商品,再按一定数量售给零售商或较大批量的消费者。零售商一般是从生产者或其代理商或批发商那里购入商品,以零售方式销售给消费者或用户,是商品流通的最终环节。

　　二、销售渠道策略

　　影响销售渠道的因素有很多,如产品自身的因素,包括产品的价值、体积、重量、通用性和专用性、时尚性、技术性及复杂性等;市场的因素,包括潜在顾客数量、市场的集中与分散程度、市场的竞争状况、消费者的购买习惯等;企业本身的因素,包括企业的声誉与资金、管理能力与经验、可提供的服务、企业控制销售渠道的程度等。企业应综合分析这些影响因素,采取相应的策略。一般有下面四种策略可供选择:

　　1. 广泛的销售渠道策略

　　这种策略即企业利用各种销售渠道,广泛联系中间商推销自己的产品。适用于产品销售面广泛、竞争十分激烈的日用消费品、工业品中的小五金和辅料等类产品。对这类产品,消费者偏重方便,希望能迅速地满足需求,而不太重视品牌、商标及生产厂家。这一策略的特点是市场面的渗透力较强,但重点不突出,销售费用较大。

　　2. 有选择的销售渠道策略

　　这种策略即企业根据其产品特点、自身实力、使用者对中间商的偏爱程度等方面,在一定的市场中只选择少数几个中间商销售自己的产品。适用于价值大、技术复杂、专用性强的产品的销售。对这类产品,消费者比较重视品牌和生产厂家。这一策略的特点是如果中间商的信誉比较高,则可保持住自己产品的声誉,同时节约销售费用。

　　3. 独家专营的销售渠道策略

　　这种策略即企业在某一特定市场面上仅选择一家中间商独家专门销售本

企业产品。适用于大型机械产品,较复杂的工业品,需要强大的售后服务支持的重要产品,以及消费者或用户特别重视品牌、厂家的产品。这一策略的特点是厂家在该特定市场中不再找其它中间商销售其产品,而中间商在同一市场中也不能销售其它厂家的竞争性产品,因而,生产者与中间商联系紧密,中间商销售积极性高,效率也高,排斥类似商品进入同一市场,销售费用低,但销售风险大。

4. 直销

这种策略即企业在其所在地区或重要地区、重要市场直接销售自己的产品。企业直销主要是基于以下考虑:为了更及时、准确地把握市场动向和变化;为了和最终用户加强合作;有些产品适合于直销,如价值特别大、专业技术特别强的产品。

6.3.4　促销策略

一、促销的概念

促销是促进销售的简称,是指企业通过各种途径、策略和方法,帮助或说服顾客购买某种产品或劳务,使顾客对卖方产生好感,从而促进消费者产生购买需求和购买行为。促销的目的就在于通过买卖双方的信息交流和沟通,诱导需求,扩大销售。促销方式有多种,如广告、营业推广、公共关系、售后服务、人员推销等。

促销策略可分为拉式策略和推式策略。拉式策略即通过促销手段先激起潜在购买者对产品的兴趣和需求,促使他们主动向厂家和中间商询问这种产品,并到指定地点去购买。推式策略则是指将产品沿着销售渠道垂直地向下推销。一般来说,采用拉式策略时,常常增加广告和营业推广,而采用推式策略时,则往往靠人员推销。

二、广告促销

1. 广告与广告的功能

广告是市场营销工作者通过一定的媒介物,公开而广泛地向公众传递产品信息的一种宣传促销方式。概括起来,广告具有如下的功能:

(1)联系的功能。通过广告宣传,加强企业之间、部门之间、地区之间的联系,加速产品的周转。

(2)认识的功能。帮助消费者认识商品的商标、性能、使用方法、购买手续等。

(3)诱发的功能。诱发消费者的感情,引起购买欲望,促进购买行为。

（4）艺术的功能。如户外广告可以美化环境和市容,给人以美的享受。

2. 广告策划

广告能否收到预期效果与广告策划有着密切的关系。广告策划是对广告活动整体的运筹规划,它是对广告目标、广告设计、广告媒体与广告公司选择、广告预算等广告活动作预先的考虑与设想。

（1）确定广告目标。为了能有效地将产品信息传达给某一特定的顾客群,广告应突出某些重要的信息,采取通知、说服或提醒等方式,提高广告对顾客的影响程度。

（2）广告设计。广告的内容要说明产品可以满足顾客的某种需求,强调产品具有某些优良的特性,从而引起顾客产生购买的欲望与行为。为达此目的,广告设计必须在调查顾客需求的基础上,择其强烈的期求,运用语言、文字、图像等表达形式把广告内容传播给消费者。广告的表达形式大致有:摄取人们日常生活的某个片断,显示产品如何适应人们的生活方式;创造一种奇特的意境,吸引顾客;营造气氛,加深印象及音乐陪衬;人格化;权威人士、社会名人的证明等。同时在广告设计中还应遵循如下原则:真实性,简练性,创造(意)性,吸引性,美感性等。

（3）广告媒体的选择。广告媒体泛指可以作为广告信息载体的一切东西。媒体种类很多,不同媒体有不同的宣传特点,所以应结合被宣传物的特点,选择恰当的传播媒体。常见的媒体有:

1）大众传播媒体,包括:

报纸——图文详细表述广告内容,读者群广泛,信息传递迅速,但生命短。

杂志——图文详细表述广告内容,针对性、持久性强,但信息传递较慢,宣传范围有限。

广播——生动亲切,听众广泛,信息传递迅速,但可能印象不深,针对性较差。

电视——画面逼真、生动形象,收视率高,宣传作用巨大,但费用较高。

2）户外广告媒体,包括路牌、霓虹灯、电子显示屏、灯箱、招贴、车船等交通工具等。

3）其他广告媒体,如企业产品宣传册、台历、挂历、各种礼品、邮件以及展示会上的宣传媒体等。

（4）广告公司的选择。广告公司都有自己擅长的领域,业务往往有所侧重,这样就有了影视广告公司、美术广告公司、电子广告公司、礼品广告公司以及一些综合性广告公司。企业则应根据自己定位的媒体,结合广告公司的特点,来选择恰当的广告公司策划、代理或发布企业的广告。

(5) 广告预算。企业年度广告预算应和企业支付能力相适应。常用的广告预算方法有:量入而出法,即根据企业所能提供的广告资金来策划广告;销售百分比法,即按照销售额的某一百分数来安排广告费用;竞争对手广告支出参照法;目标任务法,即根据企业一定时期广告要实现的目标和要完成的任务来决定广告预算。

3. 广告策略

企业除作好广告策划外,还应该根据企业和产品的特点制定适宜的广告策略。

常见的广告策略有:

(1) 按广告发布的集中性和连续性划分。

1)集中的广告策略。针对某一市场,在某一时间内集中发布某一产品的信息。

2)连续不断的广告策略。利用一两种媒体经常不断地宣传自己的产品。

3)阶段性的广告策略。分阶段地更换广告内容和广告媒体,对产品进行有侧重的宣传。

(2) 按广告宣传的重点划分。

1)以消费者为重点进行宣传。

2)以产品为重点进行宣传。

3)以企业为重点进行宣传。

三、人员推销

人员推销是指推销人员直接向用户和消费者传达产品信息,以达到销售目的的促销方式,它是最古老、最直接和比较有效的促销方式。

1. 推销人员应具备的素质和能力

人员推销是一种面对面的推销过程,因此,推销人员的素质与能力对于推销效果至关重要。概括地说,推销人员应具有:吸引顾客的气质,为顾客所喜欢的交际能力,文明礼貌,口齿流利;为顾客着想的思想,高度的责任感和成就感;一定的专门知识和业务能力等。

2. 推销过程

推销活动大致经历如下过程:

(1) 熟悉和了解自己的产品。

(2) 了解顾客的需要和习惯。

(3) 制定推销会晤计划。

（4）现场推销，分为 4 个步骤：引起注意（Attention）；产生兴趣（Interest）；激发欲望（Desire）；促成购买（Action）。简称为 AIDA 现场推销过程。

3. 推销组织

推销人员的质量和数量是影响推销效果的重要因素，但推销人员的作用发挥程度和工作效率高低还与组织形式密切相关。推销的组织形式主要有以下几种：

（1）按地区分派组织。熟悉用户，容易发现市场问题和新顾客，费用较少，较适合产品品种少的厂家。

（2）按产品分派组织。熟悉产品的性能、特点、用途，利于推销，但费用较高。

（3）按用户分派组织。如按行业类别，按用户需求量大小等划分人员，利于推销，但如果客户分散，费用就会增大。

（4）综合分派组织。如地区产品混合式、产品用户混合式等。多用于产品品种多、顾客多且分散的大型企业。

四、营业推广

营业推广是鼓励消费者增加购买和提高中间商交易效益的一种促销方式，它包括赠送样品、试用新产品、折价赠券、购货折扣、有奖销售等多种形式。营业推广可以是生产者和中间商针对消费者进行的，也可以是生产者针对中间商进行的。

营业推广是一种非经常性和无规则的促销活动，能有效地刺激早期需求，短期效果比较明显。但是，营业推广在向用户提供特殊购买机会的同时，也容易引起顾客对产品和价格的猜疑，有时难以收到好的促销效果。

五、公共关系

企业应该保持和发展与社会公众之间的良好关系，从而树立企业良好的形象和信誉，消除企业在公众头脑中已有的不佳印象。具体地，企业应该作好与外界的信息沟通，进行各种游说活动，及时处理、认真对待公众意见和建议，处理好与新闻界的关系等来建立良好的公共关系。

至此，本节简单介绍了市场营销策略中的产品策略、价格策略、销售渠道策略和促销策略。实际运用中，企业还面临着如何组合使用的问题，即市场营销组合问题。

所谓市场营销组合，就是指企业通过市场细分确定目标市场，再针对目标市场要求及影响目标市场营销环境的因素，把企业能够控制的各种营销手段进行优化组合，使它们相互配合和综合运用。需要说明的是，营销组合是一种双层组合,即产品(Product)、价格(Price)、销售渠道(Place)、促销(Promotion)四因素的组合(4 P 组合)和上述每一方面营销策略内部的组合,例如,促销组合就是广告、人员推销、营业推广、公共关系等因素的组合。

思考练习题

1. 如何区分几种不同的市场营销观念? 现代市场营销观念与传统市场营销观念有何差异?

2. 简述市场调查的原则和内容。

3. 市场调查有哪些主要方法? 各有什么特点?

4. 简述市场预测的主要内容。

5. 什么是特尔菲法? 和其它专家法相比具有什么特点?

6. 某产品 1—6 月份的实际销售量如表 6-4 所示,请分别用一次移动平均法($N=3$)和一次指数平滑法($\alpha=0.7$)预测 7 月份的销售量。

表 6-4　某产品 1~6 月份的销售量

月　　　份	1	2	3	4	5	6
销售量(套)	490	500	450	600	550	700

(参考答案:617;656)

7. 某产品 2002—2008 年的年度销售量如表 6-5 所示,试求回归方程,并预测 2009 年的销售量。

表 6-5　某产品 2002—2008 年的年度销售量

年　　　份	2002	2003	2004	2005	2006	2007	2008
销售量(千件)	35	40	25	50	45	55	65

(参考答案:$Y=45+5X$,$X=\cdots -4,-3,-2,-1,0,1,2,3,4,\cdots$;65 千件)

8. 简述市场营销策略中的产品策略。

9. 试指出影响产品价格的主要因素和主要的定价策略。

10. 试说明影响销售渠道的主要因素和主要的销售渠道策略。

11. 何谓促销? 促销的手段有哪几种? 各有什么特点?

第7章 财务管理

　　财务管理,简单地说就是管理财务,研究企业如何以最有效的理财方式和手段去实现企业预期的整体经营效果,获取尽可能多的利润。它是企业组织财务活动,处理企业与各方面财务关系的一项经济管理工作,是企业管理的重要组成部分,对企业不断改善经营管理,提高管理水平,提高经济效益有着重要作用。

　　企业财务管理是对价值量的管理,资金运作就是以价值形式综合地反映企业的再生产过程,包括企业资金筹集、使用、耗费、收入和分配等环节的管理,追求利润最大化、股东财富最大化、企业价值最大化等目标。本章节介绍筹资管理、投资管理、成本和费用管理、财务分析等内容。

7.1　筹资管理

7.1.1　筹资管理概述

　　企业的财务活动是以筹集企业必需的资金为前提的,企业的生存与发展离不开资金的筹措。

　　筹资是企业根据其生产经营、对外投资及调整资本结构的需要,通过筹资渠道和资金市场,并运用筹资方式,经济有效地筹集企业所需的资金。筹资目标以较低的筹资成本和较小的筹资风险,获取较多的资金。筹资目的是为了自身的正常生产经营与发展。具体可概括为两类:满足其生产经营需要;满足其资本结构调整需要。

　　筹资须考虑的因素:经济性因素和非经济性因素。其中经济性因素包括筹资成本筹资风险、投资项目及其收益能力、资本结构及其弹性;非经济性因素包括筹资的顺利程度、资金使用的约束程度、筹资的社会效应、筹资对企业控制权的影响、筹资时机。同时企业进行筹资过程中还应把握好筹资原则:规模适度、结构合理、成本节约、时机得当、依法筹资。

筹资渠道包括国家财政资金、银行信贷资金、非银行金融机构资金、其它企业资金、居民个人资金、企业自留资金、外商资金。

筹资方式包括吸收直接投资、发行股票、银行借款、商业信用、发行债券、发行融资券、融资租赁等。

7.1.2　资金筹集

企业所从事的一切生产经营活动都需要一定数量的资金。因此,企业财务管理的一个重要任务就是要选择合适的方式筹集资金。从总体上来看,企业的资金来源可分为投入资本和借入资本,前者形成了企业的资本金,后者形成了企业的负债。

一、资本金及资本金制度

资本金就是企业在工商管理部门登记的注册资金,即企业开办时的本钱。资本金制度是指国家围绕资本金的筹集、管理以及所有者的责任和权力方面所制定的法律规范。主要内容如下:

1. 法定资本金

设立企业必须有法定资本金,法定资本金即指国家规定的开办企业必须筹集的最低资本金数额,否则企业不能被批准成立。

资本金按照投资主体分为国家资本金、法人资本金、个人资本金及外商资本金。

2. 资本金的筹集

企业按照国家法律、法规的规定,可采取国家投资,各方集资或发行股票的方式筹集资本金。

企业资本金的形式是多种多样的,既可以吸收货币资金的投入,也可以吸收实物、无形资产等形式的投资。但吸收投资者的无形资产(不包括土地使用权)出资不得超过企业注册资金的 20%;特殊情况要高于 20% 的,应经过企业审批部门批准,但最高不得高于 30%。

企业筹集资本金要符合国家有关法律、法规的规定。资本金折价是否合理,必须聘请中国注册会计师进行验资并出具验资报告。

企业资本金可以一次或分期筹集,是一次还是分期筹集应根据国家有关法律、法规以及章程、合同的规定来确定。

3. 资本金的管理

企业对资本金可以长期拥有,无需偿还,并依法享有经营权,可自行支配,自主使用。在企业持续经营期间,投资者对其投入企业的资本金,除国家另有规定外,只能依法转让,不得以任何形式抽走。中外合资企业按合同中约定一方先行收回投资的,必须按照法律规定或合同约定承担企业的债务责任。企业投资者对企业净资产按其出资比例或合同、协议规定享有所有权,并分享利润与分担风险和亏损。

4. 公积金

公积金是企业超过负债及资本金的剩余资产中留存企业不予分配的那部分金额。建立公积金是为了弥补意外亏损,扩大经营规模,是一种资本储备形式。公积金按其来源不同可分为资本公积金和盈余公积金。

资本公积金是从非营业获得利益中所增加的资本或净值中提存的公积金。包括:在筹集资本金过程中,投资者缴付的出资额超出其认缴资本金的差额,股份有限公司发行股票的溢价净收入及可转换债券转换为股本的溢价净收入;资本金汇率的折价差额;法定资产重估增值;接受捐赠的财物;等等。公积金按法定程序可以转增资本金。

盈余公积金是从企业税后利润中按法定程序提取的,包括法定盈余公积金和任意盈余公积金。前者是企业按照有关法规的规定从税后盈余中提取的,后者是企业根据公司章程或股东大会决议自行安排提取的。盈余公积金按规定可用于弥补企业亏损,也可以转增资本金。我国《公司法》规定,公司分配当年税后利润时,应提取利润的 10% 列为法定公积金,法定公积金的累计额达到公司注册资本 50% 时可不再提取,当其转为资本时,所留下的该项公积金不得少于注册资本的 25%。同时规定,从公司税后利润中提取 5%～10% 列入法定公积金,用于公司职工的集体福利。

5. 股票筹集

股票筹资是股份公司筹集资本的主要方法。

股票是股份有限公司签发的、证明股东按其所持股份享有权力和承担义务的书面凭证,是股份有限公司筹集长期资本而公开发行的有价证券。

股票可分为普通股和优先股;按票面是否记名,股票可分为记名股票和无记名股票;按票面是否标明金额,股票可分为面额股票和无面额股票;按投资主体不同,股票可分为国家股、法人股、个人股和外资股;按发行时间不同,股票可分为始发股和新股;按发行对象和上市地区不同,股票可分为 A 股、B 股和 H 股。下面简要介绍普通股和优先股。

(1)股票的种类。按股东承担风险和享有权力的大小,股票可分为普通股和优先股。

普通股:在公司利润分配方面享有普通权力的股份。可分为记名和不记名的,并可分为有面值的与无面值的。除能分到股息外,还可在公司盈利较多时再分享红利。同时,股票持有人有选举公司董事、监事的机会,参与公司管理的权力。股东大会的选举权根据普通股持有额计票。公司可设 A 级和 B 级普通股以适应公司的特别需求。A 级公开出售给社会居民,B 级由发起人保留或向国外销售。

优先股:是在利润分配和资产分配上相对普通股股东来说有优先权。不论公司的经营状况和利润多少,优先股都可按预先确定的利率领取股息;当公司解散和破产时,优先股有先于普通股参加公司剩余财产的分配。优先股不享受公司的权益。优先股又有各种复杂的形式,各有不同的规定内容。

(2) 股票筹集的优缺点。

1)股票筹集的优点。以股票筹集资金是一种有弹性的融资方式,由于股息或红利不像利息必须按期支付,当公司经营不佳或资金短缺时,董事会有权决定不发股息或红利,因而公司融资风险低。

股票无到期日,其投资属永久性质,公司不需为偿还资金而担心。发行股票筹集资金,可降低公司负债比率、提高公司财务信用、增加公司今后的融资能力。

2)股票的缺点。由于购买股票承担的风险比债券高,投资者只有在股票的投资报酬高于债券的利息收入时,才愿意投资于股票。另外,债券利息可计入生产成本,而股息和红利须在税后利润中支付,这样就使股票筹集的资金成本大大高于债券筹集的资金成本。

(3) 股票的发行价。我国现行制度规定股票的发行价格不得低于股票的面值,不得发行无面值的股票。一般来说,股票的发行价,可用下式作粗略的估计:

$$股票的发行价 = \frac{股本回报率}{存款利息率} \times 股票面值$$

其中,当股本回报率等于存款利息率时,股票发行价等于面值,为面值发行;当股本回报率大于存款利息率时,发行价大于面值,为溢价发行;当股本回报率低于存款利息率时,发行价小于票面值,为折价发行。

二、企业负债筹资

企业负债是指企业承担的能够以货币计量,需要以资产或者劳务偿付的债务。负债筹资的形式有:银行借款、发行债券、融资租赁、商业信用等。

1. 债券筹资

企业债券是企业按照法定程序发行,约定在一定期限内还本付息的有价证券。债券的种类繁多,按不同的标准划分,可有不同类别:按可否记名,可分为记名债券和不记名债券;按有无担保,可分为信用债券和担保债券;按利息支付方式,可分为付息债券和贴现债券;按附加条件,可分为有奖债券、优惠债券、可转换债券;等等。

(1)企业债券的发行资格。我国《公司法》还规定,有资格发行公司债券的公司,必须具备以下条件:

1)股份有限公司的净资产额不低于人民币 3000 万元,有限责任公司的净资产额不低于人民币 6000 万元。

2)累计债券总额不超过公司净资产额的 40%。

3)最近 3 年平均可分配利润足以支付公司债券 1 年的利息。

4)筹集的资金投向符合国家产业政策。

5)债券的利率不得超过国务院限定的水平。

6)国务院规定的其它条件。

发行公司凡有下列情形之一的,不得再次发行公司债券:

1)前一次发行的公司债券尚未募足的;

2)对已发行的公司债券或者其债务有违约或延迟支付本息的事实,且仍处于持续状态的。

(2)债券筹资的优缺点。

1)债券筹资的优点。债券的利息率较低,可减少资金成本;债券利息支出可以列入费用,这可减轻企业所缴纳的所得税;债券的利息稳定,如果企业投资报酬率大于利息,可提高企业自有资金收益率;由于债券持有人一般不享有企业管理的股票权,可以保持企业的控制权。

2)债券筹资的缺点。债券到期时,一般要用现金偿还,这容易给企业的现金周转带来困难;债券到期必须偿还,如果遇到企业财务困难,无疑会是沉重负担,会影响企业自有资金的受益率,甚至使企业破产;多数债券要企业提供财产担保,并且国家有关条例和法规对债券的发行作出了严格规定,如利率不得高于同期国库券利率;债券面额不得大于企业自有资产净值等;提高了企业负债比率,降低了企业的财务信誉,筹资数量有限。

(3)债券发行价格。债券的发行价格从理论上说可按下式计算:

$$p = \sum_{t=1}^{n} \frac{I_t}{(1+i)^t} + \frac{G}{(1+i)^n}$$

式中　$I_t = G \times r$；

　　　　p ——债券发售价格；

　　　　G ——债券面值；

　　　　I_t ——第 t 期支付的债券利息；

　　　　i ——市场利率(年利率)；

　　　　r ——债券票面利息率(年利率)；

　　　　n ——债券期限，年。

从公式中可以看出，债券的发行价格，除受债券发行期的影响外，还取决于债券利率和市场利率，因而债券的发行价格往往与其票面不一致。当债券的票面利率大于市场利率时，债券以超过其票面价值的价格发售，即溢价发售。反之，为折价发售。只有当票面利率与市场利率相同时，债券才以其票面价值发售，即平价发售。

(4)债券的信用等级。国际上流行的债券等级是 3 等 9 级。AAA 级为最高级，AA 级为高级，A 级为上中级，BBB 级为中级，BB 级为中下级，B 级为投机级，CCC 级为完全投机级，CC 为最大投机级，C 级为最低级。

2. 融资租赁

租赁是企业在特定时期内以较低代价使用某项固定资产，并以偿还租金的形式支付资产使用款的一种方式。其特点是设备租赁期长、不得任意中止租赁合同或契约、租赁期满后按约定的方式处置资产、租金较高。租赁可分为经营性租赁和融资性租赁。前者又称业务性租赁，它是指承租人在租赁期满时须将固定资产退还给出租人的租赁，而出租人又可将自己的设备反复租赁直至报废为止。后者是首先由租赁公司融资，把设备买进，然后租给企业使用，企业按规定交付租金。租赁期满后，付给出租单位较低廉的转让费，资产所有权则归承租企业所有。

融资租赁与经营租赁的区别见表 7-1。

(1)融资租赁的优缺点。企业资金不足又急需设备时，采用融资租赁，可用少量投资获得理想设备；融资租赁可以避免资金固定化，提高资金利用率；同时，一开始就把全部租金固定下来，避免了以后物价上涨的影响。另外由于租赁资产的所有权没有发生转移，仍在贷款人的掌握中，债权人对租赁资产比较放心，可随时收回租赁的资产，从而降低了贷款的风险。但是，融资租赁的租金一般比其它负债集资的利息高得多，而且租赁设备不属于企业财产，不能作为借款的担保价值。

表 7－1　融资租赁与经营租赁区别

项目	融资租赁	经营租赁
租赁程序	由承租人向出租人提出正式申请，由出租人融通资金引进承租人所需设备，然后再租给承租人使用	承租人可随时向出租人提出租赁资产要求
租赁期限	租期一般为租赁资产寿命的一半以上	租赁期短，不涉及长期而固定的义务
合同约束	租赁合同稳定。在租期内，承租人必须连续支付租金，非经双方同意，中途不得退租	租赁合同灵活，在合理限制条件范围内，可以解除租赁契约
租赁期满的资产处置	租赁期满后，租赁资产的处置有三种方法可供选择：将设备作价转让给承租人；由出租人收回；延长租期续租	租赁期满后，租赁资产一般要归还给出租人
租赁资产的维修保养	租赁期内，出租人一般不提供维修和保养设备方面的服务	租赁期内，出租人提供设备保养、维修、保险等服务

（2）融资租赁的租金计算。融资租赁的租金计算方法有等额年金法、等差变额年金法和等比变额年金法等。我国租赁机构主要采用等额年金法。

等额年金法又分为即付租金和后付租金两种。即付租金是指等额租金于每年年初支付，后付租金是指等额租金每年年末支付一次。

即付租金的计算公式如下：

$$R = \frac{p}{p^i_{n-1} + 1}$$

式中　R——租金；

　　　i——报酬率；

　　　p——融资额；

　　　n——租期。

后付租金计算方法为：

$$R = p + \frac{1 - (1+i)^{-n}}{i}$$

3. 银行贷款

银行贷款是企业向金融机构借入各项款项的总称。企业为了满足资金的需要,可以通过多种形式从各专业银行取得贷款。贷款的期限有短期、中期和长期三种。贷款的项目很多,常用的有生产周期贷款、商品周转贷款、临时贷款、结算贷款、技术改造贷款、基本建设贷款等。

银行贷款利率比较低,手续简便,方式灵活,能适应企业各种不同的资金需求、企业应充分利用银行借款来筹集资金,降低筹资成本率、满足生产经营资金的需要。

4. 商业信用

商业信用是企业在商品购销活动过程中因延期付款或预收货款而形成的借贷关系,它是由商品交易中货与钱在时间与空间上的分离而形成的企业间的直接信用行为。商业信用的偿还压力和风险较大,但成本低,有时无成本。

商业信用筹资的类型主要包括应付账款、应付票据、预收货款。

商业信用筹资方便,限制条件少,成本低,但是在筹资过程中面临筹资期限短,风险大等特点,适合于企业短期资金出现困难等情况。

7.1.3 资金成本和筹资决策

一、资金成本

资金成本就是企业在筹集资金时所支付的一定代价。它包括在筹资过程中支付的代理费、代办费、手续费等各种筹资费用,也包括支付的股息、股利、利息和各种形式的资金占用费。

资金成本有总成本和单位成本两种形式。总成本是指为筹措并占用一定量的资金而付出的全部代价,用绝对数来表示。单位成本是指每筹措一元资金而付出的成本,即筹措并占用资金所负担的成本同筹集资金净额之比,用相对数来表示,又称为资金成本率。资金成本多以这种形式表示,计算公式为

$$K = \frac{D}{p - F} \quad \text{或} \quad K = \frac{D}{p(1-f)}$$

式中　　K ——资金成本率;

D ——使用费;

p ——筹集资金总额;

F ——筹资费;

f ——筹资费费率(即筹资费占筹集资金总额的比率 F/p)。

掌握资金成本意义在于:

(1)资金成本是选择资金来源,拟定筹资方案的主要依据。不同的筹资方式,资金成本有高有低,筹资决策的核心就是选择利用各种筹资方式,在及时、充分满足企业生产经营对资金需要的前提下,力求资金成本达到最低水平。

(2)资金成本是评价投资项目可行性的主要标准。在市场经济条件下,只有资金利润率高于资金成本率的投资机会,才有利可图,才值得为之筹集资金,并进行投资。反之,则没有必要考虑投资。

(3)资金成本可作为评价企业财务经营成果的依据。

二、各种资金来源的资金成本

1.优先股的成本

企业发行优先股票,需支付的筹资费用注册费、代销费等。其股息也要定期支付,但它是企业用税后利润支付的,不会减少企业应上缴的所得税。优先股资金成本率按下式计算:

$$K_p = \frac{D_p}{p_0(1-f)} \quad 或 \quad K_p = \frac{p_0 i}{p_0(1-f)} = \frac{i}{1-f}$$

式中　　K_p ——优先股成本率;

D_p ——优先股每年股息;

i ——股息率;

f ——筹资费率;

p_0 ——优先股票面值。

2.普通股的成本

普通股资金成本同优先股一样,包括股利和筹资费用两部分。其资金成本率的计算方法也与优先股基本相同,但普通股的股利是不固定的,是随着企业利润变动而变动。引起普通股股利变化的是普通股股利每年预计增长率。在正常经营情况下,普通股股利预计增长率应该是正值。因此,普通股资金成本率可用下列公式计算:

$$K_c = \frac{D}{p_c(1-f)} + G$$

式中　　K_c ——普通股资金成本率;

p_c ——普通股股金总额;

D ——上一年度发放的全部普通股的股利;

G ——普通股股利每年增长率。

例:某公司发行面值为 1 元的普通股 4000 万股,每股发行价 4 元,筹资费率为发行所得资金的 5%,第 1 年股利率为 10%,以后每年递增 4%。其成本率为:

$$K_c = \frac{4000 \times 10\%}{4000 \times 4 \times (1-5\%)} + 4\% = 6.63\%$$

3. 债券成本

企业要发行长期债券通常要事先规定债券利率。企业支付债券利息是在税前利润扣除的,应将它换算为税后成本,但企业发行债券要支付一定的筹资费用。这样企业实际取得的资金少于债券的票面额。因此,长期债券资金成本率的计算公式为:

$$K_d = \frac{I(1-T)}{Q(1-f)}$$

式中 K_d ——债券资金成本率;

   I ——债券总额每年债息支出;

   Q ——债券发行总额;

   T ——所得税税率。

例 7.1 H 公司发行一种面值为 1000 元,票面利率为 4%,10 年期,每年付息一次,到期还本的债券,发行价格为 950 元,发行费用率为 1%,所得税税率为 20%。其债券成本率为:

$$K_d = \frac{1000 \times 4\% \times (1-20\%)}{950 \times (1-1\%)} = 3.4\%$$

4. 租赁成本

企业租入某项资产,获得其使用权,要定期支付租金,并且租金列入企业成本,可以减少应付所得税。因此,其租金成本率为:

$$K_L = \frac{E}{p} \times (1-T)$$

式中 K_L ——租赁成本率;

   E ——年租金额;

   p ——租赁资产价值。

5. 银行贷款资金成本

向银行借款,企业所支付的利息和费用一般可作企业的费用开支,相应地减少一部分利润,会使企业少缴一部分所得税,因而使企业的实际支出相应减少。

对每年年末支付利息,贷款期末一次全部还本的借款,其借款的成本率为：

$$K_{g(1)} = \frac{I(1-T)}{G-F} = \frac{i(1-T)}{1-F}$$

式中　$K_{g(1)}$——借款成本率；

G——贷款总额；

i——贷款年利率；

I——贷款年利息；

F——贷款费用。

如果利息的支付采取贴现的形式，在贷款中预先扣除，其贷款成本率可按下式计算：

$$K_{g(2)} = \frac{I(1-T)}{G-I-F}$$

6. 留用利润的成本

股份制企业的税后利润除了用于支付股息外，一般都要留存一部分用于投资，以利企业的进一步发展。留用利润是企业内部的一种资金来源。股东虽然没有以股息的形式分得这部分利润，但可以从股票价值（市价）的提高中得到好处。企业留用一部分利润，等于普通股股东对企业进行了追加投资，使普通股资金增加。股东对这一部分追加投资同以前缴给企业的股本不一样，也要给予相应比率的报酬。因此，企业对这部分资金并不能无偿使用，也应计算资金成本率，其计算公式如下：

$$K_n = \frac{D_1}{p_0} + g$$

式中　K_n——留用利润的成本率；

p_0——留用利润总额；

D_1——第一年股利；

g——股利年平均增长率。

7. 平均资金成本

企业从不同来源筹集的资金，其成本各不相同。由于各种条件的制约，企业不可能只从某种资金成本低的来源筹集资金，而是要各种筹资方式有机的结合。这样，为了进行筹资和投资决策，就需要计算全部资金来源的平均资金成本率。它通常用加权平均来计算，其计算公式如下：

$$\overline{K} = \sum_{i=1}^{n} W_i \times K_i$$

式中　W_i——第 i 种资金来源占全部资金的比重；

$\overline{K}$ ——平均资金成本率；

K_i——第 i 种资金来源的资金成本率。

一般来说，降低平均资金成本的途径有两个：一是降低各项资金的成本；二是调整企业资金来源结构，尽量提高成本较低资金在全部资金中的比重。

三、筹资风险与财务杠杆

企业财务风险来自经营和筹资两个方面。经营方面的各种风险，都使企业的利润和利润率变成不肯定而产生财务风险。假如企业的资金完全是自有资金，则经营风险就是财务风险。假如有负债，就必须按期还本付息。由于企业资金利润率不肯定，借款利息率也是不断变动，所以资金利润率可能高于或低于借款利息率，从而造成企业自有资金利润率的提高或降低，甚至发生亏损。这种因借款而增加的风险，称为筹资风险。

借入资金后，企业的自有资金利润率可按下式计算：

$$i = [i_j + (i_j - i_0)r](1 - T)$$

式中　　i ——自有资金利润率（税后利润与自有资金之比）；

　　i_0 ——借入资金利息率；

　　i_j ——息前税前资金利润率（支付利息和缴纳税金前的利润与资金总额之比）；

　　r ——负债比例（借入资金与自有资金之比）；

　　T ——所得税税率。

从上式中可以看出，如果企业的息前税前资金利润率越高，借入资金利息率越低，负债比例越大，则企业的资金利润率就越高。

利用借入资金提高自有资金的收益率，是一种有效的财务手段，通常称为财务杠杆。财务杠杆的作用大小通常用财务杠杆系数表示。计算公式如下：

$$DFL = \frac{\Delta RCI/RCI}{\Delta EBIT/EBIT} \quad 或 \quad DFL = \frac{EBIT}{EBIT - I}$$

式中　　DEL ——财务杠杆系数；

　　RCI ——自有资金受益率；

　　EDIT ——息前税前盈余；

　　I ——借入资金利息。

财务杠杆系数越大，自有资金利益率也越大。但如果企业经营状况不佳，息前税前资金利润率下降或金融市场的借款率上升，那么借入资金不但不能给投资者增加收益，反而以更大的幅度减少其收益，即起到财务杠杆的负作用。在财务管理工作中，对可能发生的负作用必须予以警惕。

四、筹资决策方法

影响筹资决策的因素有筹资成本代价、风险时间性和附加条件等等。因此,只有在对各种筹资方式的影响因素作深入的研究后,才能运用具体的筹资决策方法作出筹资的最佳决策。筹资决策的方法通常有三大类:比较筹资代价、比较筹资风险、比较筹资效益。下面介绍比较筹资代价中的比较筹资成本代价法和比较筹资风险法。

1. 比较筹资代价法

比较筹资代价指对各种资金来源的资金成本进行比较。由于企业的资金来源是由多种筹资方式筹集的资金组合,因此,这种比较实质上是对不同筹资结构的综合资金成本进行比较。

2. 比较筹资风险法

筹资风险不单纯是企业自身原因引起的,它还受外部环境,如国家政策、资金市场状况等的影响。因此,在进行筹资决策时,必须将各筹资方案的综合风险进行比较,选择风险最小的方案。常用的方法是概率法。

7.2　投　资　管　理

投资是指企业投入财力,以期望在未来获取收益的一种行为。企业投资既包括购买债券、股票等有价证券的投资,也包括用于更新机器、设备、厂房等固定资产项目的投资,也包括购买债券、股票的投资,还包括以企业资产采用联营方式等向外单位的投资。固定资产投资是企业对内的一种长期投资,与短期投资和企业对外部的长期投资相比较,固定资产投资具有投资所需资金多、投资回收时间长、投资变现能力差和投资风险大的特点。

7.2.1　投资的分类

企业投资按性质可分为生产性资产投资和金融性资产投资。生产性资产投资如建造厂房、购置设备、开发新产品或扩大产销量等等都属于此项投资,金融性资产投资即股票、债券、票据等的投资。

按投资时间长短可分为长期投资和短期投资,长期投资是指一年及一个营业周期以上才能收回的投资;短期投资是指可以在一年或一个营业周期内收回的投资。主要包括现金、有价证券、应收账款、存贷等流动资产。

按照投资的方式不同,分为直接投资和间接投资。直接投资是把资金直接投放于固定资产项目即直接投放于生产经营领域的投资也即内部投资,间接投资是通过购买证券进行的投资也即企业的对外部投资。

7.2.2 长期投资管理

一、影响长期投资决策的重要因素

长期投资一般投资额较大,回收期要几年甚至十几年才能收回,并且一经投入,要想改变相当困难,加之未来投资回收情况很难预料,因此,长期投资决策正确与否对企业的影响极为重大。通常影响长期投资决策的重要因素有:

1. 货币的时间价值

货币的时间价值是指在一定的时间,一定数量的货币,经过一段时间后可得到货币原值的差额叫货币的时间价值。货币时间价值的计算一般有单利、复利、年金三种方法。单利方法下本金能生利,但利息不能生利。复利方法下本金能生利,利息在下期则转列为本金与原本金一起计算。

(1)复利计算公式。

$$F = p(1+i)^n$$
$$L = p[(1+i)^n - 1]$$

式中　F——复利终值(本利和);

　　　n——计息期数;

　　　L——复利利息;

　　　p——本金;

　　　i——计息期内的利率。

(2)年金计算公式。年金指在一定期间内,定期收入或支付的款项。折旧、利息、租金等通常表现为年金的形式。年金终值指一定期间内,每期期末等额收付款项的复利终值和。计算公式为:

$$S_A = R \frac{(1+i)^n - 1}{i}$$

式中　　　　S_A——年金终值;

　　　　　R——每期收付款项;

　　　$\dfrac{(1+i)^n - 1}{i}$——年金终值系数(可通过查"年金终值系数表"求得);

　　　　　i——利率;

　　　　　n——期数。

年金现值指在一定期间内,每期期末收付款项的复利现值之和,其计算公式为:

$$p_A = p\,\frac{1-(1+i)^{-n}}{i}$$

式中　$\dfrac{1-(1+i)^{-n}}{i}$——年金现值系数(可以通过查年金现值系数表求得)。

2. 现金流量

现金流量是指企业现金流入和流出的数量,包括现金流入量、现金流出量和现金净流量三个具体概念。现金流入量是指投资方案实施后在整个有效期内收回的现金数量,现金流出量是投资方案在整个投资周期内支出的现金数量;一个时期内现金流入量减去现金流出量的差额就是现金净流量。

3. 资金成本

企业进行长期投资的资金来源一般有借来和自有两种。若资金是借来的,其资金成本就是借款的利率;若资金是自有的,其资金成本就是所期望的投资报酬率。所以,资金成本就是企业取得长期投资的资金来源所付出的报酬。在决策时必须考虑投资项目的获利水平应高于这个报酬率。

4. 投资的风险价值

长期投资要经过较长实践才能收回,在此期间往往存在许多不确定因素,这就是企业投资所冒的风险。由冒风险进行投资而取得的额外利润,就称为投资的风险价值。这也是投资决策中应考虑的一个重要因素。

二、长期投资决策的基本方法

一个长期投资方案是否可行,应首先看它的预期投资报酬率是否高于企业的资金成本。这样就必须从货币时间价值与投资风险价值来分析比较各备选方案的现金流量,计算出各方案的经济效益,然后从中选出最优方案。长期投资决策的基本方法有净现值法、现值指数法、内涵报酬率法、回收期法等。

1. 净现值法(NPV 法)

净现值法是指某项投资方案的未来报酬的总现值与原投资额的现值之间的差额。若净现值大于零说明该方案的投资报酬率大于资金成本,方案可行;若净现值小于零就说明该方案的投资报酬率小于资金成本,方案不可行。净现值的计算公式为:

$$\mathrm{NPV}=\sum_{k=1}^{n}\frac{A_k}{(1+i)^k}-A_0$$

式中　　　　i——贴现率;

　　　　　　A_0——原投资;

　　　　　　A_k——k 期的资金流入量;

$\dfrac{1}{(1+i)^k}$——现值系数,可查"复利表"得到。

采用净现值评价方案,不仅考虑了方案的现金流量,还考虑了货币的时间价值,但是,却不能对各方案的投资额进行比较,所以,单纯看净现值的绝对量对投资方案作出决策,有时是不够的。

例 7.2 某公司有甲、乙两个投资方案,初始投资额均为 50 000 元,未来各年现金净流量如表 7-2 所示。

表 7-2 某公司采用甲、乙两个投资方案的现金流量表

单位:元

年份	甲方案		乙方案
	现金净流量	累计现金净流量	现金净流量
0	(50 000)	(50 000)	(50 000)
1	10 000	(40 000)	18 000
2	15 000	(25 000)	18 000
3	18 000	(7 000)	18 000
4	20 000	13 000	18 000
5	22 000		18 000

假设贴现率为 10%,现用净现值法评价上述甲、乙两个方案。

甲方案每年的现金净流量都不同,可利用复利现值计算方法,查复利现值系数表,利率为 10%,期数分别为 1、2、3、4、5 的复利现值系数分别为 0.909、0.826、0.751、0.683 和 0.621。

NPV(甲方案)=10 000×0.909+15 000×0.826+18 000×0.751+

　　　　　20 000×0.683+20 000×0.621−50 000=11 078 元

乙方案每年的现金净流量相同,可利用年金现值计算方法,查年金现值系数表,利率=10%,期数为 5 的年金现值系数为 3.790 8。

NPV(乙方案)=18 000×3.7 908−50 000=18 234 元

甲、乙两个方案的净现值都为正数,说明两个方案的投资报酬率高于资金成本,两个方案都可行。乙方案的净现值高于甲方案,因此乙方案的经济效益较优。

2. 现值指数法

现值指数法是指投资方案的未来报酬的总现值与投资额的现值比率,它用来说明每元投资额未来可以获得的报酬的现值有多少。即

$$现值指数 = \sum_{k=1}^{n} \frac{\dfrac{A_k}{(1+i)^k}}{A_0} = 1 + \frac{\mathrm{NPV}}{A_0}$$

进行投资决策时,如果现值指数>1,可以考虑接受该方案;如果现值指数=1或<1,则拒绝该方案。如果要从几个可接受的方案中选择一个,应选现值指数最大的方案。

现值指数法不但考虑了货币的时间价值,而且对几个方案的投资额也可以进行比较,但这种方法不能了解各种投资本身可达到的具体投资报酬率。

3. 内部收益率

内部收益率(IRR)是指投资方案的净现值等于零的折现率,即根据各个方案的内部收益率,视其是否高于该企业的资金成本,来确定该方案是否可行的决策分析法,其计算公式为:

$$\sum_{k=1}^{n} \frac{A_k}{(1+r)} - A_0 = 0$$

式中　r——未知数,即所要求的内部收益率。

如果内部收益率大于或等于企业要求的最低投资报酬率,投资方案就可行,否则就不可行。

内部收益率充分考虑了货币的时间价值,克服了净现值法产生的不可比性,只须确定一个能接受的,最低收益率作为估价标准,但计算起来比较麻烦。

4. 投资回收期法

投资回收期是回收某项投资所需的时间(通常为年数),这是一种根据重新回收某项投资金额所需的时间来判断该项投资方案是否可行的方法。如果同时存在数个可接受的投资方案,则应比较各个方案的投资回收期,选择回收期最短的方案。

由于方案的每年现金净流量可能相等,也可能不相等,投资回收期的计算方法有以下两种:

(1) 每年的现金净流量相等。其计算公式为:

$$投资回收期 = \frac{原投资金额}{平均每年的现金净流量}$$

(2) 每年的现金净流量不相等。需要用各年末的累计现金净流量的办法计算投资回收期,即逐年计算,直至累计的现金净流量达到投资额的那一年为止。

7.2.3 短期证券投资的管理

短期证券是指企业为了获得投资收益,利用一时多余资金,暂时购入,当需要资金时,可以在公开市场上随时出售变现的有价证券,包括债券和股票。

一、短期证券的特性

(1)流动性。又称变现性,即证券持有人可按自己的需要和市场的实际变动状况,灵活地转让证券以换取现金。

(2)收益性。收益是购买证券取得的利息、股息、红利和买卖所获得的差价。获取收益是投资者进行证券投资的直接目的。

(3)价格波动性。即证券价格经常处于变动之中。证券价格可分为证券的券面额、发行额和市场价格。

(4)风险性。风险与收益不但相互联系,而且呈正比关系,即风险越大,收益往往越高。

二、短期证券的投资决策

证券投资的收益会给投资者带来正效用,而风险会给投资者带来负效用。因此,投资者在两种证券的风险水平一样,应选收益率较高的证券;如果两种证券的收益率一样时,则应选风险性小的证券。

1. 债券投资的收益率

票面利率与债券收益率是两个不同的概念。前者是发行者付息的依据,后者是投资收益与债券投资额的比率。债券收益率分为本期、持有期和到期收益率。

本期收益率又称为本期息票收益率,是指每年支付的息票利息与本期债券市价的比率。它是以目前的市价为基础衡量投资者购买债券后,每年可带来的现金收入,其计算公式为:

$$本期收益率 = \frac{每期息票利息}{本期债券利息} \times 100\%$$

持有期收益率,是指一个持有期(一个月或一年)内的收益率,其计算公式为:

$$持有期收益率 = \frac{卖出价格 - 买进价格 + 债券利息}{买进价格} \times 100\%$$

到期收益率,又称为内在收益率,它是指债券面值与每年债券利息的现值之和,等于该债券目前市价的折现率。其计算公式为:

$$到期收益率 = \frac{每年平均资本得利(或损失) + 每年债券利息}{平均投资额} \times 100\%$$

2. 股票收益率

本期收益率,是指每股派发的股息(包括现金和红股)跟股票市价之比,其计算公式为:

$$本期股息收益率 = \frac{每股股息}{本期股票市价} \times 100\%$$

持有期收益率,是指投资者在一定持有期内所获得的资本收益或损失和股息收入与投资额之比。计算公式为:

$$持有期收益率 = \frac{出售价格 - 购头价格 + 每股股息}{本期股票市价} \times 100\%$$

拆股后的持有期收益率。投资者在购买某公司的股票后,有时该公司会进行股票分割(即拆股),这样就会影响到投资者持有该公司的股票数量和价格。因此,应重新计算拆股后的持有期收益率,计算公式为:

$$折股后的持有期收益率 = \frac{调整后的资本收益或损失 + 调整后股息}{调整后的购买价格} \times 100\%$$

7.3 成本和费用管理

广义上讲成本和费用没有明显的区分,但在会计上,认为"成本"与"费用"存在着一定的区别。成本是针对一定的成本核算对象(如某产品)而言的,费用则是针对一定时期而言的。也可以认为成本的发生能直接与支出对象之间建立联系,而费用则是指在一定的会计期间发生的支出,支出额与支出对象之间难以建立直接的对应关系,如管理费用、销售对象、财务费用等,这些费用应在进行成本核算时,作为待摊的支出,需要按照一定的方法分摊到具体的产品等上。

7.3.1 成本和费用的概念

企业的基本经济活动是生产和销售产品。产品的生产过程,也就是生产的耗费过程。企业的费用就是指企业在一定时期从事生产经营活动所发生的用货币表现的生产耗费。而企业为生产一定种类、一定数量的产品所发生的直接材料费用、直接人工费用和间接制造费用的总和,叫做产品的生产成本或制造成本。下面详细介绍费用和产品成本的含义。

一、费用

企业费用包括成本费用和期间费用

1. 成本费用

成本费用是计入产品成本、构成产品成本的费用,分为直接费用和间接费用。

(1) 直接费用,是直接计入产品成本的费用。如:直接材料,包括原材料、辅助材料、备品配件、外购半成品、燃料、动力、包装物及其它直接材料等;直接工资,包括企业直接从事产品生产人员的工资、奖金津贴和补助等;其它直接支出,包括直接从事产品生产人员的职工福利费等。

(2) 间接费用,也叫制造费用,指按一定标准分配计入产品成本的费用。如企业各生产单位、车间为组织和管理生产而发生的各项费用,包括生产、管理人员工资、职工福利费、房屋和机器设备折旧、修理费、水电费、办公费、差旅费及其它费用。

2. 期间费用

期间费用指企业行政管理部门为组织和管理生产、销售产品、提供劳务等所发生的各项费用。这类费用因与制造产品和提供劳务没有直接联系,因而不计入产品成本,也不构成产品成本项目,在核算上直接计入当期损益。这些项目有:

(1) 管理费用,是指企业行政管理部门为管理和组织生产经营活动发生的各项费用、董事会费、业务招待费和坏账损失等。

(2) 财务费用,指企业为筹集资金而发生的各项费用,如利息净支出、汇兑净损失、调剂外汇手续费、金融机构手续费等。

(3) 销售费用,指企业在销售产品、自制半成品和提供劳务等过程中发生的各项费用。包括设置销售机构开支的各项经费。如运输费、装卸费、包装费、销售部门人员的工资、职工福利费、差旅费、办公费、折旧费、修理费及其它费用等。

二、产品成本

产品成本是工业企业为生产产品(包括成品、半成品、劳务)、自制材料、工具设备等所发生的各种成本费用。按照制造成本法,产品成本就是制造成本。包括如下内容:

(1)直接构成产品实体的原料,主要材料,以及有助于产品形成的辅助材料。

(2)直接用于产品生产的燃料和动力。

(3)直接参加产品生产人员的工资、奖金、津贴和职工福利等。

(4)为生产产品所发生的各项间接费用即制造费用等。

7.3.2　成本费用预测

成本和费用预测是指企业根据历史和现时的有关资料,在充分考虑各种影响因素的基础上,对未来一定时期的成本和费用水平及目标成本费用进行预计和测算。成本费用预测是成本管理的重要内容。

一、成本费用预测的步骤

1. 确定成本费用目标

首先要根据企业目标利润,结合预测期变化因素,测算企业在现有条件下能够达到的目标成本费用水平,为下一步预测奠定基础。

2. 收集和整理有关资料

收集大量的相关资料是进行科学预测的基本条件。收集的资料包括企业对降低成本和费用的要求、报告期实际成本费用情况、预测期成本费用可能的变化情况等等。

3. 对成本费用进行预计和测算

成本费用预测的方法很多,要根据占用资料的实际情况,选用可行的方法。也可选用多种方法进行测算,以便比较、验证测算结果以提高预测的质量。

4. 修正确定最佳预测值

无论是推算的目标成本费用,还是按指标数据预计测算的成本费用预测值都不能完全反映预测期成本费用的实际情况,因此,必须把两者进行比较和分析,找出差异,进行修正,以求出最佳预测值,使预测结果更接近于实际。

二、成本费用预测的方法

成本费用预测方法有定性和定量两大类。定性的方法是收集大量的情报,通过询价和经验进行定性判断的一种方法。定量预测是利用历史成本费用资料,通过一定的数学模型,应用数理统计等方法来预测未来成本费用的一种方法。在此主要介绍询价和高低点法。

1. 询价

当产品所需资源来源于组织内部时,资源的单价可根据组织的内部成本资料进行分析预测后确定,但是当产品所需资源依靠外部提供,比如原材料的获得,则需要进行资源询价,获取资源单价的信息,以备估价。

询价是指通过各种渠道,采用各种手段对所需劳动力、材料、设备等资源的价格、质量、供应时间、供应数量等方面进行系统的调查。询价是成本预测的基础。

询价需要广泛地收集大量的资料,这些资料主要来源于制造商、经营材料或设备的部门、制造商的代理人或从事该项业务的经纪人、咨询公司、市场调查等等。

询价的方法主要包括发放询价单、询价分析。

询价结束后应获得一份详细的价格表。

2. 高低点法

高低点法是运用数学上两点确定一条直线的原理来确定直线方程中的系数 A 和 B,从而预测成本的。这时的两点是指高点和低点,其中高点是指最大业务量(产量)及其对应的总成本(费用);低点是指最小的业务量(产量)及其对应的总成本(费用)。

设 Y_H 表示高点总成本(费用),X_H 表示高点业务量,Y_L 表示低点总成本(费用),X_L 表示低点业务量,A 表示固定成本(费用),B 表示单位变动成本(费用),则

$$\begin{cases} Y_H = A + BX_H \\ Y_L = A + BX_L \end{cases}$$

解得

$$B = \frac{Y_H - Y_L}{X_H - X_L} = \frac{\Delta Y}{\Delta X}$$

$$A = Y_H - BY_H \quad 或 \quad A = Y_L - BX_L$$

求出 A 和 B 值以后,代入任一预测期的产量,便可预测出该期的总成本。预测期的总成本公式为:

$$Y_p = A + BX_p$$

预测期单位产品成本(费用)即可求得:

$$单位产品成本 = \frac{Y_{(p)}}{X_{(p)}}$$

高低点法预测成本费用,简便易行,一般适用于产品成本比较稳定的企业。其缺点是由于只用两个时期的资料,所选的最高或最低产量期距离有可能较大,而使计算失真,预测结果有较大误差。

7.3.3 成本费用的控制

成本费用的控制就是在生产经营过程中,按照既定的成本目标,对各项费用的发生和成本的形成进行严格的控制和监督,促使成本费用不超过预定成本目标所规定的限额。

一、成本费用的控制内容

成本费用控制包括以下三个阶段的控制内容：

1. 事前控制

事前控制就是指产品投产前对构成费用的各种因素进行事前的规划、审核和监督。具体内容有：

（1）制度控制，就是根据企业的具体情况和控制要求，制订有关成本费用控制标准，包括设计目标成本、制订有关成本费用定额、编制成本费用计划等。

（2）在产品设计阶段，对产品的设计定型、功能设计、零部件设计、材料的选择和利用等，进行科学的价值分析和技术经济分析，决策出最佳的成本方案。

2. 事中控制

事中控制就是对费用形成过程中所发生的物质消耗、劳动消耗和各种费用支出进行审核和监督。具体内容主要有材料费用的控制，工资费用的控制和制造费用、期间费用的控制。

3. 事后控制

事后控制就是在成本形成之后，对其控制结果所进行的综合分析。其具体内容有：

（1）通过分析实际成本与目标成本之间的偏差，查明形成差异的原因及其责任归属。

（2）采取有效措施，改进当前的成本费用控制工作或修改现行的成本控制目标。

（3）对成本的目标的完成情况进行评价和考核。

二、成本费用的控制

1. 实行成本费用分级分口管理

成本费用的分级分口管理是在企业内部由各级单位，各个部门分别进行相关的成本和费用控制。

（1）成本费用的分级管理。成本费用的分级管理，就是在企业内部按生产、经营、管理层次对成本费用分别进行管理。通常分三级，即总部、车间和班组。

企业总部的成本费用管理主要有：制订和修正企业的成本费用管理制度；汇集、编制企业成本费用计划；进行成本费用指标的分解和任务的下达；审核企业的生产费用，核算企业的产品成本，提出企业成本报告；检查、分析、考核全企业各部门及单位成本执行情况，控制成本费用支出，保证企业成本计划的全面完成。

车间的成本管理主要内容有：组织贯彻企业成本管理制度，提出建议和修正意见；组织车间成本计划的编制；将车间成本计划中的指标对班组进行分解下达；组织车间成本核算，向总部报告成本资料；检查、分析车间成本计划的执行情况。

班组的成本管理主要有：执行车间的成本计划；进行班组成本核算，向车间报送成本资料；检查、分析班组各项指标、定额的完成情况；组织其内部成本管理与考核。

（2）成本费用的分口管理。成本费用的分口管理是指在财务部门全面负责的基础上，由企业各业务部门根据各自对成本费用应尽的责任进行成本费用管理。各部门分管的情况一般是：生产计划部门分管产量、生产期等有关的成本费用控制；供应部门负责分管与原材料、外购协作件、燃料消耗等有关的成本费用控制；销售部门负责控制销售费用；劳动工资部门负责控制工资费用；行政部门负责管理费用；设备动力部门负责控制设备保养、维修费用和燃料动力费等；财务部门负责控制企业的全部成本费用，包括财务费用等。

2. 产品设计阶段的成本费用控制

产品设计是否科学合理，不仅关系到产品质量的好坏，而且关系到产品成本的高低。对设计阶段的产品成本，一般通过目标成本来控制。所确定的目标成本偏低，可能导致产品功能设计不足；偏高又会造成浪费。因此，正确地确定新产品的目标成本至关重要。

产品的设计成本，就是新产品在正常投产后的成本，按下列公式测算：

$$C=(M+L)\times\left(1+\frac{D}{E}\right)$$

式中　C——产品设计成本；

　　　M——单位产品直接材料成本；

　　　L——单位产品直接工资成本；

　　　D——制造费用；

　　　E——直接材料和工资。

产品设计成本测算后，要与目标成本相比较，当设计成本不超过目标成本时，设计方案才是可行的。

3. 指定工艺方案阶段的成本费用控制

生产工艺是为制造产品而指定的加工制作方法，它对材料、工时消耗、劳动生产率的高低都有很大的制约作用。当同一种产品有多种工艺方案可供选择时,应进行比较,从中选出技术上先进、经济上合理的最优方案。

从成本与产量的关系来看,工艺成本可分为以下两部分:

(1) 变动成本,如直接材料费、直接工资等。

(2) 固定成本,如折旧费等。

设工艺方案的年固定成本费用总额为 a,单位产品变动成本费用为 b,年产量为 X,总成本费用为 Y,则 $Y = a + bX$。

将不同的工艺方案的产品比较时,通常有以下几种情况:

如果 a 和 x 相同,b 小的方案为优;

如果 X 和 b 相同,a 小的方案为优;

如果 a 和 b 不同,在产量一定的情况下 a 和 b 都较小的方案为优;

如果两个方案比较,$a_1 < a_2$,但 $b_1 > b_2$ 时,在这种情况下,会出现产量为 X_0 时,$Y_1 = Y_2$,即 $a_1 + b_1 X_0 = a_2 + b_2 X_0$,移项可得出:

$$X_0 = \frac{a_2 - a_1}{b_1 - b_2}$$

当年产量 $X < X_0$ 时,应选择方案 1;当年产量 $X > X_0$ 时,应选择方案 2。

4. 产品生产阶段的成本费用控制

产品生产阶段的成本费用控制主要包括直接材料成本、直接人工成本、制造费用、期间费用的控制。前三项即制造成本,是成本费用控制的重点,可通过标准成本法进行控制;期间费用则可通过编制预算等方法进行控制。

(1) 直接材料成本的控制。

1) 直接材料标准成本的制定。直接材料标准成本的制定,必须考虑以下两个因素:

用量标准(即消耗定额),是在现有生产技术条件下,生产单位产品耗用材料的数量,包括构成产品实体的材料,生产中正常损耗和不可避免的废品耗用的材料等。

价格标准(即材料的计划单价),是事先计算规定的各种材料的采购成本,包括购价、运杂费、正常损耗等。

确定了材料的标准消耗量和价格标准,二者相乘可得出:

直接材料标准成本=用量标准×价格标准

2) 直接材料成本控制。为了控制材料消耗量,首先应根据月份计划产量和材料用量标准确定月份领料限额,车间、班组只能在规定的限额内领用材料。其次,及时记录耗用材料数量和产品产量,计算实际单耗,并与材料用量标准进行比较,找出差异,分析原因,采取措施,降低消耗。另外,对生产中的边角余料、废料应及时组织回收利用。

为了控制材料采购成本,企业的采购部门首先应在保证材料质量的前提下,从"廉"采购。其次,应就近采购,并选择最经济合理的运输方式。

(2) 直接人工成本的控制。

1)直接人工标准成本。制定直接人工的标准成本,应考虑以下两个因素:

工作时间标准(即工时定额),是指由生产技术部门和劳动工资部门根据历史资料或技术测定后确定下来的,在现有生产技术条件下,制造单位产品必需消耗的时间,包括直接加工操作必不可少的时间,以及必要的间歇和停工时间。

人工价格标准(即工资率标准或工资单价),在计件工资形式下,就是单位产品应支付的直接人工工资;在计时工资形式下,就是每一工作时间标准应分配的工资。

有以上两个标准,二者相乘可得出:

直接人工的标准成本=工资标准×工时标准=工资单价×工时定额

2)直接人工成本的日常控制。对直接人工成本的控制,一般应从控制人员数量、产品工时消耗和控制工资水平等方面着手,实际上就是要控制工资总额和提高劳动生产率。

(3) 制造费用的控制。

1)制造费用标准成本。制定制造费用标准成本,也要分别确定其数量和价格标准。前者通常采用单位产品的直接工时,价格标准是指制造的分摊率标准,其计算公式为:

$$制造费用分摊率标准 = \frac{制造费用预算}{生产量标准}$$

制造费用预算指在尽可能节约开支下的最低支付金额,由企业内各部门共同研究制定。同时,还应分别进行变动费用和固定费用的编制。生产量标准是指企业在现有设备状态下,所达到的最高产量,通常用人工小时表示。

确定了制造费用分摊率标准和单位工时标准,二者相乘可得出制造费用标准成本。

2)制造费用的控制。制造费用的内容较多,一般实行费用预算控制,企业应将预算指标分解落实到各部门、车间班组,按预算对费用支出进行控制。

5. 期间费用的控制

期间费用的控制主要有管理费用的控制、销售费用和财务费用的控制。

(1) 管理费用的控制。管理费用中大部分属固定费用,而这些费用主要由企业高级管理层控制，一般的职工对其没有约束力。针对管理费用的特点，通常可采用预算控制和审批控制相结合的方法。对法律费用进行预算控制，即事先具体反映出各项费用应开支的数据，执行过程中按这一数据控制支出。审批控制指的是在预算编制后，在执行过程中，各项开支以预算为依据，通过审批与核准，使各项费用的开支控制在预算数额内。

（2）销售费用和财务费用的控制。由于销售费用是因销售产品而发生的费用，而且一般发生于销售部门一个机构的业务范围内，所以比较适宜与销售收入直接挂钩。以销售贡献衡量销售费用的合理性从而达到降低费用和节省开支的目的。

财务费用的控制，关键在于将财务费用额与筹集资金的多少结合起来，使财务费用的控制有效、合理。

7.3.4 成本差异控制方法——差异分析

成本差异分析就是以成本费用预算为依据，将实际成本同预算成本相比较，揭示实际脱离预算的差异，并对差异进行分析，以便查明原因，划清责任，及时采取措施，降低成本费用。

一、直接材料成本差异的计算分析

直接材料成本差异的计算公式为：

$$直接材料成本差异 = 实际价格 \times 实际数量 - 标准价格 \times 标准数量$$

直接材料成本差异包括价格差异和数量差异两部分，计算公式为：

$$材料价格差异 = (实际价格 - 标准价格) \times 实际数量$$
$$材料数量差异 = (实际耗用量 - 标准费用数量) \times 标准价格$$

一般情况下，材料价格差异应由采购部门负责，材料用量差异一般应由生产部门负责。但也有例外，比如由于生产临时急需材料，运输方式改变引起的价格差异，就应由生产部门负责。

顺差与逆差一样要分析，某一顺差可能也会对企业产生不利的影响。如降低质量要求，使用价格较低的材料，短期可能会增加企业利润，但会降低企业声誉，影响以后的长期利润。

二、直接人工成本差异的计算分析

直接人工成本差异的计算公式如下：

$$直接人工成本差异 = 实际工资价格 \times 实际工时 - 标准工资价格 \times 标准工时$$

直接人工成本包括人工工资价格差异和人工效率差异,计算公式为:

$$人工工资价格差异=(实际工资价格-标准工资价格)×实际工时$$
$$人工效率差异=(实际工时-标准工时)×标准工资价格$$

造成直接人工成本中价格逆差的原因,如派工不当,把高一级熟练程度的工人派去做低一级工人应做的工作;工人加班加点,领了额外的奖励工资等。造成人工效率差异的原因,有如材料质量、工人操作方法、机器设备或工长管理能力等因素引起的。

三、变动制造费用差异的计算分析

变动制造费用差异的计算公式如下:

$$变动制造费用差异=实际分配率×实际工时-标准分配率×标准工时$$

其中:

$$变动制造费用开支差异=(实际分配率-标准分配率)×实际工时$$
$$变动制造费用效率差异=(实际工时-标准工时)×标准分配率$$

造成变动费用开支逆差的原因有二:一是各项费用项目的价格高于预计价格;二是各项费用的耗费量大于预计耗费量。

四、固定制造费用差异的计算分析

固定制造费用差异的计算公式如下:

$$固定制造费用差异=实际分配率×实际工时-标准分配率×标准工时$$

其中:

$$固定制造费用开支差异=实际分配率×实际工时-标准分配率×预算工时$$
$$预算工时=计划产量×单位产品标准工时$$
$$固定费用能量差异=(预算工时-标准工时)×标准分配率$$

对固定制造费用差异进行分析,开支逆差主要是由于临时添置固定资产,利用折旧有意增加本期成本,或预算不当等原因引起的。能量差异为逆差,说明实际产量低于计划产量。

五、成本累计曲线法

成本累计曲线又叫时间一累计成本图。它是反应整个产品或产品中某个相对独立部分开支情况的图示。具体步骤如下:

(1)建立直角坐标系,横轴表示项目的工期,纵轴表示项目成本。

(2)按照一定的时间间隔或时间单元累加各工序在该时间段内的支出。

(3)将各时间段的支出金额逐渐累加,确定出各时间段所对应的累计资金支出点,然后用一条平滑的曲线依次连接各点。

成本累计曲线的作用:

(1)成本累计曲线图上实际支出与理想情况的任何一点偏差,都是一种警告信号,但不一定发生问题。发现偏差需要查明原因,判定是正常偏差还是不正常偏差,然后采取措施处理。

(2)根据实际支出情况的趋势可以对未来的支出进行预测,将预测曲线与理想曲线比较,叫获得很有价值的成本控制信息。

(3)香蕉曲线表明了产品成本变化的安全区间,实际发生的成本变化如个超出两条曲线限定的范围,就属于正常变化。

例如,某产品的成本累计曲线如图 7-1 所示。

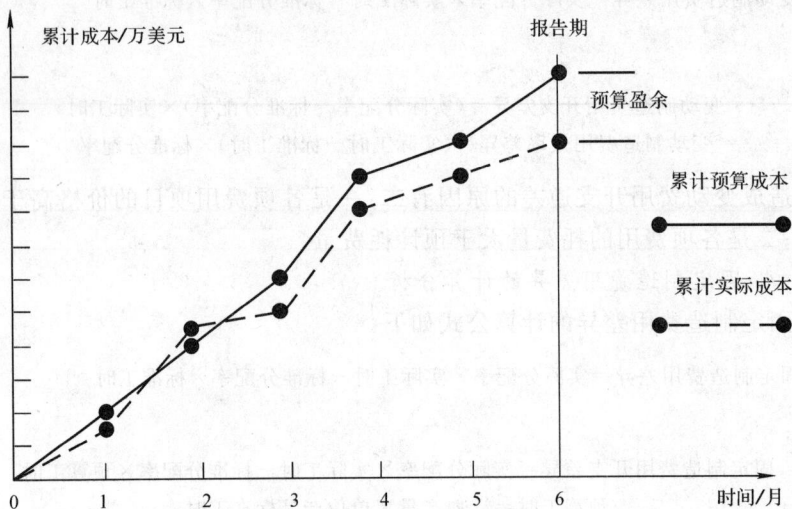

图 7-1　某产品成本累计曲线

7.4　财务分析

7.4.1　财务分析的内容及负债表和损益表

一、财务分析的内容

财务分析是利用财务报表及有关资料,运用一系列专门的方法,对企业财务状况和经营成果进行的分析和研究。财务分析是企业财务工作的一项重要内容,是加强企业经营管理的有效方法。

　　企业财务分析的内容主要包括财务状况分析和经营成果分析。前者是对资产、负债和所有者权益的分析。即对资产负债表上所列的资金筹集与合理运用状况所进行的分析。后者是对销售收入、销售成本、费用和利润的分析。即对损益表的分析。

　　二、资产负债表

　　1. 资产负债表的作用

　　资产负债表是总括地反映企业在某一特定日期(如年末、季末、月末)全部资产、负债和所有者权益情况的财务报表。

　　它的作用具体说有以下几点:

　　(1)通过该表的资产项目,可以了解企业所拥有的各种经济资源的分布形态和构成情况,分析资源的配置是否节约、合理。

　　(2)通过该表的负债项目,可以了解企业负担的长期债务和短期债务数额以及偿还时间,联系有关的资产项目进行对比分析,可以了解企业的偿债能力和支付能力。

　　(3)通过该表的所有者权益项目,可以了解企业投资者对企业资产所拥有的权益总额,将所有者权益与负债进行对比,可以了解企业的财务实力。

　　(4)通过对不同时期资产负债表的横向对比分析和纵向分析,可以了解企业资金结构的变化和财务发展趋势。

　　2. 资产负债表的结构与内容

　　资产负债表分为基本部分和附注部分。资产负债表的基本部分在结构上分为左右两方,左方为资产方,右方为负债和所有者权益方。表中各项资产的总和应当等于各项负债和所有者权益总计,左右两方永远保持平衡关系。

　　资产方项目可归纳为五大类:

　　(1)流动资产。包括货币资金、短期投资、应收账款、存货、待摊费用、待处理流动资产净损失、一年内到期的长期债券投资和其它流动资产等项目。

　　(2)长期投资。包括债权投资、股票投资等。

　　(3)固定资产。包括固定资产原值、累计折旧、固定资产净值和待处理固定资产净损失等。

　　(4)无形资产。包括专利权、商标权、土地使用权等。

　　(5)其它资产。包括除以上各项以外的长期资产。

　　上述项目是根据资产的流动性大小和可变现能力顺序排列的。流动性大,变现能力强的资产排列在前面,反之,则排在后面。如此排列,可以反映企业的短期支付能力,与该表右方的负债项目联系起来,还可以分析企业的短期偿债能力。

负债和所有者权益项目可归纳为三大类：

(1) 流动负债。包括短期借款、应付账款、应付工资、未交税金、未付利润、预提费用、一年内到期的长期负债和其它流动负债等项目。

(2) 长期负债。包括长期借款、其它长期负债等项目。

(3) 所有者权益。包括实收资本、资本公积金、盈余公积金、未分配利润等。

上述项目是按照需要偿还的先后顺序排列的,偿还时间早的排在前面,反之则排在后面。按此顺序排列,可以反映企业各种负债的时间期限,联系该表左方的资产项目,可以分析企业的短期偿债能力。资产负债表如表 7 - 3 所示。

表 7 - 3 资产负债表

单位:元

资　　产	行数	年初数	期末数	负债及所有者权益	行数	年初数	期末数
流动资产:				流动负债:			
货币资金	1	127 114	360 064	短期借款	46	772 500	872 000
短期投资	2			应付票据	47		
应收票据	3			应付账款	48	134 641	151 921
应收账款	4	24 489	22 518	预收账款	49	397 721	27 7814
减:坏账准备	5	122	61	其它应付款	50	124 332	410 063
应收账款净额	6	24 367	22 457	应付工资	51		
预付账款	7		189 505	应付福利费	52	400	2 447
其它应收款	8	36 457	524 365	未交税金	53		4 143
存货	9	1 746 971	2 225 181	未付利润	54		150 500
待摊费用	10	123 228	420 977	其它未交款	55		－ 647
待处理流动资金净损失	11			预提费用	56	39 936	23 600
一年内到期的长期债券投资	12			待扣税金	57		
其它流动资金	13			一年内到期的长期负债	58		114 415
流动资产合计	20	2 058 137	3 742 549	其它流动负债	59		
长期投资:				流动负债合计	65	1 473 310	2 006 256
长期投资	21	49 268	787 331				
固定资产:				长期负债:			
固定资产原价	24	3 614 743	4 033 677	长期借款	66	578 000	543 200
减:累计折旧	25	1 131 455	1 215 752	应付债券	67	99 250	
固定资产净值	26	2 483 288	2 817 925	长期应付款	68		
固定资产清理	27		2 260	其它长期负债	75		
在建工程	28	265 829	317 929	长期负债合计	76	677 250	543 200
待处理固定资产净损失	29			所有者权益:			

续 表

资　产	行数	年初数	期末数	负债及所有者权益	行数	年初数	期末数
固定资产合计	35	2 749 117	3 138 114	实收资本	78	2 500 000	3 500 000
无形及递延资产：				资本公积	79	808 122	1 977 904
无形资产	36	345 155	352 757	盈余公积	80		61 928
递延资产	37	256 825	243 163	未分配利润	81		174 626
无形及递延资产合计	40	601 980	595 920	所有者权益合计	85	3 308 122	5 714 458
其它资产：							
其它长期资产	41						
资产总计	45	5 458 502	8 263 914	负债及所有者权益总计	90	5 458 502	8 263 914

三、损益表

1. 损益表的作用

损益表是反映企业一定时期内(月份、年度内)生产经营成果(利润或亏损)情况的财务报表。

它的具体作用如下：

(1) 分析预测企业盈利能力,进行投资决策的依据。根据损益表提供的资料,可以计算企业的销售收入利润率、销售成本利润率、投资报酬率等指标,比较不同企业之间和同一企业不同时期的这些指标,可以了解企业的盈利能力以及企业的财务变动趋势,并预测企业未来的盈利能力,投资者可据此作出投资或再投资的决策,债券人可据此作出维持、增加或收回信贷资金的决策。

(2) 分析企业经营状况,制定经营决策的依据。从损益表上可以了解企业生产经营状况,比较分析不同时期的利润构成项目,可以了解企业收入、费用和利润之间的变动趋势,找出今后工作的重点,作出合理的经营决策。

(3) 考核企业管理部门管理绩效的依据。通过损益表比较前后期损益的增减变化情况,并分析发生差异的原因,进而评价各职能部门的业绩及他们的业绩与整个企业经营成果的关系,以便评价各部门管理的功过得失,及时作出生产、人事等方面的调整。

2. 损益表的结构和内容

损益表的结构一般有单步式和多步式两种。由于多步式损益表在企业中较为常用,因此,本书仅介绍这种损益表。这种表的特点是按照利润的组成结构分别列式,并揭示出各项不同的收入与其成本、费用之间的配比关系。损益表将利润的计算分为三个步骤:第一部分反映企业产品销售利润的构成情况;第二部分反映企业营业利润的构成情况;第三部分反映企业利润(或亏损)总额的最终计算结果。多步式损益表如表 7 - 4 所示。

表 7 - 4　损益表

单位:元

项　　　目	行次	本月数	本年累计数
一、产品销售收入	1		2 897 769
减:产品销售成本	2		2 380 149
产品销售费用	3		42 354
产品销售税金及附加	4		14 449
二、产品销售利润	7		460 817
加:其它业务利润	9	(略)	213 157
减:管理费用	10		297 626
财务费用	11		－938
三、营业利润	14		377 286
加:投资收益	15		111 561
营业外收入	16		2 400
减:营业外支出	17		1 908
四、利润总额	20		489 339

7.4.2　企业的资金结构分析

企业资金结构分析主要是通过分析企业负债和所有者权益的数额及其构成比例等,了解企业资金的筹措来源以及企业资金的构成情况,以期有计划地组织资金来源,合理使用资金。反映企业资金结构的主要指标如下:

(1)自有资本构成比率($=\dfrac{\text{自有资本合计数}}{\text{资金总数}}\times100\%$)。式中企业自有资本合计可用期末所有者权益合计数计算。资金总额可用同期末的负债及所有者权益总数计算。指标计算结果说明自有资金实力的大小,也是衡量企业经营安全性的重要指标。一般认为此比率超过 50％时,企业安全性较好。

(2)资本金构成比率($=\dfrac{\text{资本金}}{\text{资金总额}}\times100\%$)。式中资本金是指实收资本而言,它占整个企业营运资金比重越大,企业经营风险就越大。

(3)所有者权益构成比率($=\dfrac{\text{资本公积}+\text{盈余公积}+\text{未分配利润}}{\text{资本金}}\times100\%$)。若算出的此比率较高时,说明公积金充足,即企业发生了亏损,可用公积金弥补。可见,公积金对资本金具有保证的作用。因此,这项指标也称为实收资本安全率。

（4）长期负债构成比率（$=\dfrac{长期负债合计数}{资金总额}\times100\%$）。式中长期负债是偿还期限在一年以上的长期借款、应付债券和长期应付款等。长期负债构成比率反映了企业全部资金中长期负债所占的比重大小。

（5）流动负债构成比率（$=\dfrac{流动负债合计数}{资金总额}\times100\%$）。式中流动负债是偿还期限不超过一年的短期债务，它需要企业的流动资产作为主要的偿付准备，这个指标需要和反映企业偿付能力的指标结合起来分析，以了解企业偿还流动负债的能力和考察企业一定时期内流动负债是否过多和不足。

7.4.3　企业资产结构分析

企业资产结构分析主要是通过分析企业各项资产的数额及其构成比例等，了解企业资金的运用情况和企业资产构成情况。反映企业资产结构的主要指标如下：

（1）流动资产构成比率（$=\dfrac{流动资产合计数}{资产总额}\times100\%$）。式中流动资产是企业持续性经营所必要的垫支资产。流动资产的获利能力一般比固定资产低，因此，流动资产如果占用过多，就会使整个资金利润下降，但是，可使企业到期不能偿还债务、支付利息的风险降低，因而，企业要根据经营的实际情况，确定适当的流动资产构成比率。

（2）流动资产对固定资产的比率（$=\dfrac{流动资产合计数}{固定资产合计数}\times100\%$）。式中的固定资产为固定资产净值。企业的流动资产和固定资产存在着一定的合理比例，这样才能既保证经营的稳定性，又保证收益性的实现。

（3）销售债权对盘存资产的比率（$=\dfrac{销售债权金额}{盘存资产金额}\times100\%$）。式中销售债权是指应收账款、预付货款等。盘存资产是指存货等。销售债权与盘存资产额是成比例增减变动的，因此，通过该项指标可以考察两者比例是否合适。如果比率低，盘存过大，就意味着销售有困难。

（4）速动资产构成比率（$=\dfrac{速动资产合计数}{资产总额}\times100\%$）。式中速动资产是指短期内可变现的资产，包括现金、银行存款、短期投资、应收票据、应收账款等。速动资产表示企业的变现能力，也就是支付能力的大小。企业如果存在过多的速动资产，就会产生浪费，对企业经营不利。

7.4.4　企业偿债能力分析

偿债能力是指企业清偿债务的能力。它是反映企业财务状况好坏的标志,也是企业债券人最为关心的问题。反映企业偿债能力的重要指标如下:

(1)流动比率($=\dfrac{流动资产}{流动负债}\times100\%$)。流动比率是衡量企业短期偿债能力的重要指标。流动比率越高,说明企业短期偿债能力和变现能力越强,反之则越弱。但由于流动资产的获利能力通常较低,如果流动比率过高,则会影响企业的盈利能力,同时也意味着企业可能存在着库存材料积压或产品滞销问题。一般认为,对于经营正常的企业,流动比率维持在200%为最佳。

(2)速动比率($=\dfrac{速动资产}{流动负债}\times100\%$)。由于速动资产剔除了存货等流动性较差的流动资产,因而与流动比率比较,速动比率的偿债能力表现得更为明确。在速动比率良好时,即使流动比率较低,也可以大体上判定企业偿债能力没问题。一般认为,速动比率100%时最佳。

(3)资产负债比率($=\dfrac{负债总额}{全部资产总额}\times100\%$)。资产负债比率反映在企业全部净资产中负债所占的比例。负债占资产的比例越低,说明企业可用于抵债的资产越多,表明企业的偿债能力强,债权人借出资金的安全程度越高,反之则相反。一般来讲,资产负债比率以50%为最佳。

(4)资本负债比率($=\dfrac{负债总额}{所有者权益总额}\times100\%$)。资产负债比率对债权人来说也是越低越好。因为在有限责任公司形式下,债权人利益的最终保证是所有者权益,如果负债总额超过所有者权益总额,债权人承担的风险将会加大,企业一旦破产,债权人很难收回全部资金,甚至可能连带破产。一般来说,资产负债率维持在100%以下为好。

(5)即时偿付比率($=\dfrac{货币资金}{急需支付款项}\times100\%$)。式中急需支付款项包括逾期未交税金,未付利润及逾期未归还的借款和未支付的货款等。即时偿付比率反映企业对急需支付款项的直接支付能力的大小。

7.4.5　企业营运能力分析

营运能力是指企业使用经济资源或资本的效率及有效性。它以周转率为计算主体,故称为周转率指标。反映企业营运能力的主要指标有如下:

1. 应收账款周转率

应收账款周转率是指企业产品销售净额与应收账款平均余额之间的比率,它反映企业应收账款的收回速度。通过该指标可以评价企业对客户收款的能力和观察客户的偿债能力。应收账款周转率可用两种方式来表示。

(1) 应收账款周转次数。

$$应收账款周转次数 = \frac{赊销收入净额}{应收账款平均余额}$$

式中

$$赊销收入净额 = 销售收入 - 现销收入 - (销售退回 + 销售折让 + 销售折扣)$$

$$应收账款的平均余额 = \frac{期初应收账款 + 期末应收账款}{2}$$

公式中的期初、期末应收账款,可以用年初和年末数计算,也可用月初和月末数计算。采用后一种方法时,先计算出各月应收账款平均余额,再将各月应收账款平均余额之和除以 12 个月,便可以求出全年应收账款的平均余额。

(2) 应收账款周转天数。应收账款周转天数又称为平均收款期,指企业收回应收账款所平均需要的天数,计算公式为:

$$应收账款周转天数 = \frac{应收账款平均余额}{产品销售净额} \times 100\%$$

或

$$应收账款周转天数 = \frac{360}{应收账款周转次数} \times 100\%$$

在一定时期内周转次数越多或周转一次所需要的天数越少,说明应收账款的回收速度越快,变现能力越强,意味着企业资金的利用效率越高,营运能力越强。

2. 存货周转率

存货周转率是指产品销售成本与存货平均余额之间的比率,是反映企业销售能力和存货库存情况的指标。存货周转率也可用两种方式来表示。

(1) 存货周转次数。反映企业的存货在一定时期内(通常为一年)的周转次数。计算公式如下:

$$存货周转次数 = \frac{产品销售成本}{存货平均余额}$$

(2) 存货周转天数。存货周转天数指企业存货周转一次所平均需要的天数。计算公式如下:

$$存货周转天数 = \frac{存货平均余额}{产品销售成本} \times 100\%$$

或
$$存货周转天数 = \frac{360}{存货周转次数} \times 100\%$$

在一定时期内周转的次数越多或周转一次所需的天数越少,说明企业存货的流动性越大,变现能力越强。如果存货周转率偏低,主要原因是企业存货过量、存货周转太慢、存货过时及销售和存货之间无法保持平衡关系等等。当然,如果存货周转率过高,也可能说明企业投资于存货部分的资金不足,会导致丧失销售机会,造成企业损失等。

7.4.6　企业获利能力分析

获利能力是指企业利用现有资本、资产、收入、耗费等赚取利润的能力。常用的反映企业获利能力的指标如下:

(1)资本金利润率($=\frac{利润总额}{资本金总额}\times100\%$)。资本全利润率反映企业注册资本金的获利能力。该指标越高,说明企业经济效益越好,获利能力越强。评价该指标,应将其与计划指标或前期实际指标比较,以揭示企业获利能力的变动情况。

(2)资产利润率($=\frac{利润总额}{全部资产平均余额}\times100\%$)。其中,全部资产平均余额$=$期初资产总额$+\frac{期末资产总额}{2}$。

资产利润率反映企业全部资产的获利水平。该指标越高,说明企业现有资源的利用效率越高,企业经济效益越好。将本年资产利润率与同行实际水平对比,可了解本企业在同行业中获利水平高低,可揭示企业竞争力的强弱。

(3)销售收入利润率($=\frac{销售利润}{销售收入}\times100\%$)。销售收入利润率反映了企业销售成果转化为财务成果的程度。该指标越高,说明企业经济效益越好。为了进一步说明企业销售收入的盈利水平,还可以将上述指标与前期实际指标,同行业平均水平或先进水平指标进行对比分析,揭示差异,找出造成差异的主要原因,作为下一步改进工作的重点。

(4)成本费用利润率($=\frac{营业利润}{成本费用总额}\times100\%$)。公式中的成本费用包括企业的制造成本、其它业务支出、销售费用、管理费用和财务费用。成本费用利润率反映企业实现的利润总额在全部成本、费用中所占的比重。该指标越高,说明企业成本、费用的创利能力越强。

7.4.7　经营资金利润率

经营资金利润率是企业一定时期销售利润率与经营资金周转率的乘积,

它表明企业每百元资金的获利多少,是一项综合反映企业经营绩效和获利能力的指标。计算公式为:

$$经营资金利润率 = 经营资金周转率 \times 销售利润率$$

由于销售利润率没有考虑企业经营资金的占用和周转情况,而经营资金周转率不能反映企业的获利情况,所以,单独使用这两个指标时,都不能充分反映企业的经营效益。因此,在分析企业的获利能力时,就要同时对这两个因素变动情况进行分析。

7.4.8 财务状况综合分析

财务状况综合分析主要是杜邦财务分析体系。可以从两个方面来把握。

(1)从杜邦分析体系的核心指标(净资产收益率)和三个因素之间的关系来分析。

$$净资产收益率(净资产利润率) = 资产净利率 \times 权益乘数$$

$$资产净利率 = 销售净利润率 \times 总资产周转率$$

即

$$净资产收益率(净资产利润率) = 销售净利润率 \times 总资产周转率 \times 权益乘数$$

其中销售净利率反映的是获利能力,总资产周转率反映的是营运能力,权益乘数反映企业的偿债能力。

(2)权益乘数的分析。

$$权益乘数 = 总资产 \div 所有者权益 = 总资产 \div (总资产 - 总负债) =$$
$$1 \div (1 - 资产负债率) = 1 + 产权比率$$

产权比率越大,权益乘数越大;资产负债率越高,权益乘数越大。所以这三个反映企业长期偿债能力的指标的变动方向是一致的。

思考练习题

1. 什么是资本金? 建立企业资本金制度有何意义?

2. 当前企业的筹资方式有哪些?

3. 什么是筹资风险? 如何分析企业的筹资风险?

4. 什么是货币的时间价值? 用哪些方法计算?

5. 长期投资决策有哪些基本方法? 各有什么优缺点?

6. 成本费用控制包括哪些内容?

7. 分析企业短期偿债能力、长期偿债能力和盈利能力有哪些指标?

8. 某企业总投资额为 300 万元,息前税前投资利润率为 15%,借入资金利息率为 12%,该企业所得税税率为 33%。问:

(1)如果企业全部投资都是自有资金,自有资金利润率为多少?

(2)如果在企业的投资总额中,自有资金占 30%,借入资金占 70%,自有资金利润率是多少?

(3)如果在企业的投资额中,自有资金占 70%,借入资金占 30%,计算自有资金利润率是多少?

9. 某企业购甲公司发行面值为 500 元的债权 20 万元,票面利率为 13%,购入每张债券的价格为 530 元,偿还期为 3 年,试计算该种债券的投资收益率。

10. 某企业 B 产品直接单位标准成本为材料耗用 10 kg,单价为 2 元,本月生产产品 1 000 件,使用材料 9 000 kg,所用材料单价为 2.10 元,试用直接材料成本差异进行分析。

(参考答案:材料价格差异=900 元;材料用量差异=−2 000 元。)

11. 某企业有资料如表 7-5,试计算流动比率、速动比率、应收账款周转率,并分析影响应收账款周转率的因素,计算影响程度和资金节约或浪费额。

表　7-5　　　　　　　　　　　　　　　　　　　　单位:元

资产项目	上年实际	本年实际	资产项目	上年实际	本年实际
产品销售收入	23 560 000	25 140 000	流动负债合计	2 924 000	3 372 000
其中:现销收入	16 490 000	18 400 000	其中:存款余额	3 056 000	3 647 000
应收账款平均余额	1 780 000	1 540 000	待摊费用	111 000	69 000
流动资产合计	5 938 000	6 403 000			

12. 某商业企业 2004 年销售收入净额为 2000 万元,销售成本为 1600 万元;年初、年末应收账款余额分别为 200 万元和 400 万元;年初、年末存货余额分别为 200 万元和 600 万元;年末速动比率为 1.2,年末现金比率为 0.7。假定该企业流动资产由速动资产和存货组成,速动资产由应收账款和现金组成,一年按 360 天计算。

要求:

(1)计算 2004 年应收账款周转天数。

(2)计算 2004 年存货周转天数。

(3)计算 2004 年年末流动负债余额和速动资产余额。

(4)计算 2004 年年末流动比率。

13. 某公司有 A、B、C 三种投资方案,其相关资料如表 7-6 所示,如果折现率为 10%。

表　7-6

单位:元

投资方案	0	1	2
A	(10000)	3000	12000
B	(10000)	5000	7000
C	(10000)	12500	——

要求:计算三种投资方案的净现值、内部收益率。

第 8 章　人力资源管理

在现代工业企业的所有资源中，人力资源是第一资源。只有实现对人力资源的有效管理，才能更好地整合、运用好企业的机器设备、技术、资金、时间、信息等资源，才能在激烈的市场竞争中为企业带来优势，进而实现企业的经营目标。

8.1　人力资源管理概述

8.1.1　人力资源管理的概念

一、人力资源的含义

所谓人力资源是指具有智力劳动和体力劳动能力、能够推动整个经济和社会发展的所有劳动者。从广义来说，具有劳动能力的人都是人力资源。人力资源具有以下特征：

(1)人力资源具有生物性。它存在人体之中，与人的自然生理特征相联系。

(2)人力资源具有能动性。人具有思想、感情，有主观能动性，能够有目的、有意识地认识和改造客观世界。

(3)人力资源具有时效性。它的形成、开发和利用都受到时间方面的限制。

(4)人力资源具有智力性。人不仅具有主观能动性，而且还是科学文化的载体。

(5)人力资源具有两重性。人是生产者，同时又是消费者。

(6)人力资源具有可再生性。人口再生产是人口不断更新，人类自身得以延续和发展的过程。

二、人力资源管理的含义

人力资源管理,指采用科学方法对人的心理和行为进行管理,充分发挥人的主观能动性,以达到企业目标。也就是说,人力资源管理是运用现代科学方法,对与一定物力相结合的人力进行培训、组织与调配,使人力物力经常保持最佳比例,同时对人的行为、态度以及工作业绩进行控制和协调的有关政策、实践和体系,目的是使人尽其才,事得其人,人事相宜。

人力资源管理是对人力资源的取得、开发、保持和利用等方面所进行的计划、组织、指挥和控制的活动,是通过协调社会劳动组织中的人与事的关系和共事人的关系,以充分开发人力资源,挖掘人的潜力,调动人的积极性,提高工作效率,实现组织目标的理论、方法、工具和技术。

三、人力资源管理实践活动

工业企业的人力资源管理实践活动主要包括以下四个方面:一是人力资源的招聘和选择,主要包括人力规划、人员甄选、调配和安置;二是人力资源的工作绩效评估和管理;三是人力资源的培训与开发,主要包括员工培训、职业规划以及员工沟通;四是人力资源的保留和激励,主要包括报酬与福利、劳资关系、安全与卫生以及良好的工作环境。人力资源管理活动的分类,如表8－1所示。

表 8－1　工业企业人力资源管理活动的主要分类

人力资源管理活动大类	人力资源管理具体活动
人力资源规划、招聘和选择	以工作分析为基础确定组织内各种工作的性质和具体要求
	预测组织为实现目标而需要的人力资源数目和质量
	预测组织内外部的供给
	制订人员招聘计划
	招聘组织所需的人力资源
	选拔和雇佣适合组织所需特定职位的人力资源
人力资源绩效评估与管理	确立符合组织目标的绩效标准和评价体系
	考核员工业绩
	评定员工业绩并进行核实
	绩效管理

续 表

人力资源管理活动大类	人力资源管理具体活动
人力资源培训与开发	上岗导引与培训
	设计与实施员工开发方案
	构建组织内部有效的工作团队
	完善培训体系，提高培训有效性
	帮助员工进行职业规划
人力资源的保留和激励	设计和实施员工报酬方案
	改善福利制度
	调节员工关系及员工与组织之间的关系
	员工帮助和奖励制度

8.1.2 人力资源管理与企业竞争优势

一、竞争优势的定义

现代工业企业可以通过有效管理其人力资源而获取某种对其竞争者的优势。竞争优势是指为了成功，一个企业必须获得和维持的某种对其竞争者的优势，也就是说一个企业必须形成一种竞争优势或相对于其竞争者的优越市场位置。企业可以以两种方式中的一种达到这个目标：通过成本领先或通过产品或市场的差异化。在成本领先战略下，一个企业提供与其竞争者相同的服务或产品，但以一种较低的价格生产它们。通过这样做，该企业就能赢得较好的回报。而当一个企业生产受到买主偏爱的产品或服务时，产品差异化就产生了。企业可以用以下方法达到这个目标：①创造一种比其竞争者的质量更好的产品或服务；②提供竞争者不提供的创新性的产品或服务；③选择一个高级地点——其顾客更容易接近的地点；④促销和包装其产品以制造质量更高的印象。

二、人力资源管理与企业竞争优势的关系

现代工业企业的人力资源管理实践是其竞争优势的一个重要源泉。有效的人力资源管理实践可以通过创造成本领先和产品特色来提高企业的竞争优势。研究表明，人力资源管理实践可以对企业的竞争优势产生相当强烈的影响。一项研究对 35 个行业中 968 个企业的人力资源管理实践和生产率水平进行了研究。该研究揭示了人力资源管理质量与生产力水平之间的某种强烈联系——那些获得人力资源管理高评分的企业,其绩效显然优于那些获得低评分的公司。与此相似,还有一项研究发现,具有健全人力资源管理实践的企业与那些不健全的企业相比,年利润、利润增长和总体绩效的水平都比较高。实践表明:有效的人力资源管理实践的确能给企业带来竞争优势。

8.2 员工招聘

8.2.1 员工招聘概述

一、员工招聘的概念

在现代工业企业人力资源管理的各项具体活动中,员工招聘是其它各项活动开展的前提和基础。能否将符合要求的员工吸引到企业中来,是工业企业人力资源管理有效进行的保证。

员工招聘是指企业能够吸引具备资格的个人并使他们成为企业成员为企业工作的过程。进行员工招聘直接原因是企业出现岗位空缺,通常可能的原因是:企业扩大经营规模,如现有业务的扩大、添置新的生产线,或者组建新的分支机构等;进行机构调整,部门内或部门间的人员重新调配;现有人员的解聘或离职导致的人员空缺;意外事故或退休造成的员工不足等。

二、员工招聘的原则

员工招聘工作是现代工业企业人力资源管理活动的一部分,员工招聘活动应在企业经营和社会规范要求的条件下尽量取得成本-效益的最合理化。员工招聘应遵循以下几项基本原则:

1. 符合国家法律法规原则

企业各项经济活动都应该遵循国家的法律、法规以及各项规章制度。人员招聘活动也是如此。《中华人民共和国劳动法》是一部旨在调整劳动关系,维护劳动者合法权益,促进就业和社会发展的法律,其对企业面向社会进行人员的招聘与选拔工作做出了明确的规定,企业在招聘过程中必须严格遵守《劳动法》等其它法律法规。

2. 公开竞争原则

传统计划经济体制下,企业进行员工招聘时采用的是国家统一调配,内部进行,既不对外公开,也不允许竞争。这种封闭、单一的模式不符合市场经济的根本要求。改革开放的实践表明,现代工业企业要采用开放、科学、多样化的员工招聘模式,充分鼓励竞争,才能使更多优秀人才脱颖而出,才能使企业招聘到更多的优秀人才。

3. 双向选择原则

员工招聘的双向选择原则,是指企业可以根据生产经营活动的需要自主选择所需人员,同时员工也可以根据自己的兴趣、专长自由选择企业。企业按照这一原则招聘与选拔人员,就能够不断提高人员素质,优化人员结构,激发员工的工作热情,在激烈的市场竞争中取胜。

4. 效率优先原则

企业生产经营活动的根本目的是提高企业经济效益。企业各项活动都离不开这一核心。员工招聘活动也是如此,要以效率为中心,即以尽量少的招聘成本,获取高素质、符合企业需要的人员。这就要求企业人力资源部门在进行员工招聘活动时采取灵活的方式,利用适当的招聘渠道,做出合理安排以提高员工招聘效率。

8.2.2　员工招聘计划与实施

一、员工招聘计划

工业企业进行员工招聘的第一步是制订招聘计划,也就是要确定需要招聘的人数、所招员工应具备的基本资格和条件、招聘区域以及具体用人时间等。此外还要考虑企业的招聘预算并且分析企业内部及外部劳动力的供应情况,这些都对员工招聘工作有着重大的影响。

二、人力资源招聘的程序

工业企业进行员工招聘的一般程序如图 8-1 所示。

首先根据企业发展计划、工作分析的结果和企业人员变动的情况对企业在一定时期内的人力资源需求和供给情况进行预测,在此基础上确定企业的招聘需求,接着制订员工招聘的具体计划和实施方案,随后就是招聘的实施,采用科学的方法对应聘者进行选择,择优录用。

三、员工招聘的渠道

企业进行员工招聘的渠道主要有内部渠道和外部渠道。

1. 外部招聘渠道

工业企业进行员工招聘的主要外部渠道通常包括以下 5 种:

(1)熟人介绍。许多企业在招聘时会利用其现有员工提供的帮助,让员工将自己的熟人或者朋友介绍到企业中来。这样不仅省去了企业寻求其它中介服务的麻烦和由此产生的费用,而且这些由熟人介绍来的员工与企业的联系会更加紧密。

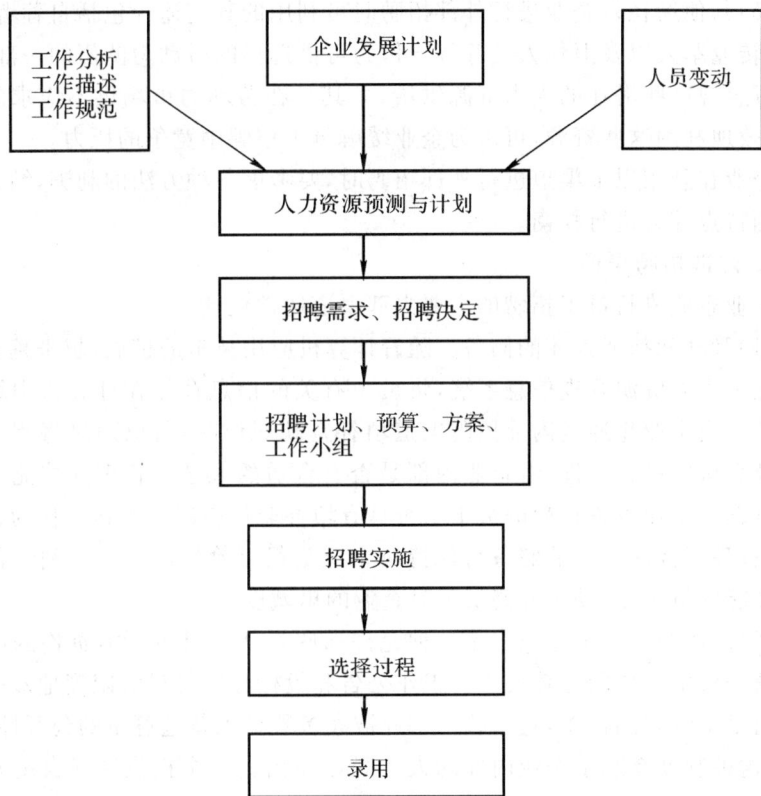

图 8-1　企业员工招聘的一般程序

（2）职业介绍机构。职业介绍机构是专门为企、事业单位提供劳动者有关信息，同时也为劳动者提供有关用人单位信息的机构。通常这类机构都存有大量各类应聘人员的信息，以便提供给寻找人员的单位。在提供服务的同时收取一定的费用。

（3）猎头公司。猎头公司是指专门为企业选聘有经验的专业人士和管理人员的机构。目前，越来越多的企业开始利用猎头公司为其搜寻中、高级管理人员。

（4）大中专院校。大中专院校是企业进行外部聘任最直接、最主要的途径。我国许多工业企业的管理人员和专业人员中有 50％以上是通过校园招聘而来。在大中专院校中，企业可以发现有潜力的专业技术人员和管理人员，经过培养,他们往往成为企业未来的栋梁。

（5）其他途径。企业进行外部招聘时可利用的其它途径包括自荐者、失业人员、转业军人以及退休人员等等。作为可供选择的劳动力队伍的一部分,企业不应忽视这些潜在的人力资源供给,尤其是在劳动力市场供不应求的情况下,有效地利用这些资源,可以为企业缓解员工招聘中竞争的压力。

企业在利用以上渠道进行外部招聘时,要考虑各种方法的利弊,结合空缺职位的特点综合进行权衡。

2. 内部招聘渠道

工业企业进行员工招聘的主要内部渠道通常包括：

（1）管理和技能人才的储备。随着计算机应用技术的扩展,越来越多的企业建立了人力资源管理信息系统,将员工有关的信息存储在计算机中统一进行管理。当企业想通过内部招聘渠道填补空缺职位时,可以通过将相关信息输入计算机中进行查询,看企业内部是否有合适的人选。管理和技能人才的储备有助于企业发现目前的员工是否具有填补职位空缺的资格。作为招聘的手段,管理和技能人才的储备与保持对企业是很有价值的。它有利于留住内部有才能的员工,有助于提高员工对企业的忠诚度。

（2）工作公告。工作公告是一种允许那些自认为具备所需资格的内部员工申请公告中工作的自荐技术。工作公告和投标程序能最大限度地减少在许多公司里常听到的抱怨,它反映了一种被大多数员工普遍尊重的公开性原则。另外,这种制度有利于企业内部的人才脱颖而出。一个提供选择自由并鼓励职业增长的企业,要比其它的企业具有明显优势。

3. 两种招聘渠道的利弊

内部招聘和外部招聘两种渠道各有利弊,其具体分析如表 8-2 所示。企业应根据空缺职位的性质等实际情况抉择。

表 8-2　两种招聘渠道的利弊分析

招聘渠道	利	弊
外部招聘	新知识、新观念的补充 有时较培训企业内部人员费用低 避免企业内部派系纷争 可能带来竞争者的秘密 平等用工,遵纪守法	可能很难找到合适的人选 可能使企业内部人员士气受损 需要较长的适应过程 固守原企业的老做法

续　表

招聘渠道	利	弊
内部招聘	提高士气 更好地进行能力评估 对某些工作而言可能成本较低 激励佳绩出现	内部繁殖 未被提升人员的士气可能受损 可能因提升而产生内部不和 需要较强的管理制度约束

四、员工招聘的实施

在大多数中型和大型的工业企业中,人力资源部门负责招聘工作的实施。在小企业里,招聘很可能由个别的经理来处理。无论是谁负责,招聘是每个企业的一个基本职能。

设置人力资源部门的工业企业在招聘过程中,人力资源部门和具体用人部门需要协同合作,共同完成招聘中的各项任务,以选拔出理想的人选。招聘过程中人力资源部门与具体用人部门的基本职责如表 8-3 所示。

表 8-3　招聘中不同部门的职责划分

人力资源部门的职责	具体用人部门的职责
负责招聘计划的制订 负责招聘广告的刊登 负责应聘人员的求职登记 初步筛选候选人 组织并协助面试 作好候选人背景调查 负责向候选人通知面试结果 负责办理录取报到手续	提出具体用人需求 负责提交招聘职位的工作描述和工作说明书 负责业务测试内容的设计 负责决定参加面试的人员 参加具体面试过程 负责决定最终人选

8.3　培训与开发

8.3.1　培训与开发概述

一、培训与开发的含义

培训与开发是指企业通过培训和开发项目改进员工能力水平和组织业绩

的一种有计划的、连续性的工作。但实际上,培训和开发这二者之间是有区别的。

　　培训的目的是使培训对象获得目前工作所需的知识和能力。例如通过示范,教一名工人如何操作一台车床,或教一名管理人员如何安排日常工作,这都是培训的例子。对培训需求的增长来源于适应迅速变化的环境、改进产品和服务质量及提高生产率以保持竞争力等方面的需要。

　　开发是指有助于员工为未来工作做好准备的正规教育、工作实践、人际互动以及人格和能力评价等各种活动。开发是以未来为导向的,因此在开发过程中所学习的东西并不一定与员工当前所从事的工作直接相关,它着眼于更长期的目标。

　　二、培训和开发的目的和意义

　　人是生产力诸要素中最重要、最活跃的因素,一个企业的命运,归根结底取决于人员素质的高低。企业进行员工培训和开发的意义主要体现在以下几个方面:

　　(1)培训与开发是提高企业员工工作效率的关键。

　　(2)培训与开发是企业迎接新技术革命挑战,实现人员素质与时代同步的战略措施。

　　(3)培训与开发是调整人与事之间的矛盾,提高企业人员素质的重要手段。

　　(4)培训与开发是发现人才、快出人才、多出人才的重要途径。

　　(5)当企业进行重大结构调整和战略改变时,培训与开发就变得更加重要。

8.3.2　培训的基本程序和方法

　　通常来说,如果企业对培训计划进行系统的精心设计,就可以大大提高培训的效率和效果。总的来说,培训应按照如下程序来进行。如图 8-2 所示。

　　一、培训项目的设计

　　1. 组织战略分析

　　要使培训更好地为组织的战略目标服务,就必须先进行组织战略分析。企业常用的 4 种企业经营战略包括集中战略、内部成长战略、外部成长战略以及投资回收战略。研究表明企业战略与培训的数量及其种类方面存在一定的相关关系。培训的主题因企业经营战略的不同而存在非常大的差异。

2. 培训任务分析

培训任务分析的内容是对工作活动进行描述,其中包括员工所要完成的工作任务以及成功完成这些任务所需的知识、技能和能力。任务分析可以分为四个步骤:① 选择需要被分析的工作;② 采用科学的方法列出当前工作岗位上需要履行任务的清单;③ 根据已经确定的任务来确定成功完成每一项任务所需要的知识、技能或能力;④ 根据需求,结合企业现有条件确定具体的培训任务。

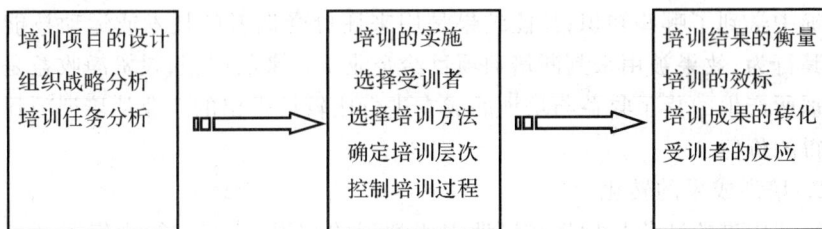

图 8-2　培训的基本程序

二、培训的实施

1. 培训者的选择

通过进行人员分析可以帮助管理者确定培训是否合适以及哪些员工需要接受培训。在某些特定情况下,比如引进新技术或新服务的时候,所有的员工可能都需要接受培训。此外,在日常工作中,那些绩效低于标准要求的员工往往是企业培训的重点对象。

2. 培训方法的选择

员工培训的方法多种多样,一般来说,企业中最常用的培训方法有在职培训和非在职培训两大类。在职培训是指为使下级具备有效完成工作所需的知识、技能和态度,在工作中由上级有计划地对员工进行的教育培训。非在职培训是指在专门的培训现场接受履行职务所必要的知识、技能和态度的培训。在实际工作中,企业应该根据培训的需要和可能,合理地选择培训方法。

3. 培训层次的确定

培训可以选择的方法虽然有许多种,但有些方法仅适用于管理者和初级专业人员,有些方法则适用于操作工人。还有些方法两类人都适用。因此,要提高培训的效果,很重要的就是要确定培训层次。最基本的培训层次包括对管理者的培训、对初级专业人员的培训、对操作工人的培训等。

4. 培训过程的控制

对培训过程的控制,直接关系到培训效果的好坏甚至整个培训的成败。

一般来说,企业对培训过程的控制应该从企业和个人两个方面实现。从企业方面来看,企业需要对其培训资源进行整合。从个人方面来看,企业需要使员工做好接受培训的准备。

三、培训结果的衡量

1. 培训的效标

培训结果可以被划分为四种类型:认知结果、技能结果、效果以及投资净收益。我们把这4项结果称为培训的效标。其中,认知结果用来衡量受训者在培训中学到了哪些知识;技能结果是用来评价受训者的技术或运动技能水平及其行为;效果被用来判断培训项目给企业所带来的回报;投资净收益是指对培训所产生的货币收益与培训的成本进行比较后得出的企业从培训项目中所获得的价值。

2. 培训成果的转化

培训成果的转化是指将在培训中所学到的知识、技能和行为应用到实际工作中去的过程。培训成果的转化受转化气氛、管理者的支持、同事的支持、运用所学能力的机会、技术支持以及自我管理技能等方面因素的影响。

3. 受训者的反应

受训者的反应一般是指受训者参加培训的情感结果。情感结果的一种类型是受训者对培训的反应。通常包括受训者对培训设施、培训内容的感知。这种信息通常是在培训结束的时候搜集。受训者的反应结果是衡量培训结果的一个重要指标。

8.4　绩　效　评　估

8.4.1　绩效评估概述

一、绩效评估的含义

绩效评估又称绩效考评或业绩评定,是指按照一定的标准,利用科学的方法,收集、分析、评价和传递有关员工工作行为和工作结果方面信息的过程。绩效评估是现代工业企业人力资源管理具体环节的核心部分。绩效评估作为企业的一项重要制度,通常定期进行考评,最常见的是每月、每季度或每年对员工进行正式的绩效评估。此外,企业中还可能存在着非正式的绩效评估,如来自于上级的口头表扬或批评,这种非正式的绩效考评也对员工工作改进起着一定的作用。

　　二、绩效评估在企业人力资源管理中的重要性

　　绩效评估作为人力资源管理的重要环节和核心内容,企业任何一项人力资源管理活动都离不开它。绩效评估是企业制定人力资源规划和人力资源决策的重要依据,同时又是检验其它人力资源管理活动的手段。绩效评估是否有效直接关系到员工的切身利益和职业发展。企业实施绩效评估的重要性如图 8-3 所示。

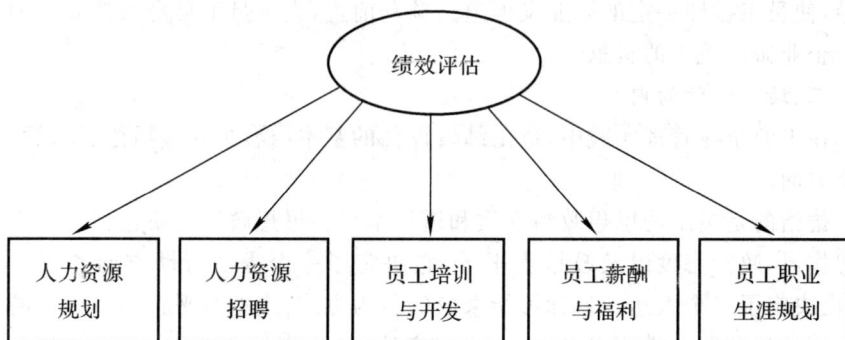

图 8-3　绩效评估的重要性

　　(1)绩效评估是制定人力资源规划的依据。绩效评估提供的有关员工工作业绩的信息是人力资源规划制定和调整的重要信息来源之一。工作绩效评估反馈的结果常常能够反映企业人力资源管理系统中的潜在问题和可能的新的增长点,为完善下一阶段人力资源规划提供参考,也使人力资源规划的制定和实施更加切合企业实际。

　　(2)绩效评估是企业进行人员配备的基础。绩效评估依据每种工作的具体要求来对照员工的实际工作业绩,找出其中的差距和不足,同时分析其中的原因,看差距产生的原因,在此基础上确定或修改工作所要求的员工基本素质或条件,或者修改工作相关的内容或范围,为企业下一步的员工招聘活动提供有效依据。

　　(3)绩效评估是进行员工培训与开发的依据。绩效评估的结果反映了企业员工的基本工作状况,如能否胜任某一项工作以及应在哪些方面加以改进和如何改进等,这类信息正是企业进行员工培训和开发所需要掌握的内容。通过工作绩效考评过程和结果讨论,确定出员工培训和开发的目标和具体实施方案,从而使企业的培训和开发取得良好的效果。

　　(4)绩效评估是薪酬福利方案制定的依据。员工绩效评估结果最直接的

应用就是为企业制定员工的报酬方案提供客观依据。每一阶段的工作绩效考评都是对员工这一阶段的工作绩效的评判，以此为依据进行报酬的发放和报酬的调整，才能真正反映员工对企业的贡献和取得回报的对应关系，起到奖惩和激励的作用。

（5）绩效评估为员工职业发展提供依据。绩效评估结果的分析讨论过程可以帮助管理者发现员工的工作兴趣方向和工作潜力，通过合理安排和适当指导，使员工按照一定的职业发展道路顺利前进，满足员工自身兴趣爱好的同时为企业做出更大的贡献。

三、绩效评估的内容

在工业企业管理实践中，员工绩效评估的基本内容主要包括德、能、勤、绩四个方面。

德指的是员工的思想政治素质和道德水平。思想政治素质包括一个人的思想作风，政治态度以及政策水平等，它决定了一个人的行动方向和奋斗目标，也决定了一个人达到目标可能采取的行为方式；道德水平包括一个人的社会公德意识和职业道德水平，是否遵纪守法，是否有敬业精神、责任心和奉献精神等。

能指的是员工的知识技能水平，即认识世界和改造世界的能力。能主要包括知识、技能、智能和体能四个方面。知识是能的基础部分，包括受教育程度、专业知识、知识结构等；技能是指员工某一方面的专门能力，如操作能力、协调能力、决策能力等；智能是相对于体能而言的、指员工进行分析和解决问题的能力，包括感觉、知觉、想象、思维等；而体能是指员工的身体素质和健康程度。

勤指的是员工对待工作的态度，包括员工工作的积极性、主动性和创造性，工作责任感以及纪律性等。勤是员工内在动力的外部表现，员工是否对工作真正投入了巨大的精力和情感，可以通过其工作表现反映出来，如出勤率高，工作认真负责等。

绩指员工的工作成果，包括员工工作的质量、数量、效益、效率等。对员工的绩效进行评估时，在分析工作成果的质量和数量的同时，要注意这些工作成果对企业和社会产生的总的影响，在实现企业目标的同时是否满足了社会效益的需求。

总的说来，德、能、勤、绩四个方面的内容是员工绩效评估中要衡量的几个重要方面，这并不表明对不同岗位的员工在评估时考评的内容和层次就完全相同，相反，在对不同岗位、不同类型的员工进行工作绩效考评时，几个方面的考核内容和重点都会有所不同,要依据不同岗位的特点认真选取不同的考评内容和重点。

8.4.2　绩效评估的基本程序和方法

一、绩效评估的基本程序

现代工业企业对员工绩效进行评估的基本程序主要包括以下 6 个阶段:

(1)绩效评估目标的确定。企业在绩效评估具体实施之前要制定明确的目标。在企业总目标和行动方案的指导下实施绩效评估。

(2)建立业绩期望。实际上也就是通过工作分析建立每一项工作的工作完成标准,使绩效评估活动有据可循,便于考评人员客观公正地进行评估,也有利于员工明确工作标准,进行自我对照,更客观地理解评估结果。

(3)检查员工所完成的工作。这是对员工实际完成工作的检查和对照过程。依照一定工作标准,员工实际工作行为如何,工作成果多少,工作质量如何,对员工工作的各个方面进行衡量。

(4)评定绩效。将员工实际工作绩效与工作标准、工作期望进行对比,依照对比结果来评定员工的工作绩效。评定员工工作绩效的过程十分关键,应尽量按照工作标准来评定,尽量克服评定过程中的主观因素,做到客观公正,考虑全面。

(5)与员工一起回顾和讨论。与员工一起回顾和讨论工作绩效评估的结果,对不明确或不理解之处作出解释,有助于员工接受考评结果,通过讨论,双方能更好地理解对工作的改进,并共同探讨出最佳的改进方案。

(6)反馈过程。绩效评估的结果在反馈给员工的同时还要将总结的经验和问题及时反馈到下一次工作绩效考评的目标制定中去,为下一次循环的工作绩效考评目标的设立、考评方法的改进以及考评信息收集来源等提供信息。

二、绩效评估的原则

(1)客观性原则。一方面在绩效评估方式的设定和标准的选取方面要保证客观性;另一方面,在考评结果的讨论和分析上也要做到与实际考评结果应有的结论相一致。

(2)公开、公平原则。绩效评估的过程和结果要对被考评对象进行公开,考评的时间、地点,考评采用的标准和方法,以及考评的结果都应该向被考评对象明确,使他们了解考评过程,自觉地参与考评,保证考评过程顺利进行。

(3)经常化原则。对于一个企业来说,绩效评估不是进行一次就可以一劳永逸的事情,员工的工作质量改进和工作效率提高是一个永不停止的过程。

这就要求企业对其员工的工作绩效考评也要经常进行,形成一种制度。

(4)全面性原则。绩效评估过程中对被考核对象的分析要从多方收集信息,全面看待被考核对象,进行综合性考评,使考评渠道多元化,考评方式多样化,考评结果全面化,形成全方位、多渠道、多层次的立体考评体系。

(5)及时反馈原则。绩效评估的结果如果不及时加以反馈,将丧失考评的现实意义。每一次的考评结果,都应该及时、准确地反馈给被考评对象,让他们了解,并在此基础上形成改进方案,达到考评的最终目的。

三、绩效评估的方法

绩效评估的方法很多,按照对绩效评估的角度不同,主要可以分为三大类,即规范参考式、行为考评式和结果考评式。另外,绩效考评面谈也是比较常用的工作绩效考评方法。

(1)规范参考式。规范参考式就是对某一职位的员工进行整体评价和鉴定,既不做工作的细分考察,也不做某一方面的详细分析,只是给出一个大致的、粗线条的、定性的描述和对比,将员工按整体业绩情况进行概括定位。这一类别中的主要方法有:排队法、成对比较法和强迫分配法等。

(2)行为考评式。行为考评式方法主要是从员工在工作当中的行为表现来考察员工的工作业绩,具体方法主要有图表评定法,关键事件法等。图表评定法是应用最为普遍的考评方法之一。

(3)结果考评式。结果考评式的方法主要是从员工完成工作的结果角度进行考评,具体考评方法主要有目标管理法、直接索引法、成果记录法等。

8.5 薪酬和福利

8.5.1 薪酬概述

一、薪酬的概念和作用

1. 薪酬的概念与内容

薪酬是指员工在从事劳动、履行职责并完成工作任务之后所获得的酬劳和回报。从狭义来说,薪酬是指员工直接获得的报酬,即工资,比如基本工资、绩效工资(奖金)、成就工资(红利、利润分享、股票期权)、津贴等。广义上的薪酬还包括员工间接获得的报酬,比如福利等(见图 8-4)。

薪酬系统
- 直接薪酬
  - 基本工资
    - 基础工资
    - 工龄工资
    - 技能工资
    - 岗位工资
  - 绩效工资
    - 奖金
    - 浮动工资
  - 成就工资
    - 红利
    - 股票期权
  - 津贴
    - 岗位津贴
    - 工作津贴
- 间接薪酬
  - 基本福利
    - 社会保险
    - 带薪休假
  - 特殊福利
    - 住房补贴
    - 交通补贴
    - 通信补贴

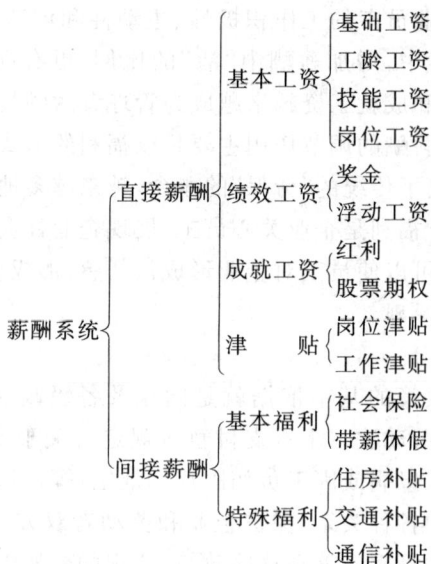

图 8-4　企业薪酬体系基本框架

现代工业企业的薪酬体系中,基本工资是基本现金报酬,是薪酬管理最基本的部分,一旦确定后就相对比较稳定。许多企业会根据员工所承担的工作本身的重要性、难度等因素来确定员工的基本工资,即采用所谓的岗位工资制;绩效工资是与员工的工作成绩直接挂钩的薪酬形式,会随着员工工作绩效的高低发生变化,比如计件工资、销售提成、浮动工资等,它是薪酬中变动性较大的一部分;成就工资是对员工在工作中卓有成就,为企业做出特殊贡献之后,企业对其推出的一项长期激励计划。它包括红利、利润分享、股票期权等;津贴则是企业对员工在特殊工作条件与环境下额外劳动消耗和额外生活费用支出的补偿,包括岗位津贴、工作津贴等;福利也是企业薪酬体系的一个重要组成部分,一般包括基本福利和特殊福利,其具体构成因不同企业而异。

2. 薪酬的作用

企业支付给员工的薪酬,应该同时具有三方面的作用,即保障作用、激励作用与调节作用。

(1)保障作用。薪酬的保障作用是通过基本工资来体现的,员工所获薪酬数额至少要能够保证员工本人及其家庭成员的生活需要,否则会影响员工的基本生活,影响社会劳动力的生产和再生产。薪酬的保障作用有助于员工获得工作的安全感,发挥工作积极性。

(2)激励作用。企业合理而具有竞争力的薪酬能够吸引外部优秀人才加入企业,并能激发企业员工的工作积极性、主动性和创造性,进而提高企业绩效。在企业管理实践中,增加薪酬中"活"的比例,更有助于调动员工的积极性。因此,绩效工资和成就工资越来越成为管理者激励员工的重要手段。

(3)调节作用。薪酬的调节作用主要是以福利的形式来体现,但现代企业的福利已经远远超出了传统的"劳保"的概念,越来越多地呈现出福利弹性化、福利显性化的特征。福利是企业关心员工、展现企业社会责任感的重要方面。通过提供各种福利,可以使员工对企业形成信任感,形成良好的组织气氛。

二、薪酬管理的原则

1. 合法性原则

企业制定薪酬政策的基本依据就是国家及各级政府的有关政策、法规。如《中华人民共和国劳动法》《工资支付暂行规定》《关于实施最低工资保障制度的通知》《企业职工患病或因工负伤医疗期规定》等。这些政策、法规为协调企业在薪酬管理中的各种关系,保护企业和劳动者双方的合法权益提供了制度保障。企业的薪酬管理应该在这些政策、法规的框架内制定和实施。

2. 公平性原则

薪酬的公平性就是指薪酬政策付诸实践后,所体现出来的薪酬水平能与员工工作性质、工作数量与质量以及人们的主观判断标准等因素结合起来,既反映了客观公正性,又体现了主观公平感。按照公平性原则,在薪酬分配过程中员工薪酬决定的过程和程序的公平性必须受到员工普遍的认同,薪酬分配的结果要使大多数员工有公平合理的感觉。

3. 有效性原则

薪酬应能激起员工的热情,但不能超过合理的限度。由于支付给员工的薪酬是企业经营成本的重要组成部分,鉴于企业所面对的各种竞争压力,企业必须使薪酬成为有效的并且是企业有能力承担的花费。薪酬的投入可以为企业带来预期的大于薪酬的收益。

4. 激励性原则

激励性是制定薪酬政策的一个重要目的,即通过公平合理的薪酬政策,来激励员工的工作行为,取得最佳的工作绩效。企业管理者要在坚持"按劳分配"原则和公平性原则的基础上,使薪酬分配能根据员工的工作表现和工作贡献来适当拉开差距,起到奖勤罚懒、激励士气的作用,把工作做得更好。

三、影响员工薪酬的因素

一般来说,影响员工薪酬水平的因素主要有:

(1)员工的劳动量。无论在什么行业、什么类型的企业中,员工薪酬水平的高低都要受到他所提供的劳动量的影响。员工只有为企业劳动才能得到企业支付给他的薪酬。在同样条件下,员工为企业提供劳动的数量、质量的差别是导致薪酬水平差别的基本原因。

(2)岗位的价值差异。企业中不同岗位的价值是有差异的。通常情况下,岗位的价值越大,其薪酬越高。比如,因为总经理这个岗位对企业的重要性和价值比一般员工要大,所以总经理的薪酬要高于一般员工。

(3)技术与能力水平。技术和能力水平越高的员工,其薪酬越高。

(4)工作条件。有些工作具有危险性,妨害人体健康,甚至威胁人的生命。还有些工作需要员工在令人难以忍受的气味、温度、噪音、气压等环境下进行。为了补偿员工在这些工作条件下额外要付出的体力、能力,鼓励他们努力工作,其薪酬当然要高。

(5)年龄与工龄。同等条件下,年龄大、工龄长的员工薪酬通常会高一些。这样可以对员工过去的投入进行补偿,而且可以增加企业员工的稳定性。

(6)企业负担能力。员工薪酬与企业的生产率发展水平有关,如果薪酬负担超过企业经济承受能力,那么就会影响企业生产经营活动的正常进行。因此,在不同企业工作的员工,其薪酬水平会有所不同。

(7)地区与行业间的薪酬水平。企业所在地区和所属的行业环境对企业的薪酬水平影响很大。企业在确定其总体薪酬水平时应该参照本地区和本行业的市场薪酬平均水平,否则可能会加速员工的非正常流动和引起同行的不满。

(8)劳动力市场供求状况。当市场上某种行业的员工供给小于需求时,其薪酬水平会提高;反之,薪酬水平就会降低。

(9)生活费用和物价水平。如果企业所在的地区生活费用和物价水平较高,则员工的薪酬水平必然会高。这是影响企业薪酬水平的一个重要因素。

8.5.2　薪酬制度

薪酬制度是工业企业日常管理活动中制度体系中的重要组成部分。在不同性质和类型的企业中,薪酬制度的具体构成因侧重点不同而有所不同。工业企业中最常见的薪酬制度有:技术等级工资制、职务等级工资制、岗位工资制、岗位技能工资制、薪点工资制及保密工资制等。每种薪酬制度都有其优势和弊端,企业应该根据员工所从事工作的性质和岗位的不同确定其薪酬制度。

一、技术等级工资制

根据劳动的复杂程度、繁重程度、精确程度和工作责任大小等因素划分技术等级,按等级规定工资标准。它一般由工资等级表、技术等级标准和工资标准三方面内容组成,适用于工人,尤其是技术比较复杂的工种。

二、职务等级工资制

职务等级工资制的侧重点是职务的性质、责任大小、工作环境等,只对事不对人。企业实施职务工资制的条件是:企业经营范围和经营领域明确;职务内容相对稳定;职务本身标准化(如常见的行政人员 30 级,技术人员 18 级)。

三、岗位工资制

岗位工资制的特点是工资的确定完全和员工所在的岗位挂钩,特定的岗位对应特定的工资标准。在实行岗位工资制的企业中,员工工资水平的高低只和其岗位有关。员工工资水平的变动必然是其所在岗位发生变动的结果。

四、岗位技能工资制

岗位技能工资制将工作对员工的要求综合归纳为劳动责任、劳动强度、劳动条件和劳动技能这四项基本劳动要素。岗位技能工资制主要由技能工资和岗位工资两个单元组成。技能工资部分体现的是工资向高技术岗位倾斜。技能工资按工人的技术水平、管理人员的管理水平和专业技术人员的专业技术水平划分类别。岗位工资部分侧重体现工资向苦、脏、累、险、毒、热等第一线岗位倾斜。

五、薪点工资制

薪点工资制是在岗位劳动评价"四要素"(劳动责任、劳动强度、劳动条件和劳动技能)的基础上,用点数和点值来确定员工的工资。点值与企业和专业厂、部门效益实绩挂钩,通过量化考核确定员工实际劳动报酬的一种工资模式。

六、保密工资制

保密工资制是一种灵活反映企业经营状况和劳务市场供求状况,并对员工工资收入实行保密的一种工资制度。一般在民营企业中使用比较广泛。

8.5.3　福利

一、福利的概念和作用

1. 福利的概念

福利是工业企业在工资以外以货币或非货币形式间接支付给员工的物质补偿和待遇。它是企业为员工提供的各种报酬中的重要组成部分。福利不同于工资这种直接的物质补偿形式,它可以是金钱和实物,也可以是服务机会与特殊权利待遇。在现代企业中,员工的满意度和生活质量问题直接关系到企业的发展,而与这些最密切相关的就是福利问题。福利的涵盖面很广,形式多样,一般来讲,它包含着员工普遍享有的安全卫生设施、劳动保护、保险、教育、服务等方面的措施。

2. 福利的作用

对于工业企业来讲,虽然福利没有工资那样具有明显而直接的影响力,但它的积极作用是间接而隐含、深远而巨大的,主要表现在以下几个方面:

(1)吸引并保持人才。人们在择职时,越来越把优厚的福利作为重要的标准。现在,许多企业也认识到,良好的福利有时比高工资更能吸引人才。另外,很多福利制度都设计的和工龄有关,使福利成为员工的一种长期投资,增强员工与企业的长期合作。

(2)提高生产率。满足员工衣食住行和教育孩子和养老方面的需要,使员工从繁重的家务劳动中解脱出来,解除其后顾之忧,便于恢复体力和智力,以充沛的精力投入再生产,提高生产率。

(3)提高满意度。良好的福利待遇会使员工增强对企业的满意感和忠诚度,从而降低员工的离职率,降低了高离职率所带来的高成本。

(4)增强凝聚力。全面而完善的福利制度,使员工因受到体贴和照顾而休会到企业大家庭的温暖和企业对员工的爱护,使员工产生很强烈的归属感,从而增强员工对企业的忠诚心、责任心和义务感。这样的激励力量使员工增强了凝聚力和奉献精神。

概括来讲,现代工业企业中福利的作用主要包括两方面:一是改善和优化劳动及生活条件;二是协调人际关系和劳资关系,使员工之间、员工与管理层之间的关系变得融洽。因此,福利管理同薪酬管理等人力资源管理的其它方面相结合,起到综合的管理效果。

二、福利的形式和内容

现代工业企业中通常把福利设施和制度作为实现福利内容的具体措施。其具体形式和内容花样繁多。每个企业除了法律、政策规定的福利以外,企业也可以有自己有利于企业和员工发展的福利项目。概括起来,福利有以下几个方面的形式和内容:

1. 公共福利

公共福利主要指法律规定的一些福利项目。其主要包括医疗保健福利、离退休福利、劳动保护和意外赔偿金等。其中,医疗保健福利包括公费医疗(全部或部分)、医疗保险、免费定期体检及防疫注射、职业病免费防护、免费或优惠疗养等;离退休福利包括离退休金、公积金、养老保险等;劳动保护包括安全生产条件的完善、女工保护、职业病的防治等；意外补偿金包括意外工伤补偿费，伤残生活补助，死亡抚恤金等，或者企业为正式员工购买伤残保险。

2. 企业福利

企业福利主要指企业根据本企业的具体情况制定的福利项目。其主要有住房福利、交通福利、饮食福利、教育培训福利、带薪休假、旅游、生活福利、顾问咨询服务以及其它福利设施和项目等。其中，住房福利主要指企业为员工提供免费或低租金的住房或者提供住房补贴和住房公积金，以及免税或低息贷款等；交通福利指企业免费或廉价提供的上下班的专车接送服务，或者报销上下班的交通费或燃料费等；饮食福利指企业提供给员工的免费或低价的工作餐或补助，工间免费饮料，公关应酬饮食报销，集体折扣代购等；教育培训福利指企业内在职或短期脱产培训，企业外公费进修，报刊订阅补贴、专业书刊购买补贴，为本企业员工提供学习设施和服务等；带薪休假指除一些法定假日以外，企业还制定了每月或每年按工龄的不同给予员工的带薪假期等；旅游指企业每年或一段时期内全额或部分资助的一种福利，通过集体活动，增强企业的凝聚力；生活福利主要有企业设立托儿所、养老所来解决企业员工的后顾之忧，帮助员工安心工作；顾问咨询服务指企业聘请法律顾问为员工提供法律服务，以及为员工设立的心理健康咨询服务减轻员工的工作压力和精神焦虑；其它福利设施和项目包括企业自建的文体设施（运动场游泳池、健身房阅览室等）、浴室以及发给员工的降温、取暖津贴，优惠价购买本企业产品或服务等。

三、企业福利弹性化

传统上，企业提供给员工的福利都是固定的。然而从 20 世纪 90 年代以来，企业福利出现了弹性化的趋势，即允许员工根据自己需要自由选择福利项目。这种弹性福利制又称为"自助餐式的福利"，即员工可以从企业所提供的一份列有各种福利项目的菜单中自由选择其所需要的福利。

企业弹性福利制是一种有别于传统固定式福利的员工福利制度。它强调让员工按照自己的需求从企业提供的福利项目中选择组合属于自己的一套福利"自助餐"。每个员工都有自己特定的福利组合。比如，西安市某工业企业在提供给员工选择的福利菜单中包括了超市购物卡、健康体检、个人保险、带薪休假、个人财务咨询、健身俱乐部会员卡、中国石化加油卡、旅游等项目，要求员工在公司给每人福利预算的限额内，根据自己需要选择相关项目，制定自己的福利组合。显而易见，员工可以根据自己的需要和兴趣，选择对自己最有用的福利项目，这不仅有利于对员工实现有效激励，而且可以改善员工与企业的关系。

思考练习题

1. 如何理解人力资源和人力资源管理的概念?

2. 企业进行招聘的内部渠道和外部渠道主要有哪些? 各有什么优、缺点?

3. 什么是培训和开发? 企业进行培训和开发的目的是什么?

4. 简述绩效评估的内容和基本程序。

5. 影响企业员工薪酬高低的因素有哪些?

6. 现代工业企业中常见的薪酬制度有哪些?

第9章 项目管理

在经济全球化的大背景下,随着现代科学技术的飞速发展和有中国特色的市场经济逐步建立,企业的内外部环境都发生了深刻的变化。在瞬息万变的新商业环境下,企业的运作业务日趋具备项目的特性,这就对传统的企业管理提出了新的挑战,此时项目管理应运而生,并逐步成为企业发展的有力保障。本章主要介绍:项目及项目管理概述,项目管理的主要内容,项目管理常用的方法与工具。

9.1 项目及项目管理概述

9.1.1 项目

一、项目的概念

自从有了人类,人们就开展了各种有组织的活动。随着社会的发展,有组织的活动逐步分化为两种类型:一类是连续不断、周而复始的活动,人们称之为"运作"(Operations),如企业日常生产产品的活动;另一类是临时性、一次性的活动,人们称之为"项目"(Projects),如企业的技术改造活动、一项环保工程的实施等。

从最广泛的含义来讲,项目是一个特殊的将被完成的有限任务。它是在一定时间内,满足一系列特定目标的多项相关工作的总称。此定义实际包含三层含义:

(1)项目是一项有待完成的任务,有特定的环境与要求。

(2)在一定的组织机构内,利用有限资源(人力、物力、财力等),在规定的时间内完成任务。

(3)任务要满足一定性能、质量、数量、技术指标等要求。

由项目的定义可以看出,项目可以是建造一栋大楼、一座工厂或一座大水坝,也可以是解决某个研究课题,举办各种类型的活动等。这些都是一次性的,都要求在一定的期限内完成,不得超过一定的费用,并有一定的性能要求等。所以,有人说项目是建立一个新企业、新产品、新工程或规划实施一项新活动、新系统的总称。

二、项目的属性

(1)唯一性。唯一性又称独特性,这一属性是“项目”得以从人类有组织的活动中分化出来的根源所在,是项目一次性属性的基础。每个项目都有其特别的地方,没有两个项目会是完全相同的。建设项目通常比开发项目更程序化些,但不同程度的用户化是所有项目的特点。在有风险存在的情况下,项目就其本质而言,不能完全程序化,项目主管之所以被人们强调很重要,是因为它们有许多例外情况要处理。

(2)一次性。由于项目的独特性,项目作为一种任务,一旦完成,项目即告结束,不会有完全相同的任务重复出现,即项目不会重复,这就是项目的“一次性”。但项目的一次性属性是对项目整体而言的,并不排斥在项目中存在着重复性的工作。

(3)多目标属性。项目的目标包括成果性目标和约束性目标。在项目过程中,成果性目标都是由一系列技术指标来定义的,同时还受到多种条件的约束,这种约束性目标往往是多重的。因而项目具有多目标属性,如图9-1所示。项目的总目标是多维空间的一个点。

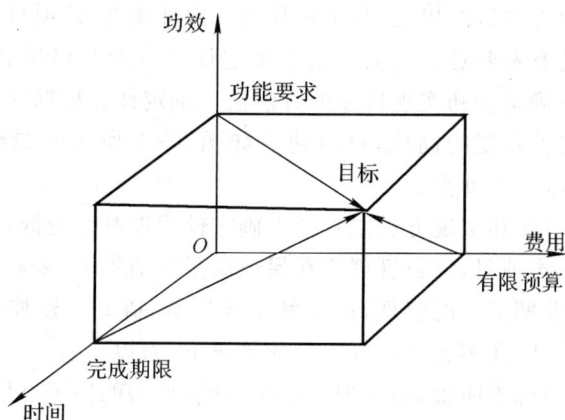

图9-1 项目的多目标属性示意图

（4）生命周期属性。项目是一次性的任务,因而它是有起点和终点的。任何项目都会经历启动、开发、实施、结束这样一个过程,人们常把这一过程称为"生命周期"。项目的生命周期特性还表现为在项目的全过程中启动阶段比较缓慢,开发实施阶段比较快速,而结束阶段又比较缓慢的规律。尽管各类项目的生命周期阶段的划分有所不同,但总体来看,可以分为概念阶段（Conceive）、开发阶段（Develop）、实施阶段（Execute）和结束阶段（Finish）四个阶段（即 C,D,E,F 阶段）。

（5）相互依赖性。项目常与组织中同时进展的其它工作或项目相互作用,但项目总是与项目组织的标准及手头的工作相抵触的。组织中各事业部门（行销、财务、制造等）间的相互作用是有规律的,而项目与事业部门之间的冲突则是变化无常的。项目主管应清楚这些冲突并与所有相关部门保持适当联系。

（6）冲突属性。项目经理与其他经理相比,生活在一个更具有冲突特征的世界中。项目之间有为资源而与其他项目进行的竞争,有为人员而与其它职能部门的竞争。项目组的成员在解决项目问题时,几乎一直是处在资源和领导问题的冲突中。

三、项目的分类

项目作为一次性任务,整体上相对于运作而言有着共同的属性和管理特征。由于项目的独特性,项目与项目之间也存在着差异性。因此,有必要对项目进行进一步的分类,以把握不同类型项目的具体特点,更有效地实施管理。

对项目进行分类根据其目的不同会有不同的分类原则。从提高项目管理的针对性和有效性的目的出发,基于项目的一次性属性,按项目的不确定性程度高低进行分类有重要意义。项目的不确定性通常涉及到两个主要的方面,即项目目标的不确定性和实现目标的方法的不确定性。根据项目目标及其实现方法的不确定性程度的高低,可以建立如图 9－2 所示的二维项目分类矩阵,把项目分为以下 4 种类型。

Ⅰ类:项目目标和实现方法二者的不确定性程度都比较低,典型的例子是工程项目。对这类项目,项目管理应在保证质量的前提下,采取各种管理方法和手段,加强对前期工作的管理,提高其工作质量,搞好投资控制。在项目过程中强化进度管理,在不突破投资限额的情况下,缩短工期。

Ⅱ类:项目目标不明确,但实现方法很明确,典型的例子是信息系统项目。对这类项目,项目管理的关键是对项目生命周期进行明确的定义,以保证项目的稳定执行。常常采用里程碑计划,里程碑代表项目生命周期某个阶段的完成。

Ⅲ类：项目目标很明确，但实现方法不明确，新产品开发项目大多如此。对这类项目，项目管理的重点除了注重项目的组织管理和技术成功外，还要搞好预测管理等全方位的管理，掌握更多的信息，努力降低风险，以实现项目的目标。

Ⅳ类：项目目标和实现方法二者不确定性程度都很高，例如研发项目。对这类项目，由于不确定性程度高，项目取得预期成果的不确定性很大。因此，这类项目就应进行严密的组织与计划，强调搞好技术管理和方法管理。

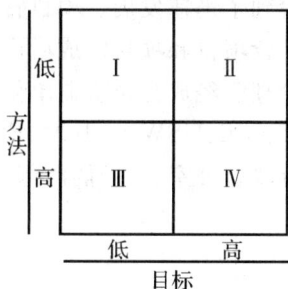

图 9-2　二维项目分类矩阵

9.1.2　项目管理

项目管理的发展是工程和工程管理实践的结果。早期的时候，人们是无意识地按照项目的形式运作，如中国的长城、埃及的金字塔及古罗马的洪水渠都是人类历史上运作大型复杂项目的范例。

随着实践的发展，项目管理的概念主要是起源于建筑行业，这是出于实践中的建筑项目相对其它项目来说，组织实施过程表现的更为复杂、社会进步和现代科技的发展，项目管理也不断地得以完善，同时项目管理的应用领域也不断扩充。

20世纪四五十年代主要应用于国防和军工领域，其特点是用横道图进行项目的规划和控制，如美国把研制第一颗原子弹的任务作为一个项目来管理，命名"曼哈顿计划"，第一次明确提出项目管理的概念。

20世纪60年代至70年代末，项目管理的应用范围仍只局限于建筑、国防和航天等少数领域，本阶段的重要特征是开发和推广应用网络计划技术。20世纪50年代后期美国出现了关键路线法（CPM）和计划评审技术

(PERT)。60年代这类方法在"阿波罗"载人登月计划中应用,取得了巨大成功。现在,CPM和PERT常被称作项目管理的常规方法或传统方法。这一阶段,项目管理的任务主要是项目执行中的计划和控制。

从20世纪80年代初到现在,项目管理的应用范围由最初的航空、航天、国防、化工、建筑等部门,广泛普及到医药、矿山、石油等领域。项目管理吸收了控制论、信息论及其它学科的研究成果,发展成为一门较完整的独立的学科体系。当前,项目管理的特点是面向市场,迎接竞争;项目管理除了计划和协调外,对采购、合同、进度、费用、质量、风险等给予了更多的重视,并且在电信、软件、信息、金融等领域中得到了迅速发展。项目管理的任务也不仅仅是执行项目,而且还要开发项目,经营项目和项目完成后形成的设施或其它成果。目前,在欧美发达国家,项目管理已经成为企事业单位甚至政府机关和国际组织运作的中心模式,如AT&T、Bell、USWest、IBM、EDS、ABB、NCR、Citybank、MorganStanley、美国白宫行政办公室、美国能源部、世界银行等在其运营的核心部门都采用项目管理。

一、项目管理的定义

"项目管理"给人的一个直观概念就是"对项目进行的管理",这也是其最原始的概念,它说明了两个方面的内涵:其一,项目管理属于管理的大范畴;其二,项目管理的对象是项目。

然而,随着项目及其管理实践的发展,项目管理的内涵得到了较大的充实和发展,当今的"项目管理"已是一种新的管理方式、一门新的管理学科的代名词。

可见,"项目管理"一词有两种不同的含义:其一是指一种管理活动,即一种有意识地按照项目的特点和规律,对项目进行组织管理的活动;其二是指一种管理学科,即以项目管理活动为研究对象的一门学科,它是探求项目活动科学组织管理的理论与方法。前者是一种客观实践活动,后者是前者的理论总结;前者以后者为指导,后者以前者为基础。就其本质而言,两者是统一的。

基于以上观点,我们给项目管理定义如下:

项目管理就是以项目为对象的系统管理方法,通过一个临时性的专门的柔性组织,对项目进行高效率的计划、组织、指导和控制,以实现项目全过程的动态管理和项目目标的综合协调与优化。

二、项目管理的特点

项目管理与传统的部门管理相比最大特点是项目管理注重于综合性管理,并且项目管理工作有严格的时间期限。项目管理必须通过不完全确定的

过程,在确定的期限内生产出不完全确定的产品,日程安排和进度控制常对项目管理产生很大的压力。具体来讲表现在以下几个方面:

1. 项目管理的对象是项目或项目化的运作

项目管理是针对项目的特点而形成的一种管理方式,因而其适用对象是项目,特别是大型的、比较复杂的项目。随着科技的飞速发展和外部环境的快速变化,传统的运作业务的生命周期变得越来越短,呈现出"项目化"的趋势,也可利用项目管理的思想和方法进行有效管理。

2. 项目管理的全过程都贯穿着系统工程的思想

项目管理把项目看成一个完整的系统,依据系统论"整体—分解—综合"的原理,可将系统分解为许多责任单元,由责任者分别按要求完成目标,然后汇总、综合成最终的成果。同时,项目管理把项目看成一个有完整生命周期的过程,强调部分对整体的重要性,促使管理者不要忽视其中的任何阶段以免造成总体的效果不佳甚至失败。

3. 项目管理的组织具有临时性、柔性和扁平化的特点

项目管理的相关组织涉及两个层面,一个是由项目经理所领导的项目团队,即所谓的"临时性组织",另一个则是项目所依存的上一级组织,即所谓的"长期性组织"。项目管理组织的特点主要表现在以下五个方面:

(1)有了"项目组织"的概念。项目管理的突出特点是项目本身作为一个组织单元,围绕项目来配置资源。这里所说的"项目组织"是指"临时性组织"。

(2)项目组织是临时性的。由于项目是一次性的,而项目的组织是为项目的建设服务的,项目终结了,组织的使命也就完成了。

(3)项目组织是柔性的。所谓柔性即是可变的。项目组织打破了传统的固定建制的组织形式,而是根据项目生命周期各个阶段的具体需要适时地调整组织的配置,以保障组织的高效、经济运行。

(4)项目组织的引入可以实现企业级组织结构的扁平化。企业通过项目管理,可以实现层次结构的扁平化。

(5)项目管理组织强调其协调控制职能。项目管理是一个综合管理过程,其组织结构的设计必须充分考虑到有利于组织各部分的协调与控制,以保证项目总体目标的实现。因此,目前项目管理的组织结构多为矩阵结构,而非直线职能结构。

4. 项目管理的体制是一种基于团队管理的个人负责制

由于项目系统管理的要求,需要集中权力以控制工作正常进行,因而项目经理是一个关键角色。"每个合格的项目经理在他走马上任的第一天就应铭

记,责任是一项不能委托出去的管理任务。虽然我们知道团队协作和工作授权在现代工作环境中的重要性,但必须有一个人始终对项目负责。"

5. 项目管理的方式是目标管理

项目管理是一种多层次的目标管理方式。由于项目往往涉及的专业领域十分宽广,而项目主管或项目经理不可能成为每一个专业领域的专家,对某些专业虽然有所了解但不可能是该领域的专家。现代的项目主管或项目经理只能以综合协调者的身份,向被授权的专家,讲明应承担工作的意义,协商确定目标以及时间、经费、工作标准的限定条件。此外的具体工作则由被授权者独立处理。同时,经常反馈信息、检查督促并在遇到困难需要协调时及时给予各方面有关的支持。可见,项目管理只要求在约束条件下实现项目的目标,其实现的方法具有灵活性。

6. 项目管理的要点是创造和保持一种使项目顺利进行的环境

有人认为,"管理就是创造和保持一种环境,使置身于其中的人们能在集体中一起工作以完成预定的使命和目标"。这一特点说明了项目管理是一个管理过程,而不是技术过程,处理各种冲突和意外事件是项目管理的主要工作。同时,由于项目组织的临时性等因素的影响,项目管理者的角色也须转换,由"发号施令"到"搭台子"。

7. 项目管理的方法、工具和手段具有先进性、开放性

项目管理采用科学先进的管理理论和方法。如采用网络图编制项目进度计划,采用目标管理、全面质量管理、价值工程、技术经济分析等理论和方法控制项目总目标,采用先进高效的管理手段和工具,主要是使用计算机进行项目信息处理等。

三、项目管理知识体系

1. 美国项目管理知识体系

项目管理知识体系(PMBOK)的概念是在项目管理学科和专业发展进程中由美国项目管理学会(PMI)首先提出来的,目前大家比较公认的是美国项目管理学会 2000 年的版本,它将项目管理知识体系分为 9 大知识领域,具体描述如下:

(1)项目综合管理:用以确保项目各要素的协调工作,它侧重项目管理的综合,包括项目计划发展、项目计划执行和全局变化控制等。

(2)项目范围管理:确定项目完成所需和仅需要的工作,包括起始、范围计划编制、范围定义、范围确认和范围变化控制等。

(3)项目时间管理:描述确保项目按时完成的过程,包括项目活动定义、活

动安排、活动时间估计、进度发展和进度控制等过程。

(4)项目费用管理：用以确保项目在预算内完成，包括资源计划配置、成本估计、成本预算和成本控制等。

(5)项目质量管理：用以确保项目产品满足质量要求，包括质量计划编制、保证和控制等。

(6)项目人力资源管理：用以确保项目最大效能地使用有关人员，包括组织计划编制、人员获取和项目组发展等。

(7)项目沟通管理：用以确保项目相关信息能及时、准确地得到处理，包括沟通计划编制、信息发布、过程评估报告和管理结束等。

(8)项目风险管理：用以对项目的风险进行识别、分析和响应识别、风险量化、风险响应和风险响应控制等。

(9)项目采购管理：用于项目执行组织从外界获取商品或服务计划、申请计划编制、资源选择、合同管理和合同结束等。

2. 项目管理知识体系的知识范畴

从学科基本结构可以看出，学科的内容是知识，但一个学科涉及哪些方面的知识，以及哪些知识属于该学科需要人为地界定。人们通常用"学科的知识范畴"来界定某学科相关知识的范围及其与其它学科的边界，而用"知识体系的范畴"来定义该学科具体的知识范围与内容。

项目管理是管理科学的一个重要分支，是一门实际应用性学科，与项目相关的应用领域也密不可分，因此目前国际项目管理界普遍认为，项目管理学科的知识范畴涉及如图9-3所示的三个主要大部分，即项目管理所特有的知识（或称普遍接受的项目管理知识）、一般管理的知识及项目相关应用领域的知识。从图9-3可以明显地看到，项目管理学科的知识体系与其它学科的知识体系在内容上有所交叉，这也符合学科发展的一般规律。通常，一个学科的知识体系可能包括一些已被其它学科所包含但仍为本学科领域专业人员普遍接受的知识领域。但是，作为一门独立的学科，必须有其独特的知识体系，这个知识体系既不是另一学科知识体系的翻版，也不是一些其它学科知识体系内容的简单组合。也就是说，一个学科的知识体系与其它学科的知识体系在内容上可以有所重叠，但它必须拥有与本学科领域相关的独特的知识内容。显然，项目管理所持有的知识是项目管理学科的核心知识。

就其概念而言，项目管理知识体系应包括项目管理学科领域相关的全部知识。但由于项目管理是一门实践性很强的交叉学科，又涉及不同的应用领域中各具特色的项目，加之学科和专业本身不断发展的特性，要建立一个"完全"的 PMBOK 文件几乎是不可能的。

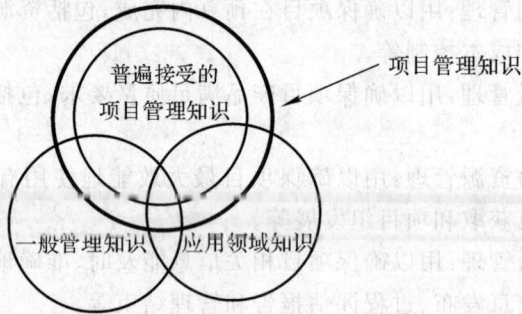

图 9-3　项目管理知识体系的知识范畴示意图

9.2　项目管理的主要内容

9.2.1　中国项目管理知识体系

由中国（双法）项目管理研究委员会研究，2006 年推出的中国项目管理的知识体系 C－PMBOK2006，将项目管理的知识体系分为：2 个层次、4 个阶段、5 个过程、9 大职能领域、46 个要素。具体描述如下：

2 个层次：即企业层次和项目层次。

4 个阶段：即项目生命期的概念阶段、开发阶段、实施阶段和结束阶段。

5 个过程：即从项目管理的基本过程看，包括启动过程、计划过程、执行过程、控制过程和收尾过程，如图 9-4 所示。

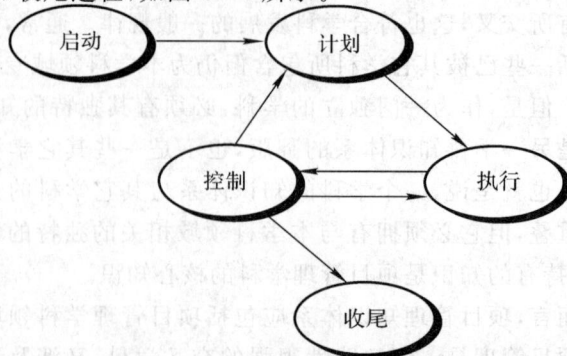

图 9-4　现代项目管理的管理过程

9 大职能领域:即从项目管理的职能领域看,包括范围管理、时间管理、费用管理、质量管理、人力资源管理、风险管理、信息管理、采购管理和综合管理。

46 个要素:①成功的项目管理;②利益相关者;③项目需求与目标;④风险与机会;⑤质量;⑥项目组织;⑦团队协作;⑧问题解决;⑨项目结构;⑩范围与可交付物;⑪时间和项目阶段;⑫资源;⑬成本与财务;⑭采购与合同;⑮变更;⑯控制与报告;⑰信息与文档;⑱沟通;⑲启动;⑳收尾;㉑领导;㉒承诺与激励;㉓自我控制;㉔自信;㉕舒缓;㉖开放;㉗创造力;㉘结果导向;㉙效率;㉚协商;㉛谈判;㉜冲突与危机;㉝可靠性;㉞价值评判;㉟道德规范;㊱项目导向;㊲大型计划导向;㊳项目组合导向;㊴项目/大型计划/项目组合的实施;㊵长期性组织;㊶经营;㊷系统、产品与技术;㊸人力管理;㊹健康、安全与环境;㊺财务;㊻法律。

9.2.2　项目的生命周期及其核心工作

项目的生命周期可以分为四个大的阶段,即概念阶段(Conceive)、开发阶段(Develop)、实施阶段(Execute)及结束阶段(Finish),简称为 C,D,E,F 阶段,如图 9-5 所示。项目的不同阶段其项目管理的内容是不相同的。项目管理的内容多是以其生命周期过程为重点进行展开,它使得人们能够从开始到结束对整个项目的实施有个全面系统而又完整的了解。表 9-1 就是从项目生命周期的角度,对项目的 C,D,E,F 四个阶段工作内容的概括描述。

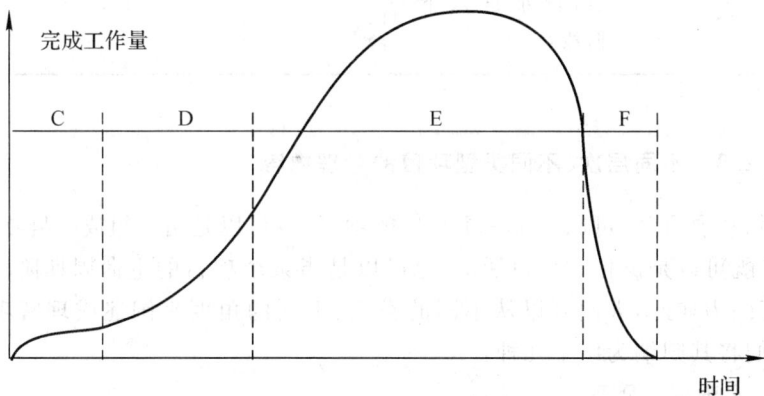

图 9-5　项目生命周期的阶段

表 9 - 1　项目的生命周期及其主要工作

C—概念阶段	D—开发阶段	E—实施阶段	F—结束阶段
• 明确需求、策划项目 • 调查研究、收集数据 • 确立目标 • 进行可行性研究 • 明确合作关系 • 确定风险等级 • 拟定战略方案 • 进行资源测算 • 提出组建项目组方案 • 提出项目建议书 • 获准进入下一阶段	• 确定项目组主要成员 • 项目最终产品的范围界定 • 实施方案研究 • 项目质量标准的确定 • 项目的资源保证 • 项目的环境保证 • 主计划的制定 • 项目经费及现金流量的预算 • 项目的工作结构分解(WBS) • 项目政策与程序的制定 • 风险评估 • 确认项目有效性 • 提出项目概要报告,获准进入下一阶段	• 建立项目组织 • 建立与完善项目联络渠道 • 实施项目激励机制 • 建立项目工作包,细化各项技术需求 • 建立项目信息控制系统 • 执行 WBS 的各项工作 • 获得订购物品及服务 • 指导/监督/预测/控制:范围、质量、进度、成本 • 解决实施中的问题	• 最终产品的完成 • 评估与验收 • 清算最后财务 • 项目评估 • 文档总结 • 资源清理 • 转换产品责任者 • 解散项目组

9.2.3　不同层次、不同类型项目的管理内容

因为"项目"既可以是指一个具体的项目,也可以是指一组或一群项目;而"活动"既可以是泛指的项目活动,也可以是指某个项目的生命周期阶段的活动。正因为如此,人们可以从不同的类别、不同的角度来阐述或理解项目管理,我们将其归纳为以下几种:

1. 宏观项目管理

宏观项目管理主要是研究项目与社会及环境的关系,也是指国家或区域性组织或综合部门对项目群的管理。宏观项目管理涉及各类项目的投资战略、投资政策和投资计划的制订,各类项目的协调与规划、安排、审批等等。

2. 中观项目管理

中观项目管理是指部门性或行业性机构对同类项目的管理,如建筑业、冶金业、航空工业等等。它包括制定部门的投资战略和投资规划,项目的优先顺序以及支持这些战略、顺序的政策,项目的安排、审批和验收等。

3. 微观项目管理

微观项目管理是指对具体的某个项目的管理。

(1)不同主体的项目管理。项目管理不仅仅是项目业主对项目的管理,项目设计、施工单位、项目监理单位等也要对项目进行管理,甚至与项目有关的设备材料供应单位,及政府或业主委托的工程咨询机构也有项目管理的业务要求。这些都是不同主体的项目管理,它们的内容、方法、规章制度等等也是不同的。

(2)不同层次的项目管理。任何一个项目的管理都可以分为三个不同的层次,即高层管理、中层管理和基层管理。高层管理者要与政府、供应商、业主、竞争对手、施工单位等方方面面的单位、人物打交道,要对项目进行重大决策,为项目负责;中层管理者是协调项目内、外部事务和矛盾的技术与管理核心,是项目质量、进度、成本的主要监督控制者;基层管理者则是项目具体工作任务的分配监督和执行者。

(3)不同生命周期阶段的项目管理。项目的不同生命周期阶段有不同的工作内容,从这个角度看,各阶段项目管理的主要任务就是如何保证本阶段任务的顺利完成。尽管不同类型的项目有不同的生命周期阶段,但概括起来可以用一种便于记忆的 C,D,E,F 四个阶段表示。

按不同生命周期阶段来分析项目管理的具体内容,可以对项目管理有一个全面系统的认识,也是一般介绍项目管理的主要侧重点。

归纳以上各点,我们可以用表 9-2 来全面描述项目管理的内容。

表 9-2　各类项目管理及其主要内容

宏观管理	项目群管理		项目管理内容 ·投资战略。 ·投资政策。 ·投资规划。 ·项目安排与审批。 ⋮ A、B、C 不同类别的项目。

续 表

中观管理	项目组管理		项目管理内容 · 部门投资战略和计划。 · 项目的优先顺序。 · 相应的行业政策。 · 资金筹措、资源分配。 ⋮
	不同主体的项目管理		项目管理内容 · 甲——投资主体的项目管理。 · 乙——设计主体的项目管理。 · 丙——施工主体的项目管理。 · 丁——监理主体的项目管理。 ⋮
微观管理（单个项目的管理）	不同层次的项目管理		项目管理内容 · Ⅰ——高层管理，主要负责总体以及与项目有关外部事务。 · Ⅱ——中层管理，责任项目的关键工作及协调项目内、外部矛盾。 · Ⅲ——基层管理，负责项目的各项具体技术及专业管理。
	不同生命周期的项目管理		项目管理内容 · C——概念阶段，主要工作是组织好可行性论证。 · D——开发阶段，组织好开工前的人、财、物及一切软件准备。 · E——实施阶段，保证项目的质量、成本、进度的顺利完成。 · F——结束阶段，评审、鉴定及项目交付和组织结束工作。

9.3 项目管理的常用方法与工具

9.3.1 工作分解结构

一、工作分解结构的概念

工作分解结构(Work Breakdown Structure,WBS)是项目管理中的一种基本方法。它主要应用于项目范围管理,是一种在项目全范围内分解和定义各层次工作包的方法。它按照项目发展的规律,依据一定的原则和规定,进行系统化的、相互关联和协调的层次分解。结构层次越往下层则项目组成部分的定义越详细。WBS 最后构成一份层次清晰、可以具体作为组织项目实施的工作依据。WBS 起源于美国军方的型号研制。

WBS 通常是一种面向"成果"的"树",其最底层是细化后的"可交付成果",该树组织和确定了项目的整个范围。但 WBS 的形式并不限于"树"状,还有多种其它形式。

二、WBS 分解时应注意的问题

(1)将项目的产品结构划分、项目的阶段划分以及项目组织的责任划分有机地结合起来。

(2)最底层的工作包应当便于完整无缺地分派给项目内外的组织或个人,各个工作包之间必须具有明确的界面,界面清楚将有利于减少实施过程中的协调工作量。

(3)最底层的工作包应该非常具体,以便承担工作的组织或个人都能明确自己的任务、努力的目标以及承担的责任,其主要优点是利于监督和业绩考核。

(4)WBS 的每个分支并不一定需要分解到相同的层次。

(5)逐层分解项目或其主要可交付成果的过程,实际上就是分派角色和职责的过程。

(6)WBS 中包括管理活动和次承包商的活动。

(7)分解后的任务应该是:可管理的、可定量检查的、可分配任务的、独立的。

(8)决定 WBS 详细程度和层次多少的主要因素包括:

1)为完成项目工作任务而分配给每个小组或个人的责任和这些责任者的能力。

2)责任能力越强,层次可以越少;反之就需要分解得细些,层次多一些。

3)在项目运行期间管理和控制项目预算、监控和收集成本数据的水平。

4)控制能力水平越高,层次可以越少;反之,就需要分解得细些,层次多一些,因为越细,项目就越容易管理,因而要求的能力就相对低一些。

三、编制 WBS 的几种思路

(1)基于功能的分解结构,如图 9-6 所示。

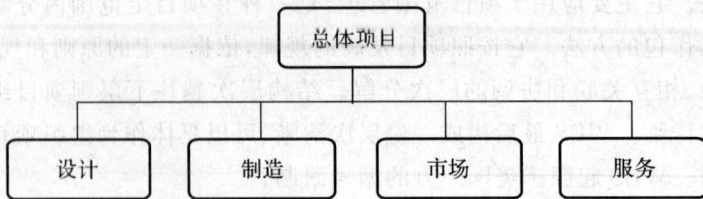

图 9-6　基于功能的分解结构

(2)基于可交付成果的分解结构,如图 9-7 所示。

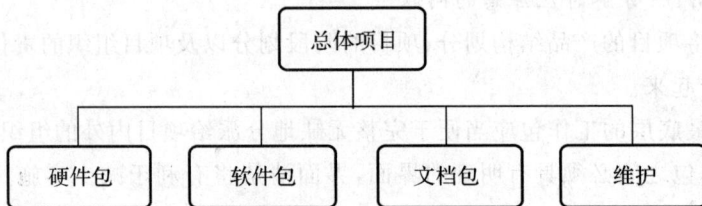

图 9-7 基于可交付成果的分解结构

(3)基于工作过程的分解结构,如图 9-8 所示。

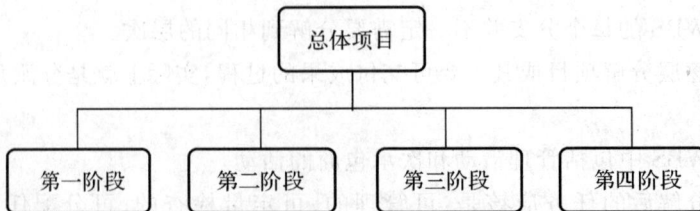

图 9-8 基于工作过程的分解结构

四、WBS分解的结果和表达形式

1. WBS分解结果

(1)项目工作分解结构图。

(2)WBS词典。WBS词典包括编码、工作包描述(内容)、成本预算、时间安排、质量标准或要求、责任人或部门或外部单位(委托项目)、资源配置情况、其它属性等。

2. WBS的表达形式

WBS可用不同的形式表达,常用的有层次结构图和锯齿列表形式,如图9-9所示。

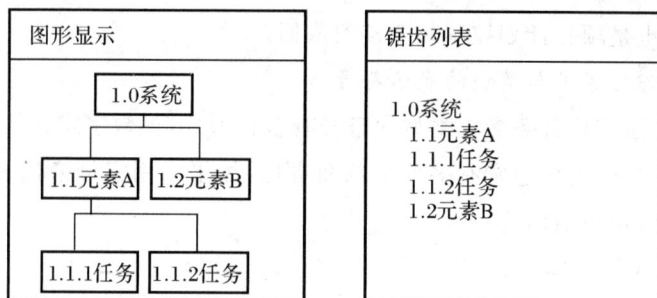

图9-9 工作分解结构的表达形式

五、WBS示例

表9-3是建造一座楼房的WBS表。

表9-3 WBS表的例子

1.0 建办公楼	1.3 屋顶
1.1 基础	1.3.1 安梁
1.1.1 挖沟	1.3.2 装栋
1.1.2 混凝土	1.3.3 上瓦
1.1.3 回填	1.4 照明
1.2 墙	1.4.1 配线
1.2.1 砌砖	1.4.2 装照明灯
1.2.2 装窗	1.4.3 配电盒
1.2.3 封门	
1.2.4 抹灰	

9.3.2　责任分配矩阵

一、责任矩阵的概念

责任矩阵(Responsibility Matrix)是一种将工作分解结构与项目组织结构建立起相关联系的结构。它是把所分解的工作任务落实到项目有关部门或个人,并明确表示出他们在组织工作中的关系、责任和地位的一种方法和工具。责任矩阵是一种矩阵图。一般情况下,它以工作元素为行,组织单元为列;矩阵中的符号表示项目工作人员在每个工作单元中的参与角色或责任。项目责任矩阵建立在项目工作分解结构和项目组织确定之后,是项目工作的落实环节,也是项目计划控制和考核的依据。

二、工作任务参与类型的表示符号

用来表示工作任务参与类型的符号有多种形式,如数字式、字母式或几何图形式。项目管理中通常有多种角色和责任,如果采用字母来代表工作参与角色或责任,可以表示为:

X——执行工作。

B——部分或参与决策。

T——培训工作。

I——必须通报。

D——单独或决定性决策。

P——控制进度。

C——必须咨询。

A——可以建议。

三、责任矩阵的特点和适用对象

用责任矩阵来确定项目组织或人员的责任已获得广泛应用。由于责任矩阵是由线条、符号和简洁文字组成的图表,它不但易于制作和解读,而且能够较清楚地反映出项目各工作部门或个人之间的工作责任和相互关系。责任矩阵可以使用在 WBS 的任何层次,如战略层次的里程碑责任矩阵、项目分级的程序责任矩阵以及战术级的日常活动责任矩阵。

四、责任矩阵示例

表 9 - 4 为一个以符号表示的责任矩阵示例。

表 9-4 以符号表示的责任矩阵

WBS / 组织责任者		项目经理	项目工程师	程序员
确定需求		⬡	▲	
设计		◯	▲	
开发	修改外购软件包	☐	⬡	▲
	修改内部程序	☐	⬡	▲
	修改手工操作系统流程	☐	⬡	▲
测试	测试外购软件包	☐	●	▲
	测试内部程序	☐	●	▲
	测试手工操作流程	☐	●	▲
安装完成	完成安装新软件包	●	▲	
	培训人员	●	▲	

注:▲ 负责　◯ 审批　● 辅助　☐ 通知

9.3.3 甘特图

一、甘特图的概念

甘特图是一种用来展示计划进度或实际进度的工具和方法。甘特图是一个二维平面图。横维表示时间的刻度;纵维表示工作包/工作任务内容,一般在图的左方自上而下排列。所使用的线条和横道(柱形)是用来显示进度与时间相关的每一个工作包的进展状况的。由于甘特图常以线条或横道来代表工作包及其活动时间,所以甘特图又常被称为横道图、条形图和棒状图。

图中的横道/粗线条显示了每项工作包/工作任务的开始时间和结束时间,其长度表示活动的持续时间,采用日历日期在横道上标出。

甘特图是人们颇为喜欢的一种进度计划图,并在实践应用中不断得到改进和完善,故而甘特图又可以被细分为传统甘特图、带有时差的甘特图和具有逻辑关系的甘特图。

二、甘特图的特点

甘特图是一种与进度信息有关的图形。与其它反映进度的图表相比,具有原始、简单和易读等特点。尽管甘特图比较原始,但经过数十年的项目管理实践,其功能有了较大的改进。目前,甘特图可兼有网络图的一些优点,如能较清楚地反映工作任务的开始和结束时间,能表达工作任务的活动时差和彼此间的简单逻辑联系。甘特图可用于 WBS 任何层次的工作任务、而时间单位则可从年到日,甚至到时。另外,甘特图除用于进度计划编制外,还可作为进度的控制工具。同样,甘特图作为进度控制的工具,也可以方便地用于 WBS 的任何层次。因此是一种颇受欢迎的进度计划和控制工具。

由于甘特图相对来说容易阅读,具有极佳的可视性,在项目实施过程中总是把这种图表张贴于项目办公室或现场供团队成员使用。同时,经常还被应用于对项目利益相关者的演示中。

三、甘特图的绘制

制作甘特图时需要依据定义项目工作的工作分解结构(WBS)。一旦确定好任务(活动),将它们标注于甘特图格式中。甘特图的时间维决定了项目计划的精确程度,绘制时可根据项目计划与控制的需要,采用小时、日、周、双周、月等为时间计量单位。如一个项目的计划完成时间为一年或以上,可采用以月、双周为单位的时间维;若项目的计划完成时间为一个月左右,则选择以日为单位的时间维将更有助于项目进度的管理。

采用常用的活动时间估算方法,确定 WBS 的每项任务持续时间(估算值),按项目实施的逻辑顺序计算每项活动的开始与结束时间。然而,将每项活动的开始与结束时间按时间坐标标注在图中,用横道或线条连接活动的开始与结束点。这样,一份基础的项目甘特图计划就完成了。通常甘特图应在项目的实施阶段由计划人员负责,相关的团队成员/部门协同编制。

四、甘特图的应用

甘特图作为项目计划进度管理工具应用可追溯至 20 世纪初。

甘特图的主要作用之一是通过代表工作包任务的条形图在时间坐标轴上的点位和跨度来直观反映工作包任务各有关时间参数;通过条形图的不同图像特征(如实心条、空心条、不同颜色等)来反映工作包任务的不同状态(时差、关键路径、计划或实施中的实际进度);通过用带箭头的连线来反映工作包任务与其它工作之间的逻辑关系。

甘特图的主要作用之二是进度控制。其工作原理是将项目实施的实际进展情况同样以条形图形式(不同图像特征)画在同一个项目的进度计划甘特图中,以此来直观地对比实际进度和计划进度之间的差距,并作为偏差控制计划制定的依据。

除此之外,甘特图的另一个重要用途是作为项目资源与费用估算曲线绘制、资源优化的基础。

　　由于甘特图简单明了,可作为小型、简单项目进度管理的首选工具或用于大型、复杂项目的较低层工作包的进度管理。但因其无法清晰地显示复杂项目中各项活动的关系,所以对于一个大型复杂的项目,单独的甘特图往往并不能为项目团队成员和项目利益相关者间沟通与协调提供足够的信息。为了确定关键路径和浮动时间(时差),应用网络逻辑图建立进度计划是绝对必要的。

　　五、甘特图示例

　　甘特图根据不同的项目类型与项目人员的专业知识与习惯可能用不同的图形来表示,特别是采用各企业自行开发使用的项目管理软件所编制的甘特图形式差别可能会更大。图 9-10 和图 9-11 为两个基本的甘特图示例。

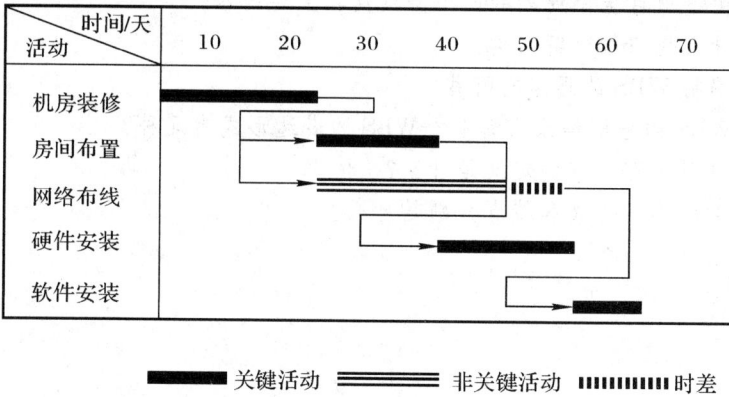

图 9-10　甘特图示例一

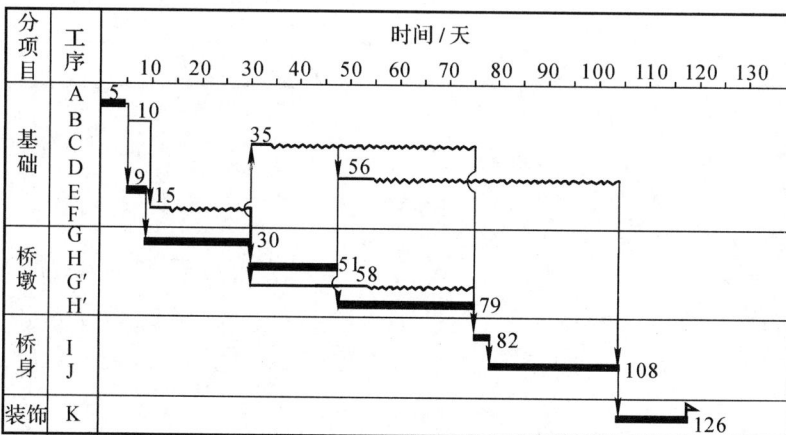

图 9-11　甘特图示例二

思考练习题

1. 简述项目的概念和属性。

2. 简述项目管理的定义和特点。

3. 简述美国项目管理知识体系中九大知识领域的内容。

4. 绘制项目管理知识体系的知识范畴示意图。

5. 阐述中国项目管理知识体系中的 2 个层次、4 个阶段、5 个过程、9 大职能领域、46 个要素分别是什么？

6. 简述项目生命周期的四个阶段及其主要内容。

7. 什么是工作分解结构？

8. 编制 WBS 的思路有哪些？

9. WBS 的分解结果有哪些？WBS 的表达形式有几种？

10. 责任分配矩阵的定义是什么？

11. 甘特图的定义和特点分别是什么？

第 10 章 知 识 管 理

知识经济时代,企业的发展不再主要依赖于资本、土地和劳动力等传统资源,而是更多地依赖于知识。知识已成为企业的重要生产资源,也是企业获取竞争优势的源泉。企业为了更好地应用现有的知识,更加有效地获取、吸收和创新知识,就必须进行知识管理。

知识管理已成为企业管理的主要内容,将为管理理论的发展开拓广阔的空间。本章主要介绍知识管理概述、知识管理流程、知识管理组织和知识管理实施。

10.1 知识管理概述

10.1.1 知识及类型

一、知识

知识是指人们在学习和实践过程中所积累的认识和经验的总和,其表现形式往往要借助于一定的语言表达或物化为某种劳动产品,它不但包含在文档或资料库中,而且还体现在组织的日常工作、流程、实践和标准中。

知识是信息的进一步应用,知识只有作用于实践,才能给人们带来价值。同时,也只有通过实践,知识才能不断创新,才能适应人类社会发展的需要。知识具有如下特征。

1. 隐含性

尽管有些知识能以文档、数据的方式显性地描述出来,但企业利用的大部分知识是隐性的,隐藏于企业员工的头脑和实践中,无法用语言表达出来。波兰尼(Polanyi)曾说过,"人所能认识的事物比他所能表达出来的要更多"。这个说法实际上包含了两重含义:一方面,由于缺乏足够的洞察力和表达能力,人们所知道的很多知识有时无法用语言来描述;但另一方面,他们所知道的很多知识实际上永远都不可能用语言表达,这是因为,这些知识的隐含性使得它们超出了语言表达的可能性。

2. 分布性

所谓知识的分布性,是指知识并不是集中起来由某一个人所拥有,而是广泛地分布于企业员工的头脑之中。知识的分布性是知识管理的动力之一,认识到知识的分布性,无疑对企业的决策权配置以及企业的组织结构设计是有重要意义的。企业中的每一个人都是认识主体,由于他们都是"在场者",因而是特定时间和地点知识的掌握者,他们比那些"不在场者"拥有这种知识上的优势。同时,企业的每一个成员还拥有只有自己知道但说不出来的知识,即隐性知识,这部分知识无论如何也无法上传或下达而进行交流,只能由企业成员个人拥有。因此,企业内的知识是由分立的个人所持有的,具有分布性。

3. 积累性

知识的积累性是知识的重要特征,它决定了知识转移和流动的效率。对于个人和企业来说,知识的接受取决于在现有基础上容纳新知识的能力。这就要求不同知识成分之间具有可加性。伴随着知识逐步以通用的语言、文字得以表达,知识的积累效果将会不断得到提高。

4. 共享性

知识的共享性是知识不同于一般经济物品的一个重要特性。所谓知识共享是指一项知识可以被两个或两个以上的使用者同时互不影响地使用,并且其价值和存量不会减少。相反,如果存在"用中学"效应,知识可能还会增加。对于一个企业来说,通过知识的共享与转移,才能实现知识的创新,才能实现知识的增值。

二、知识的类型

1. 显性知识和隐性知识

基于认识论(Epistemological)的角度,企业中的知识可分为隐性知识(Tacit Knowledge,TK)和显性知识(Explicit Knowledge,EK)。

(1)隐性知识。隐性知识是指不容易表达出来的、高度个人化的、难以规范化的知识,如经验、诀窍和灵感,因此隐性知识难以被别人复制或窃取,是企业形成核心竞争能力的基础和源泉。

(2)显性知识。显性知识是指可编码化的知识,可以用文字或数字表达,易于沟通且易被竞争对手复制,对于企业来说难以形成持续的竞争优势。

美国在线的首席执行官荣·杨(Ron Yang)说:"显性知识可以说是'冰山

的尖端',隐性知识则是隐藏在冰山底部的大部分。隐性知识是智力资本,是给大树提供营养的树根,显性知识不过是树的果实,在组织中对组织发展起作用的知识中有90%属于隐性知识"。

2. 个体知识和集体知识

基于本体论(Ontological)的角度,知识可以分为个体知识(Individual Knowledge)和集体知识(Collective Knowledge)。

(1)个体知识。个体知识是存在于个人头脑中的,或表现为并属于个人技能方面的知识,它为个人所拥有,可以独立应用于特定任务或问题的解决,并随着个体的移动而转移。虽然知识的产生来自人的认识,但是在企业管理活动中,团队、企业、企业间也具有自己的知识。

(2)集体知识。集体知识又可以分为团队知识(Team Knowledge)、企业知识(Enterprise Knowledge)和企业间知识(Inter - enterprise Knowledge)。

1)团队知识。团队知识是团队成员中分布和共享的知识,它依存于团队的个体成员,代表着团队的记忆,储存在团队的规则、程序、惯例和共同的行为准则中,并随着团队成员的交互而处于流动状态。团队只能获得和产生专门领域的知识,而在管理活动中,特别是在大的、组合型活动中,需要综合各类知识,需要转化为生产力,就需要企业知识。

2)企业知识。企业知识是将团队知识扩大并固化于企业的知识网络中形成的。企业知识是企业独有的、不能为外界模仿的知识,是构成企业核心竞争力的知识。

3)企业间知识。企业间知识,也有学者将其称为网络知识(Network Knowledge),是每一个参与其中的企业共同拥有的知识,而这一知识对每一个企业的作用则取决于每一个企业对这一知识网络的利用能力。企业间知识大部分表现为企业共享的显性知识,或通过知识联盟而形成的企业共享的隐性知识。

3. 内部知识和外部知识

从知识的范围(Scope)来看,可将知识划分为内部知识(Internal Knowledge)和外部知识(External Knowledge)。

(1)内部知识。内部知识是指企业内部所拥有的各种知识,如品牌、商标、专利、商业秘诀、生产能力、库存以及员工所拥有的知识。

(2)外部知识。外部知识是指组织以外的,有利于企业发展且能为企业所获取的各类知识。

内部知识是企业所拥有的,可在企业范围内自由共享、交流和利用,能为企业带来巨大的经济利益,因此内部知识是企业知识管理的重要内容,是企业知识创新的基础,但是企业也不能忽视外部知识,企业不仅要了解外部供应商和客户的知识,还要了解法律法规,市场惯例等外部知识来指导企业的活动,使企业积累更多知识,获得更大的收益。

10.1.2 知识管理

一、知识管理的内涵

知识管理(Knowledge Management,KM)是指企业对知识进行获取、共享、转移、应用、创新全过程的管理,其目的是提高企业知识员工的生产力,增加企业知识增量和产品中的知识含量,提高企业创新能力和核心竞争能力,使企业在激烈的全球化竞争中立于不败之地。

知识管理的构成元素可以用公式表示为 $KM = (P + K)^s$,其中"P"表示 People(人);"$+$"表示管理和技术;"K"表示 Knowledge(知识);"S"表示 Share(共享)。

二、知识管理的特征

1. 以知识为核心的管理

一是对知识本身进行管理,二是对与知识有关的技术的管理。在企业的知识管理中,无论是对知识生产、交流、内化等的管理,还是对与知识有关的资本管理、资源管理等都是以知识为核心的管理。

2. 以人为本

"以人为本"是知识管理的显著特点,知识是不能和人分离的,它只存在于人的实践过程中,人既是知识的载体,又是知识创新的主体,因此,对人的管理是知识管理的核心内容。

3. 以市场为核心

知识管理以市场为核心,具有减少风险的优势。它强调内化知识,以提高产品竞争力、提高顾客满意度和忠诚度。

4. 以知识共享为目标

知识管理以知识共享为目标,这要求所有员工共同分享他们所拥有的知识,这对企业和员工来讲是一种挑战,担心失去自己的优势。但如果不能实现知识共享,则无论对企业还是对员工都是一个巨大的损失。

三、知识管理的职能

知识管理具有学习、中介、控制、创新 4 种基本职能。

1. 学习职能

知识管理的学习职能是由于知识的指数增长与更新所决定的。学习是整合及应用知识以适应需求变化的过程,也是指取得新信息增强理解力以便更好地工作。每一个知识管理者遇到的首要问题在于要解决个人、组织的学习,包括学习什么、学习的目的、学习的程度等,涉及知识的收集、整理、积累(存储)和共享等。

2. 中介职能

知识管理的中介职能强调明确、固定的知识传送,它将知识需求者和最佳知识源相匹配。中介之所以是知识管理的基本职能,是因为知识的量大数广、分布的不均匀性和分散性所决定的。量大、分散、不均匀给知识使用带来不便,迫切需要中介进行有效的知识提供。

3. 控制职能

控制是管理的永恒主题。企业活动由于受各种因素的干扰,常常偏离企业的目标,为了保证目标得以实现,就需要控制,知识管理也不例外。另外,由于知识的共享与垄断必须对知识进行控制。知识的效益体现在适度垄断,但另一方面知识的共享是知识增值的主要途径,因此,要解决好垄断与共享问题就要进行控制。同样要保证组织目标的实现也要进行控制。在组织中,各个层次的管理者都要充分重视知识管理的控制职能,没有控制就没有管理。

4. 创新职能

创新是知识管理最主要的职能。学习、中介、控制每个过程都要有创新,创新是知识管理的灵魂。知识管理的目标是使组织获得永久的竞争力,而且竞争力的取得依赖于核心技术,核心技术需要创新。知识管理创新职能包含创新意识与创新能力的培养。

四、知识管理的原则

1. 高投入性

知识是一种资源。对它的管理需要企业投入相当的支持资源,如资金和人力。虽然很少有企业计算知识管理的成本,但仍有一些定量估计,如巴克曼实验室估计其收入的 75% 用于知识管理,麦肯锡公司长期以来将其收入的 10% 用于公司知识管理。

2. 人文与技术相结合

技术只能协助人进行知识工作及知识管理类工作,而绝不可能代替人。所以目前有效地推行知识管理的企业均投入了大量人力。

3. 高度政治性

知识与权力,金钱和成功密切相关,所以知识管理是一项高度政治性的任务。政治对有效的知识管理来说究竟意味着什么？一些知识管理人员责难政治，但机敏的知识管理者却感谢并利用政治，他们为知识的利用和价值进行游说，充当拥有知识与利用知识之间的交易经纪人，把有影响的"舆论领袖"培养成知识管理方法的早期接受者，进而努力形成对知识的支配权，以便更好地在企业内部利用知识。

4. 需要知识管理者

作为一项管理活动，除非企业内某个群体对知识管理工作负起责任，否则知识不可能得到有效的管理。知识管理者应帮助其它人创造、分配和利用知识，其自身不应该通过言语或行动暗示，他们比其它任何人"更有知识"。

5. 坚持市场导向

知识管理不应该试图建立某种知识指挥体系，而应听任知识市场运作，只是提供和反映其客户需要的知识。听任市场运作意味着知识管理者尝试使知识变得尽可能地吸引人和可以理解，接着观察需要使用哪些具体条件，可以获得哪些知识。

6. 鼓励知识共享

要求员工将他的知识贡献出来，并将其知识纳入知识库以备共享是一项非常艰难的工作。员工会问，如果我的知识是一种宝贵的资源，为什么应该与人共享？如果我的职位是创造知识，为什么我应该利用你的而不是我的知识，从而将我的职位置于风险之中？所以知识管理者不能把共享知识当做理所当然的事，必须通过业绩评价和补偿等方式来刺激和鼓励共享。

7. 着眼于知识利用

知识资源是在为数不多的特定过程中产生、共享和利用的，这些特定过程因企业和行业的不同而不同，但一般均包括市场研究、产品设计和开发、交易等与公司业务密切相关的过程。知识管理必须将注意力集中到知识资源在这些过程中的应用上。

8. 培育用户对待知识的正确态度

成功的知识管理需要企业员工的关注和参与，以员工对待知识及知识管理的积极态度为重要前提。

9. 知识管理永无穷尽

与人力资源管理或金融管理一样，知识管理的任务是永无穷尽的。永远不可能有知识得到充分管理的时候。在任何时候知识管理者都不要认为只要他们能够有控制地获得组织加工过的知识，他们的工作就算完成了。企业所需知识的类型始终在发生变化；新技术、管理方式、规则和知识用户关心的事层出不穷;企业不断改变其策略、组织结构以及产品和服务重点;新的管理人员和专业技术人员对知识有新的需要;等等,所有这些因素均使知识管理工作永无穷尽。

10. 需要法律支持

在一个企业中,究竟是雇主还是员工自己应该拥有员工知识的使用权?员工的知识能否被拥有或租用,员工头脑中的所有知识是否都是雇主的财产?文件柜或者电脑中的知识又当如何处理? 当咨询顾问向企业提供咨询服务时,他们的知识属于谁? 这些都是知识管理过程中需要认真对待的法律问题,但目前尚无这方面的规则。所以知识管理将会导致律师人数的增加和相关知识产权法规的完善。

10.2　知识管理流程

知识管理流程既是知识管理理论中的一个重要问题,也是知识管理过程中无法回避的一个问题,它在一定程度上影响了企业知识管理的具体模式,并且体现了知识管理活动的特征,知识管理的整个流程包括知识获取、知识共享、知识转移、知识应用、知识创新和知识评价。

10.2.1　知识获取

从企业的内部和外部获得所需的知识,目的是了解知识存在于哪里,企业已有什么样的知识,企业需要什么样的知识。

学习和创新是企业管理中汲取知识的两条主要途径,企业必须对它们进行全面的组织和管理才能有效地达到自己获取知识的目标。

一、学习

早在手工生产年代,工匠们就通过学徒制的形式来进行技术的传播和学习。在知识迅速膨胀的当代社会,这种零星的方式显然已不能满足市场对企业知识的要求,企业应按三个层次来管理它的学习过程。

1. 显性知识的学习

外部资源中的知识具有公共产品的性质,但并不会因为它的存在而自然地增加企业的能力。企业只有通过自己的学习,才能让企业真正懂得并去应用这些知识。这些知识的学习不能形成企业的核心能力,不能让企业获得竞争优势,但是企业生存并跟上社会进步所必须的,否则企业就会落后于社会的发展而被淘汰。企业可以通过对这部分知识的学习,并把它应用到生产实践活动中去,从中可生成企业部分的核心能力。

2. 过程学习

过程学习即向经营活动学习,也就是常说的"干中学"。这个学习能力的强弱决定了企业在经营活动中增值了的知识的大小。也就是说不同的企业由于学习能力的不同,会从类似的经营活动中得到的经验教训是不一样的。这些经验教训大部分是方法类的知识,属于企业核心能力的范畴,能够让企业在以后类似的经营活动中获得竞争优势。

3. 隐性知识的学习

隐性知识的学习主要表现为员工之间的相互学习,参与管理活动的人员总是占有较多的从活动中学习到的企业核心能力类知识,这类知识可能对管理的其它部门的工作也有意义,因而要通过内部学习来扩大核心能力发挥作用的范围。隐性知识的学习可采取相互交流、师傅带徒弟等形式实现。

二、创新

创新是推动经济前进的火车头,也是知识的最终源头。企业必须能够超越现有的框架,通过创造性的工作来获取所需的新知识和新能力。从长远来看,一个不能通过创新来获取知识的企业,必将为竞争所淘汰。对企业而言,创新不仅包括技术上的突破和产品的开发,也包括生产流程、组织结构、市场运作等方面的革新。这一系列创造性过程区别于企业日常性业务的最大特点就在于它们的不可预见性,因此组织对创新的管理不是简单的计划和安排某个人在某个时间去进行创新工作,而应把重点放在建立适当的组织结构以利于创新的发生和对创新全过程的控制上。

1. 建立柔性的组织结构

在专业分工日益细化的背景下,企业的领导已不可能掌握完成企业各项工作所需的所有技能,现代生产的效率越来越取决于特定的工作是否与完成该项任务的特定知识相结合。对于创新工作而言,情况更是如此。因此,企业应建立一种柔性的组织——结构扁平化,灵活性和适应性强,时常组建一些由各类具有专门知识的人员构成的合作型团队来完成特定的任务。同时,企业的管理者要充分信任员工,通过授权来最大程度地激发他们的积极性和创造性,要允许创新过程中的失败,并对创新的结果给予应有的奖励。这样,企业才具备了不断创新的组织保证。

2. 创新全过程的控制

创新的发生是无规律的、跳跃式的。但就创新总体而言,它又遵循着一个一般的程序,包含四个基本的步骤:寻找机会,提出构想,迅速行动,坚持不懈。

组织要通过创新来获取不断发展所需的知识,必须对这四个步骤进行有效的组织和控制。

学习和创新是企业获取知识过程中相互依存的两个环节:学习是创新的基础,创新又将导致新一轮的学习,偏废其中的任何一个环节都会给企业带来极其不利的影响。

10.2.2 知识共享

企业知识共享是指企业通过各种交流方式,能够在最佳时机、最佳地点,以最合适的形式,将最合适的知识传递给企业中最合适的成员的过程。根据汉森教授(Hansen)等在《哈佛商业评论》上的论文,企业共享知识有两种基本的方法:编码法(Codification)和人员法(Personalization)。

一、编码法

编码法指的是企业将所需的知识编辑存储在一个完善的数据库中,并采取一系列的措施使得每个员工都能方便地接触和使用其中的信息。友邦保险公司的知识传递采用的就是这种策略。它把客户在投保过程中会产生的一些疑问搜集起来,请专家和资深人员编写答案,然后建立一个强大的数据库进行汇总和存储,并对每个业务员进行培训。这样每个业务员都拥有了一个由上千个问题及答案组成的资料库,客户发问时,他们只需按已成文的材料进行回答就能取得满意的效果。

二、人员法

人员法指的是在一些知识与特定个人紧密结合在一起的组织中,知识共享的主要方法是人员与人员之间的相互交流。在这种情况下,企业的注意力应主要集中在对知识沟通进行鼓励并为它创造条件上,而不是企图对这些知识进行编纂和存储。人员法强调投资人力资源,大量引进国内乃至世界一流的专家、学者,积极花费巨资鼓励他们直接与企业的其它人员和顾客进行交流,以便共享知识。

10.2.3 知识转移

知识转移是在特定的情境中实现知识从知识拥有者到知识接受者的转移过程,目的是使知识拥有者的知识成为知识接受者的知识,是缩小知识拥有者和知识接受者之间的知识差距,促进个人和组织的共同发展,从而最大化利用知识资源获得竞争优势的过程。

日本学者野中郁次郎(Ikujiro Nonaka)从隐性知识与显性知识相互转化

的角度分析了企业中知识转移的四个子阶段,如图 10-1 所示。

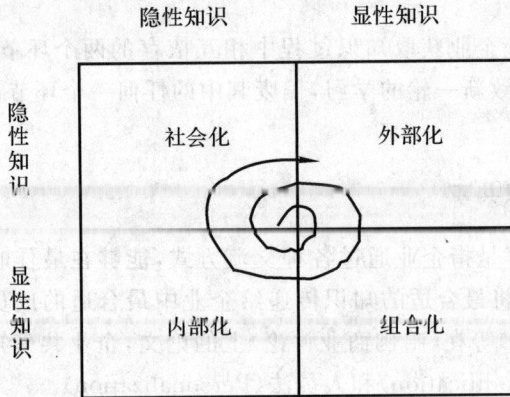

图 10-1　SECI 知识转移过程

一、社会化

社会化(Socialization)阶段是指隐性知识向隐性知识的转化过程。这是一个通过共享经历来建立隐性知识的过程。由于隐性知识是难以用语言明确表述的,并且与其产生的环境和个人密切相关,因此,获取隐性知识的关键是通过共同的活动来体验相同的经验。但是,社会化只是知识转移过程中的初级阶段,因为知识虽然在个体之间进行了转移,但它仍是高度默会性的,即无法清楚表述出来的,所以还不能够被组织作为一个整体来加以利用。

二、外部化

外部化(Externalization)阶段是指隐性知识向显性知识的转化过程。这是一个将隐性知识用显性化的概念和语言清晰表达的过程。外部化是整个知识转移过程的关键,因为它将隐性知识变得更加明晰和具体,从而易于在企业成员之间交流和分享。

三、组合化

组合化(Combination)阶段是指显性知识向显性知识的转化过程。它是一个通过各种媒介(文件、会议、电话会谈或电子交流)来将孤立的显性知识组合成为更系统的显性知识的过程。通过组合化可以使员工更系统地理解显性知识,但是它并没有真正地扩展企业现有的知识基础。

四、内部化

内部化(Internalization)阶段是指显性知识向隐性知识的转化过程。它是一个将整个组织的显性知识内化为个体员工的隐性知识的过程。通过组合化产生的新的显性知识被组织内部员工吸收、消化,从而拓宽、延伸和重构了自己的隐性知识系统。

10.2.4　知识应用

知识应用是企业获取知识、共享知识和转移知识的目的所在,也是实现知识向"知识资产"转变的最终环节。企业如果已经出色地完成了前几个部分的工作,一般而言知识应用的过程也将较为容易地得到实现。事实上,对员工应用知识解决问题的过程进行控制也是企业知识管理不可或缺的重要一环。

首先,管理者必须同崇尚学习、创新和分享知识,在组织内鼓励正确地应用知识,按规律办事,并让员工能亲身感受到这样做在提高工作水平过程中所起的巨大作用。

其次,企业必须加强对一些关系重大的知识应用过程的控制:一方面应制定一系列书面的规章制度作为这些活动的行为规范;另一方面应加大人员监控的力度,尤其是应增强专业人员对整个过程的调整和控制。当然,企业在强调正确应用知识时不仅要允许员工提出一些不同的想法,还应为这些想法向上层反映建立一条通畅的渠道,否则将会大大抹杀员工的创造性,使企业失去蕴藏在其中的众多创新机会。

10.2.5　知识创新

企业知识创新是指产生各类新知识如新的产品知识、新的业务过程知识等的过程。知识创新是知识管理的最高境界,它可以帮助企业实现整体知识规模的拓展以及知识质量的提升,某种程度上它更是一种质的改善过程。企业在知识获取、知识共享、知识转移和知识应用过程中会伴随着知识的创新过程,知识创新是一个连续的、动态的过程,需要隐性知识与显性知识的相互作用。隐性知识是存在于个人头脑中的、存在于特定环境下的、难以正规化的、不易沟通的知识;而显性知识是经过加工整理的,可以用正规化的、系统化的语言或文字来传递的知识。隐性知识往往形成企业的专有知识和专有资产。隐性知识和显性知识并不完全是孤立的,它们在人们创新性的活动中相互作用、相互转化。

一个企业要成功地进行知识创新,应当注意以下几点:认识创新的主体,知识创新需要激发人的创造力;要把企业中个人的隐性知识转移到组织中去;在企业内不同层次开展知识创新,形成一定的氛围与机制;在企业内部为个人创新知识提供条件和支持,持续不断地创造新知识,要弘扬创新精神,提倡科学冒险。

人既是知识的载体,又是知识获取、知识共享、知识转移、知识应用和知识创新的主体。因此,对企业知识体系及其流动过程进行管理主要是对人的管理,只有建立以人为中心的企业知识管理系统,才能卓有成效地获取、共享、转移、应用和创新知识,培养并增强企业的核心能力。

10.2.6　知识评价

知识评价就是由专门机构建立系统的、标准化的知识考核量化指标体系,对知识及其应用状况进行完整的分析和评价。知识评价对企业知识管理的发展有重要意义,主要表现为:揭示对企业知识进行的实际管理的优势和劣势;分析知识管理的环境、障碍和促进因素;提高企业对知识管理的关注程度;设计未来知识管理方法路线图;为控制知识管理活动收集可以测量的数据。

知识评价方法有多种,在此主要介绍知识管理评估工具 KMAT(Knowledge Management Assessment Tool)法。KMAT 是安达信公司(Arthur Andersen)和美国生产力与质量中心(American Productivity & Quality Center)所共同开发的知识管理诊断工具,目的是为了评估企业因为实行知识管理而产生何种影响。

KMAT 是透过对企业内部知识运用实际情形的诊断,来理解知识管理实行的成效与重要性。除了可以强化顾客的服务,也可以提示今后的发展方向。

一、KMAT 的理论框架

KMAT 的核心是知识管理本身,在知识管理过程中,会造成促进或阻碍知识管理效果的因素称为"能力因子",包括领导、科技、文化和测量。

1. 领导

领导包括广泛的策略问题,以及组织如何界定本身的业务并使用本身的知识资产,来增强组织的核心能力。

2. 文化

文化反映出组织如何正视并促进学习与革新,包括组织如何鼓励成员使用增进顾客价值的方式,来建立组织的知识基础。

3. 科技

科技专注于组织如何使其成员具备容易与他人沟通的能力,以及使用来搜集、储存与传播信息的系统。

4. 测量

测量不仅包括组织如何量化其知识资本,而且也包括如何分配资源来加速组织资本的成长。

二、KMAT 的评估要素

KMAT 的诊断依据知识管理系统的促动要素:领导、文化、科技与测量,再加上知识管理流程共 5 个能力因子,并具体分为 24 项问题。

1. 流程能力因子

(1)组织有系统地指认出知识落差,并且会使用正确的流程来消除此种落差现象。

(2)组织已发展出精密并符合伦理的智慧搜集机制。

(3)所有组织成员均有肩负传统和非传统职责的观念。

(4)组织已正式建立转化最佳实务的程度,包括文件制度和习得的教训。

(5)隐性知识是有价值的,而且会在组织中转移。

2. 领导能力因子

(1)管理组织的知识是组织的核心策略。

(2)组织了解本身知识资产所创造的潜在收益,并且会发展出营销和出售的策略。

(3)组织利用学习来支持现存的核心能力并创造新能力。

(4)个人会因为对组织知识的发展做出贡献,而获得聘用、评价及补偿。

3. 文化能力因子

(1)组织鼓励并增进知识的分享。

(2)开放和信任的气氛弥漫着整个组织。

(3)顾客价值的创造被认为是知识管理的一项重要目标。

(4)弹性和革新的欲望会带动学习的过程。

(5)组织成员会肩负起本身的学习责任。

4. 科技能力因子

(1)科技连接组织的所有成员,以及相关的外部成员。

(2)科技创造了可供整个组织运用的组织记忆。

(3)科技使组织拉近与顾客的距离。

(4)组织信息科技的发展是以"以人为中心"。

(5)组织成员快速掌握可用来支持共同合作的科技。

(6)信息系统是实时的、整合的和智能化的。

5. 测量能力因子

(1)组织已经建立联结知识和财务成果的方式。

(2)组织已经发展出一组管理知识的特殊标准。

(3)组织的绩效评估兼具软件与硬件,而且重视财务和非财务指标。

(4)组织分配资源至显示出提升知识基础的努力上。

三、KMAT 的评估方法

评估时,企业要分别就实践成效和重要性两方面来对这 24 个问题做出回答。答案分成五个等级:1=没有表现;2=表现不佳;3=尚可;4=表现良好;5=表现优异。

在做具体分析时,以纵轴代表重要性,横轴代表实际表现建立一个坐标系,分别就"领导""文化""科技""测量"和"流程"等项加以评估,并在坐标系中标出。同时,在坐标系中标出这五个要素的比较基准,这个比较基准可以是组织的另一个部门的水平、行业平均水平或者组织要达到的目标,如图 10-2 所示。

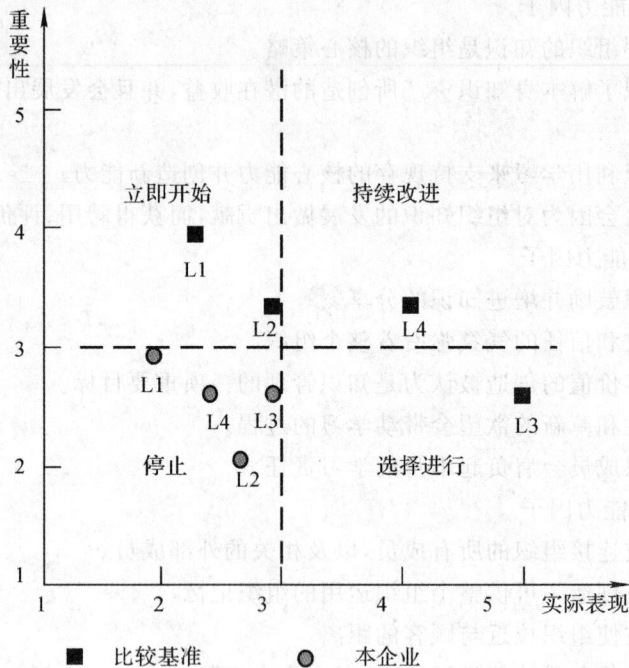

图 10-2 KMAT 评估方法示意图

10.3　知识管理组织

不同企业内部知识管理的组织不尽相同,但与知识管理相关的关键岗位和部门则是基本相同的。这是基于知识管理的内在规律和职能要求所决定的。一般来说,企业知识管理的组织结构如图 10-3 所示。

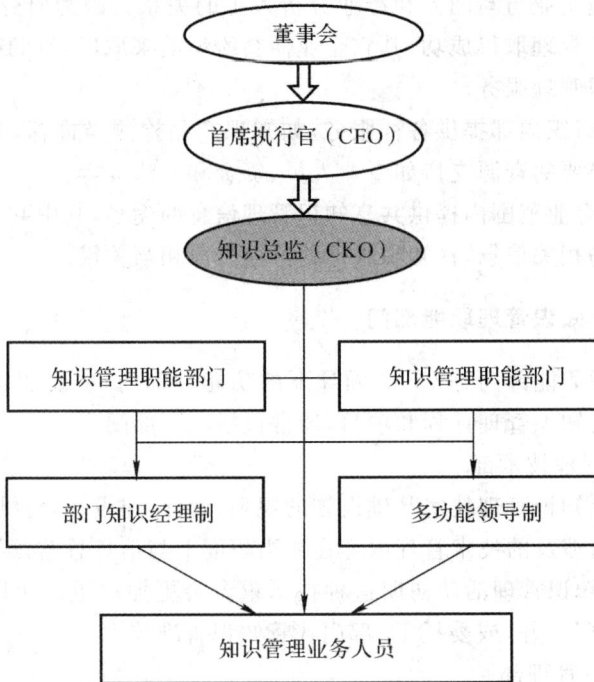

图 10-3 企业知识管理的组织结构

10.3.1　知识总监

知识总监(CKO),也称知识主管、知识管理副总裁,是企业知识管理的最高负责人,其级别在 CEO 之下,他们是企业中的领导人才,他们创造、使用、保存并转让知识。中小型企业知识总监也可以由总经理或副总经理担任,其素质和职权必须符合知识管理实施的要求;大型企业的行政主管正起着知识总监的作用。

知识总监的职责如下:

（1）为所有的业务单位提供知识管理所需的支持、资源与咨询。

（2）确定所有的知识管理与合作项目，并将它们有机地联系起来以支持合作。

（3）支持知识管理、支持资源的更有效利用和知识共享。

（4）为客户、顾客、合作伙伴和其它对知识管理或知识合作感兴趣的个人或团体提供一个外向型界面（包括参加讨论，加入知识管理网络，新闻组和论坛），负责处理企业与新闻界和产业分析人士的关系。因为研究发现，一旦某一家企业知识管理取得成功，其它企业便会纷纷前来取经，有的甚至会要求提供相应的知识管理服务。

（5）面向组织内部提供各种服务，如知识产品检测与推荐，为知识管理试验项目提供必要的资源支持如专业人员、资金和方法等等。

（6）在全企业范围内提供共享知识管理信息的途径，其中共享关于新产品或知识管理的相关信息，在知识管理的早期阶段相当关键。

10.3.2　知识管理职能部门

知识管理职能部门是 CKO 领导下的功能性部门，主要职责是设计和组织协调企业的知识管理计划和项目，通常包括以下部门。

1. 知识管理技术部

负责企业知识管理技术基础设施的规划、设计、建设、运行维护、更新与升级。这个部门涉及的技术管理内容在相当程度上与信息总监领导的信息技术部门重合，在知识管理活动初期这种技术重合会更加严重。所以本部门可以考虑与 IT 部门合并，或委托 IT 部门代管知识管理技术。

2. 知识库管理部

负责企业内部显性知识的调查、登记、录入，知识库的设计、建设、组织和更新。隐性知识源的调查、确认、记录和录入，企业外部知识网络上知识资源的确认、获取、过滤、组织和录入，企业知识地图的绘制。

3. 知识资产管理部

负责企业知识资产的调查、评估，知识资产运营、保值和增值，企业知识产权的申请、维护和交易。

4. 知识服务部

负责调查企业的知识需求，确定企业知识管理的重点。知识库的服务提供与服务管理工作，并负责知识管理效果的监督与评价。

5. 规划与研究部

负责制定企业知识管理战略规划,研究企业知识管理的发展方向并提出对策,研究知识管理与企业使命或战略目标融合的最佳措施,研究企业知识管理的实现条件并提出改革建议,研究知识管理对企业的冲击并提出预防措施。

6. 非正式交流部

负责企业内部知识小组和其它非正式组织的建立、运行和发展,支持、组织企业内形形色色的非正式交流活动,非正式交流活动重要成果的记录,并提交知识库管理部录入知识库。

7. 知识管理支持部

代表企业知识管理部门协调与企业内部其它职能部门的关系,代表知识总监与各部门知识经理与知识管理活动之间的关系,协调本企业的知识管理活动。对外作为本企业知识管理的代表处理各种关系,为本企业知识管理部门或活动提供各种行政性支持,如财务、人事、安全、后勤等等。

10.3.3 知识管理的基层组织

在进行企业知识管理组织设计时,除在企业总部成立相应的委员会、任命知识总监并设立相应的职能部门外,还应建立知识管理的基层组织,任命知识管理的基层负责人。企业知识管理的基层组织一般可按照部门知识经理制和多功能领导制两种模式来设计。

一、部门知识经理制

部门知识经理在人事关系上属于各业务部门,行政上受本部门经理领导,业务上受企业知识总监的指导,常见的部门知识经理有客户知识经理、研究与发展知识经理等。部门知识经理的具体职责如下。

(1)全面负责本部门的知识管理工作。部门知识经理利用自己对业务的熟悉和拥有的知识管理专门技能,把握本部门的知识需求和知识流规律,为本部门寻找最合适的知识管理解决方案,进而将知识管理融入本部门的日常工作和业务流程中去,提高本部门的业务效率。

(2)独自开发或与外包商、企业知识管理总部合作开发本部门的知识管理系统,保证本部门的知识管理技术与企业知识管理技术基础设施兼容。

(3)全面负责本部门知识库的建设、维护、更新等管理工作。向企业知识总库贡献本部门创造的新知识,向部门外用户提供对本部门知识库的访问服务。

(4)作为本部门知识管理工作的代表,协调与其它部门知识管理工作的关系。

（5）充当所在部门与企业知识总监之间的联系人，及时向知识总监提供有关本部门发展战略与业务活动的信息，这些信息对于企业知识管理战略的制定和修订会有很高的价值。

二、多功能领导制

在推行知识管理时，最大的挑战可能会来自企业中层干部，因为中层干部已经习惯于等级制的、循规蹈矩式的工作方式，但知识管理倡导的是以知识而非地位来决定权力的新的组织结构，这会对他们的既得利益和权利构成威胁。鉴于知识管理工作的高度复杂性，所以目前有些企业在知识管理基层组织设计上并不设置专职的部门知识管理经理，而是实行多功能领导制。

多功能领导制有两种模式。一种是将知识管理工作，交由部门领导人中相对而言较有知识管理经验与技能的人与本部门的知识管理专家共同承担；二是将企业知识总监办公室直属的知识管理专家统统派往各业务部门，在各业务部门经理的领导下共同承担本部门的知识管理任务。例如，企业知识管理战略专家就有可能被派到企业企划部，企业外部知识资源专家则可以安排到企业营销部或市场研究部工作，与此同时相关的知识管理支持技术的管理工作也一并交由各业务部门管理。

在这种模式下，知识总监必须加强对企业技术基础设施的统一管理，一些非基础性技术尽管可以分割到各个部门，但也要仔细考虑并强化协调手段。

10.3.4 知识管理业务人员

知识管理业务人员通常由拥有知识管理专业经验的人员组成，他们分布于企业的知识管理职能部门和各业务部门，置身于企业知识管理活动的第一线，组织实施具体的知识管理项目，推进知识管理与业务流程的渗透和结合，以实现知识管理的效能。这些知识管理业务人员的职务名称多种多样，最常见的称谓是知识管理工程师（KM Engineer）。其职责几乎涉及全方位的知识管理过程，从上游材料厂商到下游客户的信息挖掘与反馈，从研发、业务运营到营销服务的知识整合与改善，从企业内部的知识发现、共享和应用到外部知识的获取与提炼。这些职责通常包括：

（1）组建、运行、维护和管理企业或部门的知识管理技术基础设施。

（2）企业知识库的组建和更新，内外部显性知识的获取、过滤、编辑和审核，内部隐性知识的挖掘、透明化和标准化。

（3）实施知识管理项目并参与评估其绩效。

（4）企业或部门知识管理规章制度的实施和监督。

（5）协助知识总监和部门知识经理完成知识管理的其它业务工作。

10.4　知识管理实施

知识管理实施就是要把存在于人脑中的知识转换为企业知识,成为一种企业能够共享的、可以指导行动的企业知识资产。因此知识管理实施的目标是:建立对企业所拥有的知识资源进行管理的过程,实现知识的识别、获取、开发、分解、储存、传递和共享,使每个员工在最大限度地贡献出其积累的知识的同时,也能共享他人的知识,达到企业知识创新的目的。

10.4.1　知识管理实施的原则

完整的知识管理系统是一个涉及企业每一个员工的综合知识共享平台,并且是一个需要在应用中不断完善的系统。因此,知识管理的实施将是非常复杂和高风险的。为保障知识管理系统的成功开发,同时确保共享的知识是企业所需要的,在知识管理实施中必须坚持以下原则。

（1）为有效实现知识管理,要有充足的资金支持。

（2）有效的知识管理需要人和技术方案的结合。

（3）知识管理某种程度上会牵涉到组织的"政治"行为。

（4）知识管理需要有知识总监来推进。

（5）知识管理的效益更多地来自于知识地图和市场。

（6）分享和使用知识通常并不是一种自然的行为。

（7）知识管理意味着改进知识工作的过程。

（8）能够获取知识仅仅是开始。

（9）知识管理永无终时。

（10）知识管理需要制定一种知识协议。

10.4.2　知识管理实施的方法

知识管理实施方法包括战略、实施以及保障这三个层面,具体而言,包括以下内容。

1. 构建支持知识管理的组织体系

知识管理具有责任分散的趋向,因此,要建立一套有效的组织体系,以支持企业的知识管理活动。在这一体系中,一是要有负责知识管理活动的领导人,承担制订管理计划和协调企业的各种知识管理活动;二是成立专门的小组,完成与知识管理活动有关的任务。此外,企业领导人的支持是知识管理活动成功的保证。

2. 设立知识总监

设立知识总监的目的是在没有先例可循的情况下能够熟练地丰富、支配和管理不断发展的知识体系,以便有效地运用集体的智慧提高应变和创新能力。

3. 构建支持知识管理的技术体系

要建立一套有效的技术体系以支持企业的知识管理活动,主要是建立支撑知识管理的基础设施,如统一的信息技术平台、数据库和知识库等,并采用专业的知识获取、知识表达、知识发现软件。知识管理系统绝对不是简单的信息系统升级,知识管理实践实际上是一个信息技术平台重新综合、建立的过程。

4. 加大对知识管理的资金投入

企业知识管理活动需要资金支持,这反映了企业对知识管理的责任感。要动员企业全体职员为知识管理投资,以保证知识管理活动的正常开展。

5. 创造知识共享的企业文化

有利于知识共享的企业文化,包括良好的职业道德、企业荣誉感和团队精神等等。

6. 制定鼓励知识创造和转移的激励措施

有效的激励措施可以促使员工产生有利于知识管理活动的行为,可以采取物资奖励手段,也可以把激励措施融入企业人事管理体系中,经常性地对员工从事知识管理活动的表现进行评估和激励。

7. 建立知识与信息的共享网络

网络主要有两种:一是内部网,二是外部网。二者都具有众多的功能,例如美国的波音公司通过建立企业外部虚拟网络,实现了空军地勤的无纸开发,波音公司的员工无论在世界哪个角落都能使用相同的数据库。

8. 建立动态联盟,培养知识创新能力

知识创新是知识管理的终极目标,没有知识创新能力的企业将很快便会被淘汰。通过建立动态联盟、构建战略合作伙伴的知识网络体系,是提高企业知识创新能力的有效支持手段。

9. 建立知识管理评估体系

传统的财务会计方法难以对企业的知识管理活动效果做出有效评估。因此,要研究和建立面向知识经济和知识管理的无形资产评估体系,如无形资产

组成指标法、计算知识管理的投资回报率等。

10. 从市场和客户那里获得信息和知识

从市场和客户那里获得信息和知识,是实施知识管理的重要途径。因为对未来的预测建立在时下隐约可见的零星迹象之上,而这些迹象总是体现在客户的需求和愿望之中。此外,通过给客户提供超越业务范围相关知识的服务,也是企业获得信息和知识的重要手段。

10.4.3　知识管理实施的步骤

知识管理实施可以分成四个阶段,其具体步骤如图 10 - 4 所示。

1. 战略规划阶段

战略规划阶段包括知识管理目标与愿景的制定、现状评估、差距分析及策略制定。

2. 业务规划阶段

业务规划阶段包括知识管理流程分析与优化、组织构架与制度的定义、知识管理系统的构架与功能、系统实施策略制定等方面。

3. 系统实施阶段

系统实施阶段包括知识管理系统选择、实施组织确定、实施计划制定、开展实施及系统推广。

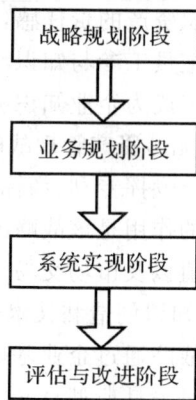

图 10 - 4　知识管理实施流程图

4. 评估与改进阶段

对企业的知识管理系统的本身及实施效果进行评估,并根据企业实际进行改进。

10.4.4　知识管理实施战略

企业知识管理实施战略有 6 种模式。

1. 全面的知识管理战略

这是一种在全企业范围内实施的综合性战略计划,这种战略往往为那些知识密集型企业所采用。采用此种战略的企业坚信知识管理对企业的长期发展和提高竞争能力至关重要,他们通常把知识视为产品,对知识实施有效管理将对企业的赢利甚至生存产生直接的积极影响。

2. 知识转移和优化实践战略

这种战略计划比较普遍,为大多数企业所采用。采取这种战略的企业往往以有关项目和计划的形式开展知识管理,通过建立获取、重组、储存和分配知识的系统和方法,把知识融入企业的产品和服务中,达到减少生产周期、降低生产成本和扩大销售的目的。

3. 客户为中心的管理战略

该战略获取、开发和传输客户的需求、偏好和业务情况等知识,在充分了解客户的基础上有效地满足其需要,提供更合适的产品和服务,从而增加企业的经济效益和竞争能力。

4. 员工知识管理战略

这种战略支持员工个人建立起对识别、保持和扩展自身知识以及更新和共享知识资产的责任感,让员工体验到知识对其竞争性工作的重要价值。有些企业把员工参与知识活动逐步纳入企业的激励系统和个人绩效评估体系,鼓励员工成为企业知识链的核心。

5. 无形资产管理战略

充分发挥专利、商标、经营和管理经验、客户关系、企业组织体系等企业无形资产的作用是该战略的目的,管理的重点是无形资产的更新、组织、评估、保护和增值以及市场交易。

6. 知识创造和技术创新战略

该战略通过企业基础研究和应用开发进行新知识的创造和技术创新活动。这是最具典型意义的知识管理战略,它的实施将产生巨大的效益。

思考练习题

1. 什么是知识?知识有哪些类型?

2. 什么是知识管理?其职能有哪些?

3. 知识获取的途径有哪些?

4. 知识共享的基本方法是什么?

5. 什么是知识创新,为什么要进行知识创新?

6. 什么是知识总监,他需要具备哪些职能?

7. CKO 和 CEO 之间的关系是什么?

8. 如何设计适应知识管理的组织机构?

9. 如何实施知识管理?它有哪些方法?

10. 知识管理实施有哪些模式?它们之间的区别是什么?

第11章 风险管理

　　风险管理是工业企业重要的管理职能之一,是工业企业生存与发展的重要保证。随着全球经济一体化、科技革命、资源环境、市场条件等因素持续的演进变化,工业企业面临的挑战也逐步强化。在此背景下,为达成工业企业的多元化目标,实现长期可持续发展,规划、识别、分析、应对与监控风险,成为工业企业管理者必要和十分紧迫的工作。本章介绍风险管理理论的基本概念和原理,包括风险管理的基本概念;风险管理的发展历程;风险管理的过程、原则与发展趋势。

11.1　风险管理的基本概念

11.1.1　风险的基本概念

　　风险一般是指损失的可能性。随着生产力的发展,人们对风险的认识不断深入。从最初单纯应对自然灾害造成的损失,向可能把握的机遇方面扩展。随着风险管理理论在各种组织,各个学术领域的发展,风险的概念出现了多种分化形态。管理学、经济学、金融学等都给出了各自的定义,所侧重、关注的内容差异很大,典型的概念如下:

　　摩贝利认为:"不确定性就是风险,两者是一致的。"

　　罗森堡将风险定义为:"损失的不确定性。"

　　在项目管理领域,风险被理解为:"不确定性事件,如果发生对项目目标的达成具有正向或负向的影响。"

　　经济学家奈特研究认为:"风险是可测定的不确定性。"

　　在质量管理领域,有学者不仅考虑风险事件发生的概率和造成的损失,同时还考虑风险事件或风险条件发生时的可识别性。

曲肯和蒲士纳从损害发生的概率和造成影响程度两个维度定义风险,造成的影响程度又称为风险暴露度。

马克威兹从金融经济学角度建立了一种抽象的组合风险模型,其研究假设仅涉及风险与收益两个维度的问题。

金融学者对风险度量尤为关注,提出了 VaR 方法:正常市场环境下,给定一定的时间区间和置信度水平,预期最大损失。

风险的概念在金融领域的系统深入研究,成为近年来的焦点之一。

具有深厚数学功底,概率与数理统计理论基础较好的一些人,则从对不确定性的各种随机波动视角理解风险的概念。

以上各位学者,各个领域的人们均从各自领域出发给出了风险的界定。相互之间的共同点不在"损失",而更关注"不确定性"一词。因此,有必要从不确定性出发,分析适合工业企业的风险概念。

不确定性是指决策者知道自己某种决策可能出现的各种情景,但是各种具体情景发生的概率却不知道。不确定性是世界存在的重要特征之一,也是工业企业面对的内外部环境所具有的属性。

与不确定性不同,如果决策者不仅知道可能出现的各种情景,而且各种情景发生的概率也是清楚的,则为风险决策。

实际上,也正是由于概率这一因素,使得许多具有数学、概率与数理统计背景的人积极参与到风险管理研究和实践当中。

需要认清楚的重点内容是:工业企业管理者所从事的风险管理活动,绝对不是数学家或概率与数理统计学者们的工作,就像医生从事的实践不是给病人测量体温一样。

据此分析,结合工业企业风险管理的特殊性,不仅需要应对内外部诸多因素带来的威胁挑战,更重要的是从内外部环境的不确定性中寻找机遇。所以,下面的定义较为恰当地表达了风险的本质:

所谓风险,是指在一定时期内,对工业企业目标实现具有积极或消极影响的不确定性事件或条件。

11.1.2 风险的属性与特征

只有准确理解了风险的属性与特征,才能掌握工业企业风险概念的本质与内涵。风险属性指风险的性质,由于风险属性与风险特征的联系极为密切,因此将其结合在一起形成五项属性与特征(见图 11-1)。

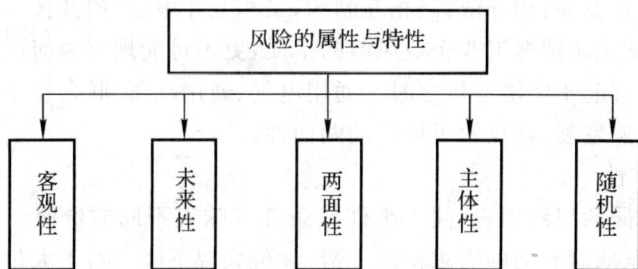

图 11-1　风险的属性与特征

1. 客观性

风险的客观性是指,工业企业由于自身所处的环境不断发生变化,且组织内部人、财、物、信息等也持续运动,使得风险存在成为非常客观的问题。之所以如此强调工业企业风险的客观属性和特征,是因为无论人们是否承认组织面临着风险的挑战,风险都确实在那里。

忽视风险,由此带来的风险将是组织最为严重的风险。工业企业担负独特的组织使命,为了履行这种使命,直面种种困难,在不可能中寻找出机遇,正是对风险客观性的正确理解与科学态度。不以人的意志为转移,违背了风险世界的客观规律,必将受到挫折。

2. 未来性

昨天发生的事情是历史,今天发生的事情是现实,而风险涉及的内容与此相对:所有的风险分析都是面向未来的,风险具有未来性。虽然,需要基于历史与现状加深对风险的把握,但风险本质上是面向未来的。明天的事情必将具有不同于过去的内容,要关注未来性。

由于风险的未来性属性,工业企业管理者过分局限于历史或现状的决策思维方式受到质疑。不充分展开对未来环境的分析预测,束缚于过去的成绩或失败之中,不仅使得许多工业企业遭受重大打击,而且还失去了极为宝贵的发展机会。风险的未来性要求管理者重在把握明天。

3. 两面性

风险本身具有两面性,既有可能导致低于目标的结果,也有可能导致超越目标的结果。因此,将风险与机遇作为截然相反的概念是不恰当的,必须认识到风险本身孕育着机遇。对立统一的属性,在工业企业风险方面表现得融洽和谐:阴在阳之中,非在阳之对。

伴随着工业企业的发展,外部环境的运动变化,工业企业风险自身的正反两种因素也在发展:相互依赖、相互制约,又相互斗争、此消彼长。看不到风险的两面性,就无法把握工业企业风险的本质,更不可能理解为何许多著名的工业企业恰恰崛起于经济危机之时。通用电气、通用汽车、联合技术公司等在危机时期的快速发展,就显示了风险的两面性。

4. 主体性

对于不同的组织而言,同一事件或条件意味着不同的价值。例如金融危机条件下,全球对石油的需求持续下滑,油价大幅下降。对于大量进口原油的国家而言是有利的条件,但对于俄罗斯、伊朗和委内瑞拉等国,不啻为飞来横祸。分析工业企业的风险,不清楚所研究的主体为何,等于盲人摸象,抓不住问题的全貌,也无法提出有效应对措施。

正常人喝葡萄酒是一种高品位的享受,但让患有重感冒的人喝葡萄酒,无异于喂其毒药。全球经济陷入严重衰退之时,中国对世界经济增长的贡献凸显。四万亿人民币的投资计划,对铁路、公路、机场等基础设施发展起到积极的促进作用。与此相关的工业企业所处的环境风险反而降低了,因此不落实风险所指的主体,无从理解风险问题。

5. 随机性

风险所具有的随机性,又称为不确定性,是工业企业风险最具特色的属性之一。人们对于确定性显得应对自如,但对随机性却充满了恐惧,甚至于超越了确定性失败所带来的压力。必然性与偶然性的辩证关系决定了世界的存在与发展充斥着随机性,也正是这种不确定性使得工业企业风险活动变得丰富多彩,灾难与暴利源于随机性之中。

工业企业作为市场交易主体,如果所处的环境是确定的,人们的理性预期将使得交易失去价值。正是对环境随机性的不同判断,使得交易主体各自得出有利于自身的盈利模式,工业企业在不确定性的环境中发展具有了源源不断的动力。然而,风险的这一属性又不可强调太过分,随机性的描述并不能代表风险的全部内容,数据本身不代表结果。

风险的随机性在现实中往往给工业企业管理者意想不到的困惑,看似极不可能发生的小概率事件发生了,而且出现的频率超出了数学家们辛苦计算的结果,而这恰恰反映管理者对风险随机性的认识太肤浅。相反地,如果认为小概率事件的发生导致了严重后果,而将其危害无限扩大化,也非对风险随机性的正确认识,如许多人恐惧空难不敢乘飞机。

11.1.3　风险的分类

对研究对象内涵与属性的深入认识,有助于把握其类型差异。风险的分类有助于对风险的理解,对不同类型风险的专业性研究,对于认识、分析与应对风险也有积极的价值。

最初,从事远洋贸易的商人,将风险分为盗窃、水浸、暴风等类型,并意识到不同类型风险发生的概率和造成的结果差异较大,需要分类加以研究应对。后来,随着不同主体对风险在不同领域的系统化研究与实践,对风险的分类也五花八门,甚至陷入了细分的陷阱。

回到问题的出发点,分类源于人们对事物深入认识的需要。那么,对风险进行分类,需要达到什么目的? 采用何种标准? 依据哪些基本原则? 细分到何种程度? 等等随之而来的问题,均是理解工业企业风险的类型所不可回避的挑战,基于这一考虑形成风险的类型如图 11-2 所示。

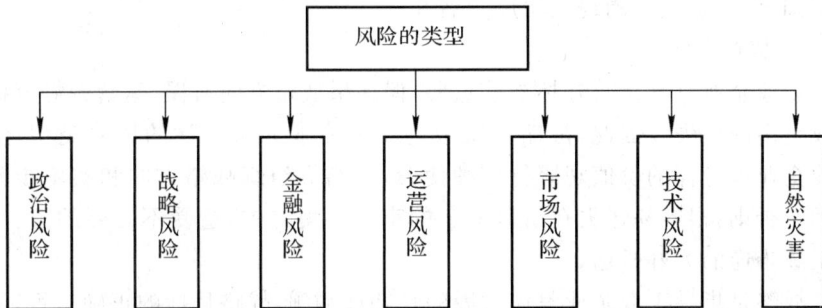

图 11-2　风险的类型

1. 政治风险

在工业企业面临的诸多风险类型中,政治风险处于至关重要的位置。随着全球化的进程逐步推进,国际分工合作的环境发生了深刻变化。来自非洲、澳大利亚、智利等国家的矿石,来自中东、俄罗斯、委内瑞拉等国家的石油,来自美国、德国、英国等国家的订单,可能在中国的某个村级工业企业中紧张地处理着,政治风险孕育之中。

第二次世界大战以后,发达国家工业企业得到了迅猛的发展,中国也建立了较为完整的工业体系,一直到冷战结束,各国工业企业的发展无不受到政治风险的影响。而冷战的结束,不仅没有弱化全球政治经济的博弈属性,反而更为强化了带有浓厚政治色彩的工业企业竞争态势。以美国为首的西方发达国家,一方面从落后的发展中国家低价进口能源和原材料,另一方面又高价出售其工业制成品,独霸全球的武装力量支撑着这一不合理的国际政治经济秩序,并造成许多发展中国家成为单纯的资源输出国。

美国等西方国家的工业企业,首当其冲地会受到动荡地区的不确定性影响,并将其作为组织面对的主要政治风险。而实际上,真正的导致全球工业企业失败的灾难性政治风险,则由美国主导的单极世界政治格局引起。尤其是在与中国、俄罗斯、伊朗等国家的贸易中,意识形态、地缘政治、历史问题等相关的政治风险,严重影响着西方发达国家工业企业管理者的决策。欧盟对中国武器禁运便是不合理的表现之一。

国际政治经济格局的剧烈变化,日趋强化了各国工业企业的政治风险意识,并积极采取应对措施,以求得生存与发展。伴随国家领导人出访各国的工业企业管理者们,正是看到了政治风险不仅是导致众多工业企业在某一地区发展的关键障碍,也蕴含着巨大的机遇。众多院外游说团体向工业企业提供的咨询服务,也往往围绕政治风险展开。

2. 战略风险

工业企业日常运营好坏当然重要,但如果战略方向有误,运营越好反而会造成更多的损失。因此,战略风险成为工业企业非常关注的风险类型之一。工业企业以怎样的价值观履行何种使命,是指导组织战略方向和实施步骤的基础。否则,很容易迷失在纷繁复杂的市场环境之中,遭受不必要的损失,错过千载难逢的大好机遇。

战略是指导工业企业整体发展的长期性纲领,战略目标的正确与否,实施过程控制的水平,对组织而言非常重要。各工业企业拥有不同的内部资源,面对动荡的外部环境,制定适应自身生存和发展的战略极具挑战。一般而言,工业企业可供选择的整体战略有三种:收缩型战略、稳定型战略、扩张型战略,该层面的战略是组织首要解决的问题。在许多时期,收缩型战略的确立与实施关系工业企业的生死。

工业企业为了达成既定战略目标,需要决定做什么的问题,往往是以启动一系列项目的形式出现。在经济衰退或其它形势恶劣的环境下,工业企业管理者往往还能保持清醒的头脑,反而是在经济扩展时期,看似形势一片大好的时刻,埋下了导致企业破产或挫折的种子。例如,在股市疯狂上涨时期,为数众多的工业企业高管们,从自己的主业中抽身而出,义无反顾地投入资本市场的博弈中,最终血本无归。

当台风来临的时候,猪都会飞;只是飞的越高,摔得越惨。工业企业管理者如果不能认清自身的优势和劣势,错误估计面临的外部环境与形势,很容易遭受战略风险的打击。偶然的运气有可能促使工业企业取得短期的骄人业绩,但这种不受组织约束与控制的情景,必将很快失去。生存与持续的发展必须建立在战略匹配的条件下。工业企业必须将短期目标置于其战略约束之下,即使短期困难重重,长期却极具价值。

3. 金融风险

在资本主义社会中,由自由资本主义向垄断资本主义的过渡中,产业资本与银行资本结合演化出金融资本,成为当前西方发达国家最为有利的一种力量。金融资本对西方工业企业的控制程度很高,向世界范围的渗透也以金融资本为主要工具。对全球工业企业的生存与发展影响日趋加深,所造成的损害触目惊心,一拨一拨的金融危机持续发生。

全球化的最主要特征之一就是全球金融一体化,这一进程虽然也促进了许多国家工业企业的发展,但更多地是造成了民族工业体系的重大损失,甚至是一蹶不振。金融是工业企业必须严肃对待的战略制高点,该领域产生的金融风险对企业的打击往往广泛而深入。

金融风险的发展已超出了传统的财务领域、投资领域和并购重组活动,通过与全球经济背景、某一国经济政策、汇率、利率、资本市场等因素的结合,对工业企业产生复杂而系统的影响。目前,金融领域的主导权牢牢控制在西方发达国家手中,垄断资本以各种形式反复冲击世界范围的经济秩序,获取超额利润。对冲基金、投资银行巨头、金融咨询服务等机构共同编织出一个精密、高效、威力巨大的网络。

在经济扩张时期,垄断资本会通过其金融网络向全球注入大量资本,导致流动性泛滥,许多工业企业在极为诱人的条件下上马项目。时机成熟之时,在工业企业最需要资本注入的时期,往往经济陷入了严重衰退,正如精确计算的那样巧妙,银行惜贷流动性严重不足。大量项目下马,拖累众多工业企业倒闭,资产在全球范围内重估。优质资产被垄断资本顺势接收,金融风险的威力得到淋漓尽致的表现。

4. 运营风险

不同于其它类型的企业单一的运营活动,工业企业的运营极为复杂,涉及项目、资本、人力资源、生产、产品等一系列资源。工业企业运营风险不仅来自对各单一资源的管理,更源自于各种资源之间的协调统一。首席运营官在工业企业中往往占据重要位置,负责公司的日常运营,是组织达成战略目标的基础性工作,非常具体又纷繁复杂。

　　相对于政治风险、战略风险、金融风险,工业企业的运营风险显得不那么引人注目,甚至还不如市场风险触动管理者的神经。但这一体现工业企业执行力的关键领域,潜在的不确定性因素却最为众多和复杂。虽然,具有战略眼光的领袖式人物非常宝贵,具有丰富全面运营能力的管理者也不容忽视。当方向与目标确定之后,如何实施就成为决定工业企业生存与发展的最重要因素,运营风险必须加以系统管理。

　　许多世界500强中的工业企业,其核心竞争力正是缘于战略与运营的一体化管理。如何将企业使命、价值观和战略融入企业的日常运营之中,融入每一位企业员工的具体工作当中,成为决定性的影响因素。若忽视其运营风险,不加以系统管理,组织战略也就失去了支撑。

　　运营风险中科学性的成分比重大,是管理科学最好的应用领域,也是见效迅速的突破点。在充满危险与机遇的环境中,工业企业制胜的法宝其实也非常简洁,并非各种奇门绝技,而是要以正合、以奇胜。关键还在于以正合,若无此作为基础,再奇妙的政治技巧、战略设计、金融手段也会徒然无效。以正合对工业企业的要求,更多地是表现在抓好运营管理,苦练内功,尽可能深刻系统地处理好其中的运营风险。

　　5. 市场风险

　　工业企业是追逐利润的组织,为了完成《资本论》中马克思所述的资本循环中那惊险的一跳,必须经过市场环节完成交易。市场风险成为工业企业时时不敢放松警惕的风险类型之一。市场波动在所难免,如何适应这种环境成为必须解决的问题。相对于距离顾客较近的零售业企业,其它的工业企业对市场反映相对困难一些,现实中对市场风险的应对仍差强人意,即使工业巨头也经常受到市场残酷的惩罚。

　　构成市场条件的因素众多,到底主要的风险源发起于何处?这是困扰许多工业企业风险管理者的难题之一。相对于自然灾害的不确定性特征,实际上由人积极参与的市场,其风险运行规律有自己独特的属性。利用波特的五力竞争模型,有助于理解工业企业所处的市场环境。能够从某一工业企业市场损失中受益的人或组织,具有天然的策动市场风险实现的动机。这一逻辑,对于工业企业分析其市场风险非常有益。

　　市场运行一方面有其固有的规律,但市场主体的决策也往往发挥显著作用,甚至成为市场混乱的罪魁。全球经济的一体化,信息技术的发展,交通运输的改善,使得市场风险的内涵大为扩大。世界范围的变化,均可能导致工业企业的市场危机或机会。在许多情况下,甚至是消费者信心与偏好的改变,也会对企业的市场造成显著影响。

　　工业企业管理者对市场风险的判断,往往具有自我实现的属性与特征。例如,对某种原材料的供给做出紧缺的判断,大量采购囤积,反而促使自己的这一判断迅速转化为现实。市场风险不可怕,不应过于谨小慎微。但忽视市场风险,认为关键在于技术水平与生产成本等非市场因素的心态更可怕。应承认市场风险的复杂性与多变性,积极应对。

　　6. 技术风险

　　进入新世纪,科学技术的发展不但没有出现边际效应递减的态势,反而加速前进。产业整合背景下,许多垄断性的工业企业出现,并对行业的发展起着支配性作用。在此情景下,对技术的研发与使用却仍然充满风险。在技术发展迅猛且充满不确定性的时代,游戏规则变了,技术投资越发充斥着投机的色彩,即使是传统的汽车行业也不例外。

　　在美国制药行业,平均每 5000 种用于动物实验的候选药物中,只有 5 种能够进入人体临床试验,最终能够获准上市的只有 1 种,其间平均耗时 10 年,耗资 10 亿美元,可见其间蕴含的技术风险之大。在航天、航空和 IT 行业存在同样的技术不确定性挑战,占领技术制高点,成为许多工业企业展开竞争的着力点,对其中的风险不可不防。

　　对于发展中国家的工业企业,一般处于技术相对落后的位置,它们所面临的技术风险,不仅仅来自于研发失败方面,更主要的还是如何学会在不具备话语权的技术领域生存。发达国家工业企业有计划地对落后国家和地区的工业企业实行技术封锁或者打压,当后者千辛万苦形成自己的技术,却发现对方迅速将同级技术放开,以更低价格进行竞争。处于弱势地位的工业企业无法得到回报,使所冒的技术风险人为扩大。

　　以市场换技术的路线同样充满风险,这也是改革开放 30 年中国众多工业企业的切肤之痛。市场的确被发达国家的工业企业占领了,甚至形成极高的垄断性。但是合作的另一方却并未获取相应的技术,有时是技术输出方故意不守信用,而多数情况则是:技术的转移并非简单的事情,必须有相应的基础环境予以支撑,否则容易水土不服,转移失败。

　　7. 自然灾害

　　无论是人还是组织,在自然灾害面前永远那么渺小。因地震、海啸、飓风等自然灾害造成的损失,曾使得许多优秀工业企业的生存与发展陷入困境。实际上,工业企业早期风险管理的重点,主要就是自然灾害。保险成为工业企业管理者们应对自然灾害广泛采用的手段之一,促进了现代金融服务业的发展。对自然灾害规律的研究,取得了丰富的成果,并有助于人们了解其它类型的风险,这是一种最基础的风险。

工业企业在建厂选址时期,必须考虑潜在的自然灾害对企业的影响。否则,对组织造成的损失可能是致命性的。看似平静的地面,在悠长的历史长河中可能多次沧海桑田。有时,整个国家、城市或企业会遭到火山、地震、泥石流、洪水等自然灾害的毁灭。为了工业企业的可持续发展,对自然灾害必须进行深入系统研究。

在某些行业,企业的生产运营受自然条件的影响十分明显,对自然灾害的研究甚至不弱于对市场的关注。尤为关键的,自然灾害的发生往往会伴随人为事故的出现,所谓三分大灾、七分人祸的情景时有发生。有时是主观破坏活动,但更多的还在于工业企业管理者对自然灾害的认识不足,没有应对重大突发自然灾害的经验,从而造成重大损失。

对于自然灾害,最为重要的掌握是其发生发展的客观规律,按照自然规律办事。一味忽视或者过分恐惧,均是极端错误的思想。首要的工作是,放弃消灭自然灾害的观点,承认自然世界运行的规律,尽可能顺应而非违背它。许多伟大的工业企业试图创造人类的奇迹,不期然与自然规律相悖,最终受到了大自然的无情报复与打击。应积极地管理自然灾害,尽早识别、系统分析、从容应对、实时监控自然灾害。

11.2   风险管理的发展历程

11.2.1   早期的风险管理实践

从广泛意义上讲,自从有了人类社会,就存在着风险管理。人类与自然的斗争史,无不充斥着风险。同时,人与人之间关系的处理也面临着诸多的不确定性与风险。人类的本性是痛恨不确定性的,对风险有一种天然的不舒服感。对这一问题的思考,也给许多人和组织提供了谋生的机会。各种玄学巫术充斥其间,早期的风险管理缓慢发展着。

人们外出打猎、战时出征、遭遇灾难时,不知结果如果,只感觉度日如年,整个族群都充满了恐惧。面对未知的外部世界,人们是如何实施风险管理活动的呢?从世界各国出土的古代文明的遗迹分析,古时候人们对风险的认知还处于极端落后的状态,采取的应对措施五花八门,但是,又不无规律可循,基本上形成了四类应对方式,如图11-3所示。

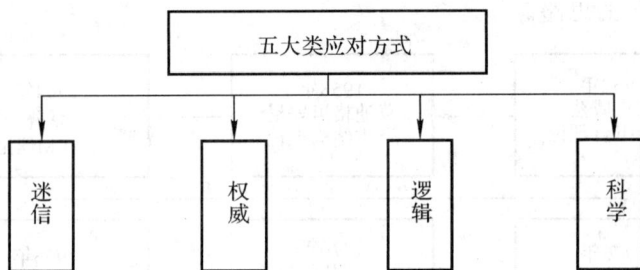

图 11-3　人类早期应对风险的方式

迷信迄今仍在很大范围内盛行,人们处理风险问题时往往求仙问佛,掷色子、烧龟壳、观星星、抽签卜卦等。反思一下,这仅仅是由于人类非理性导致的荒唐事件吗?事情并非这么简单。

相对而言,依赖权威处理风险的方式却很能迷惑一部分人。这里的权威类似儿时孩子对家长权威的崇拜,下级干部对高级首长的无条件服从,学生对资深专家的膜拜,也是应对风险的方式之一。

逻辑学在中国、古希腊、古罗马等时期就取得了骄人的成绩,推理严密,自成一体。金木水火土,相生相克,应用于人生处世、治病救灾具有广泛的空间,不失为一类应对风险的方式。

科学作为人类求知的一种途径,其本质体现在普通人的日常思维和实践活动之中。通过观察风险活动,提出合理的假设,并搜集事实证明或者证伪自己的假设,获得指导应对风险的新知识。

11.2.2　风险管理理论的迅速发展

自 18 世纪以来,风险管理理论取得了迅速的发展,尤其是在金融领域。工业企业风险管理理论与实践活动,均受益于这一领域的研究成果。自上世纪 50 年代始,各种突破性的成果层出不穷(见图 11-4)。

1. 马克威兹的证券组合理论

马克威兹和托宾从金融经济学角度建立了一种抽象的风险管理模型,研究假设涉及风险和收益两个维度,对风险管理问题进行探索,使金融界发生了一场革命,开辟了金融风险研究的新领域。

这一基于概率论和规划论的组合风险最优化模型,也被视为现代证券理论的基石,创新之处在于利用证券收益的期望来度量预期收益,并利用证券收益的标准差来度量风险的思想,将风险量化处理,从而为证券组合风险研究开辟了一条全新的思路。

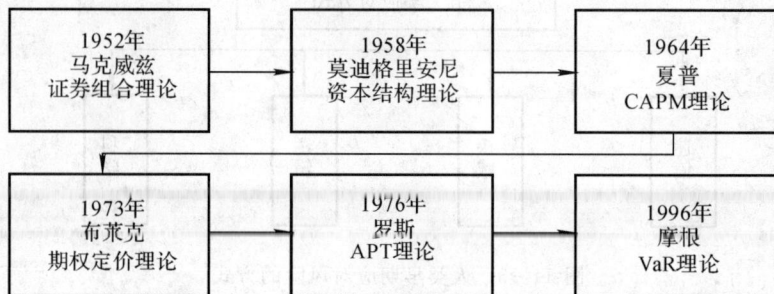

图 11-4 风险管理理论的涌现

在以证券资产为对象研究证券组合风险管理问题时,引入了系统风险和非系统风险的概念,给出了一定预期收益率水平下使证券组合风险达到最小化的最优投资组合计算方法,改变了传统的依靠经验的定性管理证券组合风险的方法,对工业企业项目组合投资具有借鉴意义。

虽然,该理论对证券组合风险管理具有始创性意义,但是以方差度量风险的方法却一直受到众多学者的挑战。例如,法玛、依波特森和辛科费尔德等人对美国证券市场投资收益率分布状况的研究,布科斯特伯和克拉克对含期权投资组合的收益率分布研究等,基本否定了马克威兹的证券组合理论中投资收益的正态分布假设条件。

2. 莫迪格里安尼的资本结构理论

莫迪格里安尼和米勒提出了资本结构理论,该研究假设企业投资策略和金融策略相互独立,银行利率同债券利率一致,个人借贷和企业借贷可自由替代,没有企业和个人所得税及破产风险,企业和投资者具有同等的边际成本和机会成本,并且资本市场充分有效运行,结论是企业的资本结构与企业的价值是相互独立的。具体到工业企业风险管理领域,也就是说企业的资本结构选择不影响工业企业的价值。

假设工业企业的现值 V 定义为其资本价值 S 和债务价值 B 之和,运用无套利分析可以得出 V 同债券的票面价值 P 是独立的,因而也独立于债务和股本的相对结构。值得肯定的是,该理论的结论在其它学者的研究中又得到了多次验证,如哈马达基于资本资产定价模型(CAPM),斯蒂格利兹基于一般均衡理论的研究均证明了资本结构理论的结论。但该理论的一个明显缺陷在于其苛刻的假设条件,将现实中工业企业风险管理的活动过于抽象化,可操作性和应用性受到很大的限制。

3. 夏普的 CAPM 理论

夏普,林特和莫森均独立推导出了资本资产定价模型(CAPM),指出马克威兹的证券组合理论应根据证券的系统风险而非总风险计算。因为总风险中的非系统风险可以通过在证券组合中包含足够多的证券来达到回避目的。证券的总风险中只有系统风险对证券组合的预期收益有贡献,人们不会因证券具有的非系统性风险而得到附加收益。

该模型建立了证券组合收益与风险的关系,揭示了证券组合风险报酬的内部结构,即风险报酬是影响证券组合收益的各相关因素的风险贴水的线性组合,而各相关因素的风险贴水是证券市场对风险的报酬,只与各个影响因素有关,而与单个证券无关。

虽然,CAPM 是众多实证研究的基础,但仍存在一些缺陷。该模型的一致性预测假设实际存在很大偏差,且证券组合收益只与市场收益相关的假设也受到实证挑战。默顿提出了多因素 CAPM 模型对传统 CAPM 模型进行了修正。罗斯在市场因素的基础上引入了其他影响因素,基于多因素 CAPM 模型进一步研究提出了套利定价理论(APT)。

4. 布莱克的期权定价理论

在证券风险管理方面,布莱克和舒尔茨于 1973 年发表了基于股票标的物的看涨期权定价公式,该理论创新性指出股票的风险实际上在其期权价格运动中得到反映,而且还显示了市场对标的物未来的预期,期权定价理论的研究取得了突破。因此,要研究股票期权定价必须描述标的物的价格运动规律,这也成为后来期权定价研究的基点。

布莱克和舒尔茨的研究奠定了金融衍生资产定价理论方法的基础,对后续衍生产品的研究提出了研究思路,为衍生产品风险管理提供了新的广阔研究领域。该期权定价模型运用随机微分方程理论,利用现代数学工具使其具有良好的定量分析特征。但由于具有严格的六条假设前提,在实际应用中存在不利因素。因此,默顿,考克斯和鲁宾斯坦等人对其进行修正,提出了二项分布期权定价模型(BOPM)。

期权定价理论在金融期权定价中的广泛应用推动了期权市场及隐含期权的合同市场的迅速发展,金融学界试图将这一重要理论引入实物项目投资领域,形成了实物期权的概念。最早把期权思想引入到该领域的是梅耶斯,他首次提出了把投资机会看做"成长期权"的思想,认为管理柔性和金融期权具有一些相同的特点,又一次有力地扩展了风险管理的理论研究范畴,工业企业战略风险管理中广泛使用实物期权理论。

5. 罗斯的 APT 理论

在 20 世纪 80 年代,CAPM 模型受到学多理论、实证研究的挑战,在此背景下罗斯于 1976 年提出了套利定价理论(APT),假设证券收益是由一个线性多指数模型生成,整个证券组合的风险残差对单个证券是独立的,因此可适用大数定律。APT 的核心是假设不存在套利机会,证券组合的实际收益并不只是受对市场组合变动的敏感性的影响,而是分别受对经济中许多因素变动的敏感性大小的影响。

APT 理论在更为广泛的意义上建立了证券组合风险管理同宏观经济中其它因素的联系,较 CAPM 能为投资者风险分析提供更好的拟合。根据 APT 理论的假设,两个因素风险相同的证券组合不可能提供不同的预期收益,相应地提出了证券组合套期保值策略。尽管 APT 理论具有假设较少的优点,但也遇到与 CAPM 模型同样的理论检验问题。

6. 摩根的 VaR 理论

风险价值(VaR)的概念源于 20 世纪 80 年代末风险管理者对金融资产风险测量的需要,作为一种风险管理的理论则是由摩根于 1996 年创立的。该理论定义 VaR 为:在一定的置信度内,由于市场波动而导致整个资产组合在未来某个时期内可能出现的最大价值损失。

该方法基于系统的概率统计理论,能清晰地描述市场风险的大小,在国际金融行业得到广泛应用。VaR 理论的核心在于确定资产组合收益的概率分布函数,根据实现途径的不同又分为参数方法和模拟方法(包括历史模拟法和蒙特卡罗模拟法),但均可以用与收益相比较的数字简单明了地表示市场风险的大小,提供一种统一化的风险管理语言。

许多企业还开发了基于 VaR 理论的资产组合风险一体化分析技术,并试图考虑更为广泛的同资产组合相关的风险因素,达到企业全局的风险管理目标。VaR 的局限性也很明显,由于损益概率分布的尾部是无限的,绝对最坏的预期损失变得遥不可及;管理的风险因素相对较窄,对于突发性事件、信用风险、操作风险及战略风险等难以进行量化。

11.2.3 现代风险管理理论体系的形成

自 20 世纪 80 年代,学多学者开始关注一个基本的问题,"是什么导致企业必须进行风险管理"。詹森和麦克林针对该问题进行了研究,认为是对企业安全的需求所导致。多尔蒂、提尼克、史密斯和斯图斯,又对该问题进行了深人研究,涉及的影响因素各种各样,如财务危机、代理问题、非线性税率等。麦克明提出了完全市场下企业理论和股票市场的一般均衡模型,安德森和丹森意识到企业风险来源的多元性。

值得关注的是,摩根和史密斯开始了非完全市场下的风险管理研究,认为即使风险规避对现金流不产生影响,完全规避风险对资产组合也不一定是最优选择。这种整体观念的风险规避模型逐步发展为一种被称做企业风险管理(ERM)的理论,又称集成风险管理(IRM)。

经过弗鲁特、沙尔夫斯坦和施坦因等人的努力,使得企业风险管理的研究范式在风险管理领域被广泛接受,也指引人们从更为广阔的视角考虑企业风险管理问题。此时,企业风险管理已经属于特指概念,并非一般意义上的对企业的风险管理活动了,具有了从企业战略层面统筹考虑各种风险因素,实施系统管理的思想。风险管理超出金融保险理论的范畴,标志着现代企业风险管理理论体系(见图 11 - 5)的形成。

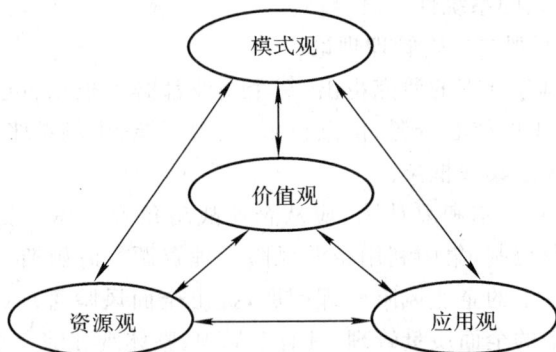

图 11 - 5　现代企业风险管理理论体系的形成

1. 基于价值观的风险管理理论

斯克蒂斯从价值经营的角度出发,认为集成风险管理区别于传统风险管理的最重要的一点就在于前者能更有效地增加企业的价值,即把每一次风险管理活动都看做是挑战,不仅能够减少损失或损失发生的可能性,而且极有可能为企业创造赢利机会。

莫特斯赫德、泰勒和马仕从最优地增加股东价值角度构建了一种树状多级风险分析体系,指出企业风险管理框架对于联系股东价值和风险管理是必不可少的,并提出识别企业范围内风险的风险宇宙图。

克拉克和威尔马从制定企业战略角度研究了企业风险管理问题,提出战略风险管理(SRM),并指出这本身就是一种竞争优势。同时,还认为在新的环境下企业必须借助集成风险管理方法,识别和评价各种风险因素,以制定实现股东价值最大化的企业战略。

2. 基于模式观的风险管理理论

赫纳德和拉美路认为网络时代赋予企业风险管理新的涵义,企业涉及很深的各种网络信息的安全性、复杂性不容忽视,成为企业风险管理模式中至关重要的因素。冉赛、包德曼和科尔从建立学习型组织角度对风险管理进行了研究,提出了一种网状的基于软系统理论的风险管理模式,对于企业内部的风险集成研究具有一定的借鉴意义。

摩尔布如克提出了企业实现其风险管理目标的三坐标模式:变更投资组合、调整资本结构、利用金融工具,对企业面临的各种风险及其管理过程进行了综合分析。佐克斯认为企业风险管理需要观念创新,他从股东的角度指出:有效的企业风险管理模式对企业自我控制能力的提高具有深远意义。模式观的研究,具有一定的系统性与融合性。

3. 基于资源观的风险管理理论

诺丁汉对风险管理的研究指出,每个企业都必须根据自己的独特风险管理实践,整合组织的核心资源,信息技术、人力资源、市场扩张战略等,从而设计适合自身的风险集成框架。

米克里斯、施奈尔和夏认为,应从企业战略角度考虑项目组合风险的识别、分析、评价及控制,集中利用企业风险管理资源。海姆斯从企业层面研究了资源优化条件下的企业风险管理问题,提出全面风险管理(TRM)理念,类似于生产过程中的全面质量管理,具有全局观、整体观和综合观。对资源的考虑更为系统,适于工业企业风险管理实践。

4. 基于应用观的风险管理理论

加拿大国库委员会秘书处(TBC)从公共部门风险管理角度,研究了风险管理问题,提出包含四要素的集成风险管理框架:开发风险管理轮廓、建立集成风险管理机制、实践集成风险管理、确保持续风险管理学习等。研究结果对提高政府工作效率和质量具有指导意义。

米勒和沃勒将情景规划和实物期权理论相结合,研究风险的集成管理,并在项目和企业两个层面进行了定性应用研究,证明从企业整体来考虑各项目风险更为有效。科劳德和沃瑞等研究了企业风险管理在保险行业中的应用,指出其作为一种综合风险管理战略的巨大作用。

11.3　风险管理的过程、原则与发展趋势

11.3.1　风险管理的过程

随着人们对风险的认识逐步深入,对其展开了系统化的管理。各种风险管理过程发展起来,整体上贯穿着人类解决各种问题的一般思路:识别问题,分析问题和解决问题。识别风险成为管理风险的基础,分析风险使得该领域的研究可以广泛借鉴相关学科的知识与技能,应对风险的举措也逐步多元化,消极地利用保险的方式被弱化。

对于工业企业而言,由于所处的环境涉及领域众多,在识别风险之前,有必要对风险管理活动进行系统的规划,以指导企业风险的识别、分析、应对与监控等活动。风险规划的前提是对未来进行合理的假设,但这本身就是风险管理极具挑战性的要害。事实是,工业企业计划永远没有变化快,计划作为应对变化的武器,需要得到足够的重视。综合分析,风险管理的过程应包括风险规划、识别、分析、应对和监控(见图 11-6)。

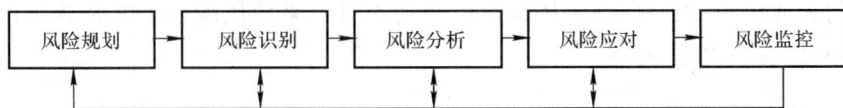

图 11-6　现代企业风险管理理论体系的形成

风险规划需要对工业企业面对的内外部形势做出系统的分析与评估,这是制定风险管理计划的基础。只有理解清楚工业企业目前的形势,才能树立合理的目标,并制定相应的实施步骤。风险管理的工作中心必须前移,充分认可风险规划的重要性。风险规划活动不是一次性的活动,在风险识别、风险分析、风险应对和风险监控环节,均有可能反馈回更新风险计划的信息,风险规划活动贯穿整个风险管理的全生命周期。

一般而言,对风险的识别越早越好、越多越好、循环往复、逐步完善。但是,在实际当中却受到诸多约束,任何企业都不可能将潜在的风险因素完全识别出来。对某一普通的工业企业而言,随时面临的能够明确命名的风险来源可能都有上万个,可见风险识别工作的复杂性。风险识别也要讲求经济规律,并非识别的因素越多越好,忽视了对关键风险来源的管理,再多的风险因素列表也成了表面文章。

风险分析可具体划为定性风险分析和定量风险分析。风险定性分析主要在于把握风险事件发生的概率和影响。风险定量分析是指风险事件对企业目标达成的综合影响度。需要注意的是,工业企业中并非定量分析就比定性分析好,关键是看所处的风险环境的属性和特征。定量风险分析得出的数字本身不会说话,只是作为风险管理者决策的基础而已。需要牢记,风险分析是为应对服务的,不可为了分析而分析。

如何应对风险是工业企业管理者永恒的话题之一,多年来反而越发复杂化了。仅仅对于如何才算应对成功就很费神,是将风险和机遇一起抹杀,还是火中取栗? 因此,需要从思想层面澄清这一基本问题。应对风险不是消灭风险,而是顺应工业企业风险发生发展的规律,发挥其积极的因素,扬弃其消极的因素。应对风险的主要类型包括:风险回避、风险转移、风险弱化和风险接受等四种,各自适合不同的情景。

风险监控是一个全生命周期的工作,由风险管理计划确定监控的相应工作内容。风险监控发现的信息,又可能反馈到风险规划、风险识别、风险分析与风险应对等环节。对风险信息的监控应慎重,尤其是涉及人的信息时,防止滥用。工业企业管理者必须将风险监控的目的和内容,清楚准确地告知被监控的人或组织。否则,由于风险监控活动本身带来的风险就足够企业应付的了,对此应当慎重、警惕。

11.3.2　风险管理的基本原则

不同的人和组织,在不同的历史条件下,针对各自领域风险管理的特殊情景,制定了许多宝贵的风险管理基本原则。在西方发达国家,许多资本家寡头家族世代相传的训诫,无不闪烁着类似的光芒。

杜邦家族:投资要保持最大的利润,至少是 10% 以上,保证风险最小,坚持全额投资;每一个国家只设一个工厂,从事一种产品专门生产。

罗思柴尔德家族:金钱一旦作响,坏话随之戛然而止;只要团结一致就所向无敌;你们分手的那天,将是你们失去繁荣的开始

洛克菲勒:人生只有靠自己,靠谁也不行! 做生意要赶早。

对于工业企业风险管理的基本原则而言,主要包括全员性、满意性、动态性、经济性、预防性等原则(见图 11-7)。

由于风险充斥于工业企业的内外部环境之中,企业时时处处面临着风险挑战,离开了全员性原则,风险管理将成为管理者一厢情愿的空想。但是如何将风险管理的目标与一般员工的日常工作融合,需要企业系统的分析和设计,

并进行精心维护。其中,最基本的在于相信员工,贯彻风险管理从群众中来,到群众中去的全员性原则。

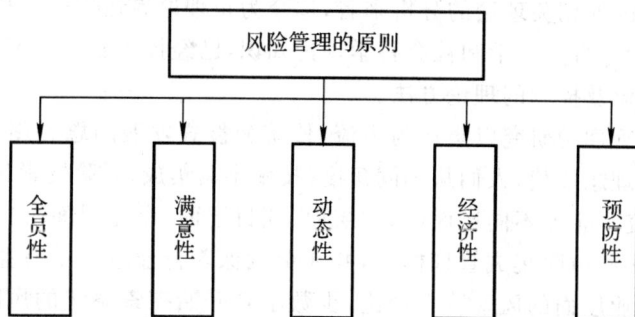

图 11-7 风险管理的基本原则

满意性原则对现实中的工业企业风险管理实践极为重要。许多过于抽象的理论、观点或思想,管理者在实践中无所适从。同时,不断涌现的精密量化模型、方法和技术前提假设过于苛刻。如何解决这两方面的问题,满意性原则提供了可行的途径。诺贝尔奖获得者西蒙,在其决策理论体系中就强调满意性原则,在风险管理中同样适用。

风险管理的复杂性不仅体现在处理的风险因素众多,而且体现在这些风险因素的动态变化方面,相互之间的影响方面。无论是风险规划、风险识别、风险分析、风险应对,还是风险监控,都不是一次性的活动,它们环环相扣、相互依赖、迭代往复,实现对风险的有效管理。对风险管理的动态性原则把握好,是取得超额利润的基础。

经济性原则是工业企业任何管理活动都必须考虑的基本原则之一。如果采取风险管理活动带来的收益小于成本,企业宁肯不进行该领域的风险管理活动。此处的收益不仅包括财务收益,而且包括社会收益。工业企业对应的各监管部门对这一原则也应当有清醒的认识,从而采取有效的政策,改变企业风险管理的成本和收益平衡,保障社会的利益。

预防为主是风险管理广为人知的基本原则之一。风险管理的工作性质决定了事事应面向未来,缺乏远虑在风险管理者来看是致命性的缺陷。并且,风险事件在初期的应对较为容易,造成的损失易于控制。风险管理的最高境界就是让人看不出存在风险管理职能的影子,如果像消防队员一样到处救火,看似风风火火,实则风险管理的失败。

11.3.3　风险管理的发展趋势

从对国内外相关理论的分析来看,迄今为止理论界运用多学科如数学、心理学、管理学等自然科学和社会科学理论知识,已经提出了为数不少的风险识别、分析、评价及控制的理论方法。

对风险管理的研究以集成为主流,传统分裂式发展的思想逐步被整合集成式发展的理念取代,人们从不同角度(技术工具集成、风险要素集成、系统要素集成)研究了企业不同层面(运作层面、项目层面、企业层面)的风险集成问题,提出了多种风险集成管理模式,并在金融保险行业进行了有益的探索,逐步发展着企业层面的风险管理理论,少数学者开始探索系统的风险管理理论在非金融保险领域的应用。

理论的发展永远与实践的变化密切相关,随着工业企业内外部环境的动态演进变化,与此相适应的风险管理理论必将出现。就目前工业企业面对的风险挑战现状而言,风险管理的理论发展趋势表现为:对企业风险宇宙(风险因素集合)的完善,企业风险集成方法的创新,对企业风险管理的实验,基于项目的企业集成风险管理等方面。

1. 企业风险宇宙的完善

企业风险宇宙(ERU)随着风险管理范式的转变不断演进,其包括的风险要素越来越广泛,各风险要素之间的关系也越来越复杂,如何建立一种新型、科学、系统的风险宇宙图。

在企业风险管理(ERM)范畴下,少数学者开始构建战略层面的风险宇宙图,但也仅仅从风险管理的对象角度对商务风险的各要素进行了较为深入的研究,尚未将企业风险管理作为一个系统整体来构建企业风险宇宙图,而这恰恰是集成风险管理范式下的企业管理者们首要解决的问题,也是目前动荡多变企业环境下亟待解决的课题。

2. 企业风险集成方法的创新

对企业层面各风险要素进行系统地集成,必须借助新的方法创新途径来实现,这是企业风险管理整体功能实现的关键。目前企业风险集成方法主要是金融工程领域的研究成果,无法适应新风险宇宙规划发展的需求,对非财务风险因素的集成必须借助新的多因素集成方法。

已有学者从情景规划、实物期权、博弈理论等全新的角度对工业企业风险集成的方法进行研究,但还仅限于定性描述。因此,应用情景规划、实物期权、博弈理论等新视角进行企业风险集成方法的创新,以指导工业企业风险管理实践是一个新兴的研究领域。

3. 对企业风险管理的实验

企业风险管理是一个庞大的理论体系,涉及大量的数学模型,模型的复杂性以及前提假设的不同,可能会导致不同的结论。模型仅仅是对复杂的现实世界的近似,不顾条件地盲目使用模型是危险的。

因此,突破传统模型为求解方便的前提假设,使研究更加符合客观现实十分必要。随着现代高性能计算机的发展,以及计算方法的改进,应用神经网络、遗传算法等人工智能系统,对企业风险管理实践进行仿真和数值计算,不仅对现实中企业风险管理信息系统的发展具有重要意义,而且正成为企业风险管理一个充满希望的研究领域。

4. 基于项目的企业集成风险管理

在新的商业环境下,项目管理已成为企业发展的有力保障,企业项目管理也将成为未来长期性组织管理的一种趋势。虽然理论界对项目层面的风险集成管理也有研究,但是对"基于项目进行管理"的企业集成风险管理问题,没有提出相应的系统集成理论方法。

这就迫切需要科学的理论方法指导该模式下的风险管理活动。所以,在企业项目管理平台上研究风险管理问题,利用系统思维的方法从企业整体角度,提出有效利用企业风险管理资源进行集成风险管理的理论方法,具有重要的理论与现实意义,也是工业企业风险管理研究的一个新领域。这在金融领域得到了较为充分的表现,越来越多的机构开始基于项目集成处理其组织范围内面临的各种风险,自然扩展到了工业企业中。

思考练习题

1. 请说明风险管理在工业企业管理中的重要意义有哪些方面?

2. 试论述不确定性与风险的差异,并举例说明。

3. 风险可以预测吗?试结合工业企业实际活动给出回答。

4. 工业企业管理者为何有时会忽略风险管理?

5. 风险分类的依据都有哪些?并思考对工业企业风险进行分类的原因。

6. "有的工业企业不存在风险问题,有国家政府强力支持",这种说法错在哪里,又将导致什么后果?

7. 早上出门前,发现阴云密布,因此决定带雨伞出门。这是否属风险决策的范畴?并给出具体解释。

8.为什么说工业企业风险管理的发展趋势具有日益专业化和集成化的特征？如何平衡风险管理的专业分工与集成融合的关系？

9.请解释金融业的核心为什么是风险管理？这又对工业企业风险管理有何借鉴与指导意义？

10.工业企业面临的环境挑战主要表现在哪些方面？人口问题和全球化对这一挑战又增加了哪些不确定性因素？

11.风险管理是灵丹妙药吗？如何理解许多风险管理水平高的工业企业仍遭受巨大损失，甚至资不抵债被迫破产。

12.如何看待许多毫无风险意识与应对措施的工业企业迅猛发展，不断取得骄人的成绩这一客观事实呢？

13.检查过某一工业企业的负债情况后，发现问题非常严重。相比检查活动之前，该工业企业面临的信贷风险是否发生了变化？并给出理由。

14.工业企业风险管理的基本过程是什么？

15.工业企业风险管理区别于银行业风险管理的最核心内容是什么？

参 考 文 献

[1] 郭鹏,田英,张殿祜.现代工业企业管理.西安:西北工业大学出版社,1999.

[2] 杨文士,张雁.管理学原理(第3版).北京:中国人民大学出版社,2009.

[3] 陈传明,周小虎.管理学原理.北京:机械工业出版社,2007.

[4] 徐国华,赵平.管理学.北京:清华大学出版社,2001.

[5] 斯蒂芬.P.罗宾斯.管理学(第7版).北京:中国人民大学出版社,2004.

[6] 金占明,等.企业管理学.北京:清华大学出版社,1995.

[7] 张鸿庆,等.现代企业管理.西安:西安交通大学出版社,1993.

[8] 周三多,邹统钎.战略管理思想史.上海:复旦大学出版社,2003.

[9] 迈克尔·波特,竞争战略.陈小悦译.北京:华夏出版社,2005.

[10] 侯章良,刘立新.战略管理最重要的5个工具.广州:广东经济出版社.2008.

[11] (美)亨格,(美)惠伦.战略管理精要(第4版).刘浩华译.北京:电子工业出版社,2008.

[12] (英)沃纳(Warner,M.).管理思想全书.韦福祥译.北京:人民邮电出版社,2009.

[13] 田英,黄辉.生产与运作管理.西安:西北工业大学出版社,2008.

[14] 马士华,陈荣秋.生产与运作管理.北京:机械工业出版社,2007.

[15] 杨尊琦,林海.企业资源规划(ERP)原理与应用.机械工业出版社,2007.

[16] 塞西尔.C.博扎思等著.李东贤等译.运营与供应链管理导论.清华大学出版社,2007.

[17] 王国庆.企业生产管理.北京:清华大学出版社,2007.

[18] 陈劲,研发项目管理.北京:机械工业出版社,2004.

[19] (加)罗伯特.G.库伯.新产品开发流程管理(第3版).北京:机械工业出版社,2003.

[20] (美)雅基.莫尔.新产品与创新的营销.北京:机械工业出版社,2002.

[21] 丁荣贵.项目管理:项目思维与管理关键.北京:机械工业出版社,2005.

[22] 张凤荣,王丽莉.质量管理与控制.北京:机械工业出版社,2006.

[23] 韩福荣.现代质量管理学(第2版).北京:机械工业出版社,2007.

[24] 王祖和.项目质量管理.北京:机械工业出版社,2006.

[25] 戴克商.质量管理理论与认证实务.北京:清华大学出版社,2004.

[26] (美)科特勒(Kotler,P.),(美)阿姆斯特朗(Armstrong,G.).市场营销原理.郭国庆等译.北京:清华大学出版社,2007.

[27] 孙宗虎,程淑丽.市场营销管理流程设计与工作标准.北京:人民邮电出版社,2006.

[28] 刘苍劲,罗国民.国际市场营销(第二版).大连:东北财经大学出版社,2007.

[29] 彭于寿．市场营销案例分析教程．北京：北京大学出版社，2007.
[30] 杨乃定．企业管理理论与方法导引．北京：机械工业出版社，2004.
[31] 戴大双．项目融资．北京：机械工业出版社，2005.
[32] 孙慧．项目成本管理．北京：机械工业出版社，2007.
[33] 张鸣．成本会计——偏重于管理．上海：上海人民出版社，2003.
[34] 财政部 CPA 考试委员会办公室．财务成本管理．北京：经济科学出版社，2002.
[35] 郑晓明．人力资源管理导论．北京：机械工业出版社，2005.
[36] 彭剑锋．人力资源管理概论．上海：复旦大学出版社，2005.
[37] 董克用．人力资源管理概论．北京：中国人民大学出版社，2003.
[38] 胡君辰，郑绍廉．人力资源开发与管理．上海：复旦大学出版社，2005.
[39] 王林雪．人力资源管理概论．西安：西安交通大学出版社，2006.
[40] 马新建．人力资源管理与开发．北京：北京师范大学出版社，2008.
[41] 骆珣，等．项目管理教程．北京：机械工业出版社，2006.
[42] 中国（双法）项目管理研究委员会．中国项目管理知识体系．北京：电子工业出版社，2006.
[43] 中国项目管理研究委员会．中国项目管理知识体系与国际项目管理专业资质认证标准．北京：机械工业出版社，2001.
[44] 沈建明．国防高科技项目管理概论．北京：机械工业出版社，2004.
[45] ［法]查尔斯·德普雷，丹尼尔·肖维尔．知识管理的现在和未来．北京：中国人民邮电出版社，2004.
[46] 储节旺，等．知识管理概论．北京：清华大学出版社，2006.
[47] 樊治平，等．知识管理研究．沈阳：东北大学出版社，2003.
[48] 汪克强，古继宝．企业知识管理．北京：中国科学技术大学出版社，2005.
[49] ［美]COSO．企业风险管理．张宜霞译．大连：东北财经大学出版社，2006.
[50] 刘新立．风险管理．北京：北京大学出版社，2006.
[51] 孙星．风险管理．北京：经济管理出版社，2007.
[52] 王健康．风险管理原理与实务操作．北京：电子工业出版社，2008.
[53] 王凯全．风险管理与保险．北京：机械工业出版社，2008.